图 0.1 铁路正线（单线）

图 0.3 直线铁路（双线）

图 0.6 高速铁路

图 0.11 路基、桥梁、隧道、轨道等形成的轨道线路

图 1.5 轨端有孔钢轨

图 1.6 轨端无孔钢轨

图 1.7 长钢轨

图 1.11 异型钢轨

图 1.36 混凝土宽轨枕

图 1.39 混凝土桥枕

图 2.3 弹条Ⅳ型扣件

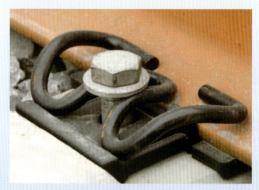

图 2.4 弹条Ⅴ型扣件

图 2.5 WJ-7型扣件

图 2.6 WJ-8型扣件

图 3.14 尖轨

图 3.16 尖轨与基本轨密贴

图 3.33 滑床板

图 3.38 辙叉及护轨

图 5.1 应用特殊道岔组成综合车场（站）

图 5.2 对称道岔

图 5.10 复式交分道岔

图 5.16 交叉渡线

图 4.8 提速道岔转辙器

图 6.6 正线道床边坡

图 6.7 站线道床边坡

图 6.11 CRTS Ⅱ型板式无砟轨道道床

图 6.12 CRTS Ⅲ型板式无砟轨道道床

图 6.13 CRTS Ⅰ型轨道板构造

图 6.17 长枕埋入式无砟道岔轨道

图 6.18 双块式无砟轨道

图 7.36 平过道

面向 21 世纪高职高专规划教材

交通运输系列

铁路轨道构造

主　编　梁　斌
副主编　刘　强　魏连峰　张广欣
主　审　刘吉福　姚鹏新

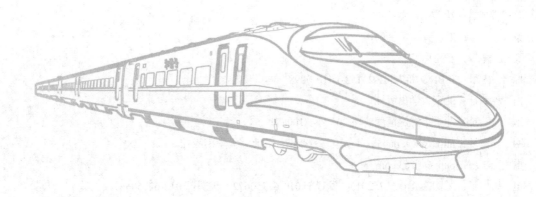

内 容 简 介

本书根据铁路轨道的构造特点,从有缝轨道、无缝轨道及道岔等方面,阐述了铁路轨道的主要构造、几何形位参数的基本知识和轨道线路的几何状态检查等基本技能。

本书适用于高职高专层次交通运输工程、铁道工程、高速铁道工程及城市轨道交通工程技术等专业,也适用于本科同类或相近专业学生从事铁路轨道方面工作的岗前培训与自学,也可用于高职交通土建类相关专业的教学,并可供铁路轨道专业技术人员参考使用。

图书在版编目(CIP)数据

铁路轨道构造/梁斌主编. —北京:北京大学出版社,2013.10
(面向 21 世纪高职高专规划教材)
ISBN 978-7-301-23153-1

Ⅰ.①铁… Ⅱ.①梁… Ⅲ.①轨道(铁路)—构造—高等职业教育—教材 Ⅳ.①U213.2

中国版本图书馆 CIP 数据核字(2013)第 209883 号

书　　　　名:	铁路轨道构造
著作责任者:	梁　斌　主编
策 划 编 辑:	赖　青　杨星璐
责 任 编 辑:	杨星璐
标 准 书 号:	ISBN 978-7-301-23153-1/U・0098
出 版 发 行:	北京大学出版社
地　　　　址:	北京市海淀区成府路 205 号　100871
网　　　　址:	http://www.pup.cn　新浪官方微博:@北京大学出版社
电 子 信 箱:	pup_6@163.com
电　　　　话:	邮购部 010-62752015　发行部 010-62750672　编辑部 010-62750667
印　　刷　　者:	北京圣夫亚美印刷有限公司
经　　销　　者:	新华书店
	787 毫米×1092 毫米　16 开本　15.25 印张　彩插 4 页　354 千字
	2013 年 10 月第 1 版　2023 年 1 月第 8 次印刷
定　　　　价:	42.00 元

未经许可,不得以任何方式复制或抄袭本书之部分或全部内容。
版权所有,侵权必究
举报电话:010-62752024　电子信箱:fd@pup.pku.edu.cn

前言

我国铁路经过了 6 次大提速，高速铁路正在加速建设形成快速铁路网，城市轨道交通事业蓬勃发展，我国铁路步入了"高铁时代"。随着铁道科学技术的迅猛发展，当前铁路轨道结构发生了巨大变化，施工方法、维修机械设备以及施工与维修的管理理念也发生着巨大变化，这一切对铁路施工与维护专业人员提出了更高的要求，对高职及大专层次铁道工程类专业人才培养提出了新的课题。

本书是"广西高校铁道工程特色专业及课程一体化建设项目"的子项目的项目成果，它贴近高职铁道工程技术专业的人才培养目标，理论方面坚持"实用"原则，基本概念和理论力求简明扼要；实践方面坚持"适用"原则，项目设置和实践内容注重职业能力的培养。

本书按照项目组织教学内容，尽量结合当前的设计、施工及验收、维修方面的相关规范、标准等，全书分为 2 个学习情境共设置 11 个项目和 39 个任务。柳州铁道职业技术学院梁斌担任主编并负责全书的主要编写工作，柳州铁道职业技术学院刘强、南京铁道职业技术学院魏连峰、广西建设职业技术学院张广欣共同担任副主编，中铁建港航局集团勘察设计院有限公司教授级高级工程师刘吉福、广西沿海铁路股份有限公司高级技师姚鹏新担任主审。参与本书编写的有：柳州铁道职业技术学院梁斌、刘强、杨美玲、何江斌、赵峰光、罗荣海、张敬铭、陈国升、李前豪、陈琰和张愿，南京铁道职业技术学院魏连峰，广东铁路职业技术学院郭咏辉，包头铁道职业技术学院张新安，广西建设职业技术学院张广欣，南广铁路公司唐小林，南宁铁路局玉林工务段蒋伟兴，南宁铁路局柳州工务段梁朝龙，广西铁路投资集团廖磊毅，中铁十四局五公司杜少成、王国术和张刚，中铁二十五局四公司罗亮江、武睿和李春花，中铁二十五局六公司周海娟，南宁铁路局桂林工务段苏晓菲以及广西沿海铁路公司刘兴元等。梁斌负责全书各项目的主要编写工作，杨美玲、刘兴元和何江斌参与项目 1 的编写，郭咏辉、王国术和李春花参与项目 2 的编写，刘强、魏连峰和廖磊毅参与项目 3 的编写，刘强、魏连峰和李前豪参与项目 4 的编写，赵峰光、武睿和周海娟参与项目 5 的编写，张广欣、杜少成和张刚参与项目 6 的编写，张广欣、张新安和苏晓菲参与项目 7 的编写，魏连峰、罗荣海和张愿参与项目 8 的编写，刘强、蒋伟兴和梁朝龙参与项目 9 与项目 10 的编写，魏连峰、陈国升和陈琰参与项目 11 的编写，张敬铭、唐小林和王国术参与案例 1 与案例 2 的编写。

本书编写过程中参考了大量的文献资料，由于参考的文献资料较多，只能将其中主要的文献列于书后，在此谨向所有文献资料的作者表示衷心的感谢和敬意。

限于编者的学术水平、教学经验和写作时间有限，书中难免存在不妥之处，恳请读者批评指正，以便及时修正。

编 者
2013 年 6 月

目 录

绪论 1
    0.1 铁路的分类 1
    0.2 铁道工程与轨道线路 4
    0.3 "铁路轨道构造"课程概述 5

学习情境 1   轨道构造认知

项目 1   有缝轨道的构造认知 12
    任务 1.1 钢轨认知 13
    任务 1.2 钢轨接头认知 17
    任务 1.3 轨枕认知 23
    任务 1.4 轨道扣件认知 31
    任务 1.5 轨道构造清单认知 37
    思考题 41

项目 2   无缝轨道的构造认知 42
    任务 2.1 无缝线路轨道的构造认知 43
    任务 2.2 温度应力式无缝线路的构造原理 49
    思考题 64

项目 3   单开道岔的构造认知 66
    任务 3.1 道岔的总体认知 66
    任务 3.2 单开道岔转辙器的构造认知 68
    任务 3.3 单开道岔辙叉及护轨的构造认知 79
    任务 3.4 单开道岔连接部分及岔枕的构造认知 84
    思考题 89

项目 4   提速道岔的构造认知 90
    任务 4.1 提速道岔的平面认知 90
    任务 4.2 提速道岔的构造认知 94
    思考题 102

项目 5   特殊道岔的构造认知 103
    任务 5.1 对称双开道岔的构造认知 104
    任务 5.2 交叉的构造认知 107
    任务 5.3 复式交分道岔的构造认知 110
    任务 5.4 渡线与梯线的构造认知 113
    任务 5.5 道岔连接曲线的构造认知 117
    思考题 119

项目 6   道床的构造认知 120
    任务 6.1 有砟道床的构造认知 121
    任务 6.2 板式无砟道床的构造认知 125
    任务 6.3 弹性支承块式无砟道床的构造认知 129
    任务 6.4 轨枕埋入式无砟道床的构造认知 131
    思考题 133

项目 7   线路有关工程的构造认知 134
    任务 7.1 道口的构造认知 134
    任务 7.2 轨道附属设备和常备材料的认知 139
    思考题 152

情境小结 153
情境综合测试 153

学习情境 2   轨道几何形位的认知及检查

项目 8   轨道几何尺寸认知及检查 163
    任务 8.1 轨道轨距的认知及检查 163
    任务 8.2 轨道水平的认知及检查 166
    任务 8.3 轨向的认知及检查 167
    任务 8.4 轨道高低的认知及检查 169

任务 8.5　轨底坡的认知及检查 171
　　思考题 174

项目 9　曲线轨道构造及配置计算　175
　　任务 9.1　铁路线路及曲线的认知 176
　　任务 9.2　曲线缩短轨的配轨 181
　　任务 9.3　曲线外轨超高的设置 189
　　任务 9.4　曲线轨距和限界的加宽 194
　　思考题 201

项目 10　曲线轨道方向整正 202
　　任务 10.1　曲线方向整正的
　　　　　　　基本原理 202
　　任务 10.2　实测曲线现场正矢和计算
　　　　　　　曲线计划正矢 204

　　任务 10.3　曲线轨道拨量计算 210
　　思考题 216

项目 11　单开道岔几何尺寸认知及
　　　　　检查 217
　　任务 11.1　单开道岔的主要尺寸认知 217
　　任务 11.2　普通单开道岔的几何形位
　　　　　　　认知及检查 222
　　任务 11.3　提速道岔的几何形位认知及
　　　　　　　检查 226
　　思考题 231

情境小结 232
情境综合测试 232
参考文献 235

绪 论

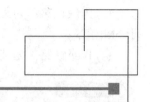

1825 年英国人修建了世界上第一条铁路，19 世纪后半叶和 20 世纪初铁路得到迅速发展，并很快成为世界各国交通运输的骨干，极大地推动了当时社会经济的发展与繁荣。

1964 年 10 月 1 日，世界上第一条高速铁路——日本东海道新干线正式投入运营，列车速度达到 210 km/h。

我国高速铁路的建设始于 1999 年兴建的秦沈客运专线。2007 年 4 月 18 日我国铁路实施第 6 次大提速，2008 年 8 月 1 日我国第一条具有完全自主知识产权、世界一流水平的京津城际高铁通车运营，2009 年 12 月 26 日世界上一次建成里程最长、工程类型最复杂的武广高铁开通运营，2010 年 9 月 28 日沪杭高铁试运行最高时速达到 416.6km 并刷新了世界铁路运营试验最高速度，2010 年 12 月 3 日京沪高铁联调联试和综合试验最高时速达到 486.1km，2012 年 12 月 26 日世界上运营里程最长的京广高铁正式开通运营。

经过 10 多年的高速铁路建设和对既有铁路的高速化改造，我国目前已经拥有全世界最大规模以及最高运营速度的高速铁路网。截至 2012 年底，我国大陆地区的高速铁路运营里程已经将近 9 000km，居世界第一位。我国铁路已形成高速铁路与普速铁路并存共同发展的局面。

职业贴士

我国规定：新建实际开行 250km/h(含预留)及以上动车组列车，初期运营速度不小于 200km/h 的客运专线铁路称为高速铁路。

0.1 铁路的分类

除根据运行速度来分类外，铁路还可以根据其他不同的标准来分类，如铁路等级、用途、正线数目、平面线形等。

职业贴士

铁路主要技术标准：正线数目、牵引种类、机车类型、限制坡度、最小曲线半径、机车交路、到发线有效长度、闭塞类型等。

1. 按铁路等级分类

根据铁路等级，铁路可以分为Ⅰ级、Ⅱ级、Ⅲ级、Ⅳ级铁路。

(1) Ⅰ级铁路：铁路网中起骨干作用的铁路，或近期年客货运量大于或等于 20Mt 者。

(2) Ⅱ级铁路：铁路网中起联络、辅助作用的铁路，或近期年客货运量小于 20Mt 且大于或等于 10Mt 者。

(3) Ⅲ级铁路：为某一地区或企业服务的铁路，近期年客货运量小于 10Mt 且大于或等于 5Mt 者。

(4) Ⅳ级铁路：为某一地区或企业服务的铁路，近期年客货运量小于 5Mt 者。

近期为交付运营后第 10 年，远期为交付运营后第 20 年；年客货运量为重车方向的货运量与客车对数折算的货运量之和，1 对/天旅客列车按 1.0Mt 货运量折算。

2. 按线路用途分类

根据线路的用途，铁路线路可以分为正线、站线、段管线、岔线、安全线及避难线，如图 0.1 和图 0.2 所示。

正线按轨道类型还可分为特重型、重型、次重型、中型和轻型轨道。

站线按用途还可分为到发线、驼峰溜放线、其他站线(调车线、牵出线、机车走行线和站内联络线)、次要站线(除到发线及其他站线以外的站线)。

3. 按正线数目分类

根据正线的数目，铁路可以分为单线铁路(图 0.1)和双线铁路(图 0.3、图 0.4)。

4. 按平面线形分类

根据线路的平面线形，铁路可以分为直线轨道线路和曲线轨道线路，如图 0.3 和图 0.4 所示。

图 0.1 铁路正线(单线)

图 0.2 铁路站线

图 0.3 直线铁路(双线)

图 0.4 铁路曲线(双线)

5. 按运输的对象分类

根据运输的对象，铁路可以分为客货共线、客运专线、货运专线。目前我国铁路多数为客货共线铁路，客运专线有武广、石武、郑西客运专线等，货运专线有大秦重载铁路等。

6．按行车速度分类

根据行车速度，铁路可分为常速、中速、准高速、高速、特高速铁路，如图0.5和图0.6所示。

7．按钢轨的接续方式分类

根据钢轨的接续方式，铁路可分为有缝线路和无缝线路，如图0.7和图0.8所示。

8．按轨下基础分类

根据轨下基础，铁路可分为木枕线路(含普通木枕、木岔枕和木桥枕)、混凝土轨枕线路(含普通混凝土轨枕、混凝土桥枕、混凝土宽枕、混凝土岔枕和双块式轨枕等)。

9．按枕下基础分类

根据枕下基础，铁路可分为无砟轨道(图0.9)和有砟轨道(图0.10)。

图0.5　非高速铁路

图0.6　高速铁路

图0.7　有缝线路

图0.8　无缝线路

图0.9　无砟轨道

图0.10　有砟轨道

10. 按轨距分类

根据轨距,铁路可分为标准轨距铁路(轨距为1 435mm)、窄轨铁路(轨距小于1 435mm)和宽轨铁路(轨距大于1 435mm)。

11. 按运营管理方式分类

根据运营管理方式,铁路可分为国有铁路和地方铁路(地方政府管辖铁路、厂矿企业专用铁路、城市轨道交通铁路等),城市轨道交通铁路又包括地铁和轻轨等。

0.2 铁道工程与轨道线路

铁路运输是国民经济的大动脉,铁路是"车、机、工、电、辆"等部门统筹运转的系统,其中"工"是指铁路工务,其管理对象就是铁道线路设备(含轨道、路基、桥梁和隧道等),这些设备在建设过程中都归属于铁道综合工程。

不管何种类别的铁路,行车的基础都是铁路轨道线路,轨道是铁路的主要技术装备之一,是行车的基础。

1. 铁道综合工程

铁道综合工程所包括的主要内容,从大的方面说,包括站前工程和站后工程。每项铁路工程都是综合性很强的铁道综合工程。

1) 站前工程

站前工程主要指路基、桥梁、涵洞、隧道、轨道等工程,如图0.11所示。

2) 站后工程

站后工程主要指房建、给排水、电力、通信信号、电气化、站场建筑等工程,图0.11中的接触网即为电气化工程的配套设备。

图0.11 路基、桥梁、隧道、轨道等形成的轨道线路工程

通常意义上的铁道工程一般指站前工程,其中铁路轨道将路基、桥梁、涵洞、隧道等构筑物连接贯通成整体,成为列车运行的轨道线路。

2. 铁路轨道

铁路轨道是一种专供机车车辆以一定速度行驶于其上的工程结构物。它引导机车车辆运行,承受着机车车辆的静荷载和动荷载,并将荷载向路基、桥梁等下部建筑传递。

铁路轨道是路基面以上的铁道线路部分,由钢轨及配件、轨枕及扣件、道床等主要部件和防爬设备等附属设备组成,如图0.12所示。

图 0.12　铁路轨道

0.3 "铁路轨道构造"课程概述

1．课程主要内容

(1) 学习情境 1——轨道构造认知。包括有缝、无缝轨道构造和单开道岔、提速道岔、特种道岔的构造以及轨道线路有关工程等。

(2) 学习情境 2——轨道几何形位认知与检查。包括轨道、道岔的几何形位和铁路曲线轨道配置及方向整正要求等。

2．课程重点与难点

(1) 重点是轨道构造及轨道几何尺寸、单开道岔的构造及几何形位的基本知识，曲线轨道方向整正、道岔几何形位检查的职业技能。

(2) 难点是无缝轨道的原理及构造的基本知识。

3．课程职业性

本门课程主要针对轨道施工技术员、施工员及线路工等主体岗位组织教学内容，兼顾轨道测量工、试验员、资料员、材料员、统计员、调度员及探伤工、焊接工等岗位，还适当考虑安全员、质检员、计划员、工班长、车间技术员，乃至项目技术负责人、项目经理、车间技术负责人、车间主任等岗位的职业发展需要。

学习情境 1　轨道构造认知

引子

铁路轨道是指路基面以上的铁道线路部分,包括轨道线路(有缝线路和无缝线路)及道岔等,由钢轨、配件、轨枕、扣件、道岔、道床等主要部件和防爬设备等附属设备组成,如图1和图2所示。

图1　直线轨道　　　　　　　图2　站场轨道

岗位要求

轨道是铁路的主要技术装备之一。作为轨道工程技术员或线路工,在工作岗位上要具备按图铺设轨道并根据轨道状态检查数据进行起、捣、拨、改等线路基本作业的能力,而读图、识图的基础就是对轨道构造的认知能力。

学习目标

知识:熟悉有缝线路、无缝线路及道岔轨道(含道床及线路有关工程)的组成及各部分具体的构造知识。

技能:能进行有缝线路、无缝线路及道岔轨道的构造认知,掌握轨道、道岔铺设图的识图技能。

情境案例

南宁至广州高速铁路轨道设计说明

1. 南宁至广州高速铁路概况

南宁至广州高速铁路(下称"南广高铁")跨桂、粤两省区，是两广交通经济大动脉，是桂粤两省区最便捷的快速通道。南广高铁始自南宁站，经贵港、梧州、云浮、肇庆、佛山等站，终于广州南站，全线共设车站 23 座。线路全长 577.1km，其中广西境内 349.8km，广东境内 227.3km；全线桥隧总长 312.8km，占线路总长的 54.2%；其中桥梁 469 座，总长 180.1km，占线路总长度的 31.2%；隧道 135 座，总长 132.7km，占线路总长度的 23.0%。

南广高铁为双线电气化国家Ⅰ级铁路，基础设施设计速度 250km/h。于 2008 年 11 月 9 日正式开工，2012 年 5 月 30 开始铺轨，工期 4 年半。建成后，远景运输能力为货运量 2 000 万吨/年，日开行客车 110 对，南宁至广州可在 3h 内到达，比现行运营时间节省约 11h。

南广高铁由原铁道部与广西壮族自治区、广东省共同出资建设，并组建南广铁路有限责任公司负责项目建设，如图 3、图 4、图 5 所示。

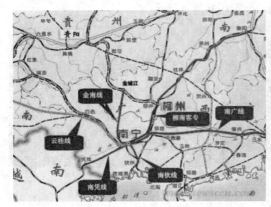

图 3 南广高铁概况

图 4 中铁二十五局铺轨　　　　　　图 5 中铁一局铺轨

2. 南宁至广州高速铁路主要技术标准

线路分布：南宁—贵港段为客运专线，贵港—广州南段为客货混线。

铁路等级：Ⅰ级。

正线数目：双线。

旅客列车设计行车速度：250km/h。

运行车型：和谐号动车组。

最小曲线半径：3 500m。

限制坡度：南宁至贵港为12‰，贵港至广州为6‰。

到发线有效长度：850m，只办理客车的车站为650m。

牵引种类：电力。

牵引质量：4 000t。

闭塞方式：自动闭塞。

建筑限界：满足开行双层集装箱列车的运输要求。

3. 南广高铁轨道设计说明

1) 轨道结构形式分布及轨道类型

南广高铁黎塘西站(不含)—贵港段为客运专线铁路，贵港—新肇庆段为客货共线铁路。正线设计速度200km/h，基础设施预留250km/h，其中肇庆至新肇庆段限速160km/h。正线一次铺设跨区间无缝线路，除长度大于6km的隧道内铺设框架板式无砟轨道外，其余地段铺设有砟轨道。

设计速度160km/h的柳广上、下行联络线，以及设计速度120km/h的改建黎湛线采用重型轨道类型，一次铺设无缝线路，铺设有砟轨道。

2) 有砟轨道设计

(1) 钢轨。钢轨采用100m定尺长、60kg/m无螺栓孔新钢轨，其尺寸允许偏差及平直度和扭曲允许值应符合《250km/h客运专线60kg/m钢轨暂行技术条件》的相关规定。正线轨道上无缝道岔及伸缩调节器的钢轨应与正线轨道钢轨类型一致。

(2) 轨枕及扣件。轨枕采用2.6m长Ⅲ型有挡肩混凝土枕，设有护轮轨的桥梁和路肩挡墙地段采用新Ⅲ型混凝土桥枕，按1 667根/km铺设，扣件采用弹条Ⅱ型扣件。岔区应铺设配套混凝土岔枕，采用道岔专用弹性扣件。轨下橡胶垫板应与扣件配套使用，轨下橡胶垫板厚度为10mm。

轨道电路区段根据补偿电容节距和电气绝缘节地点设置轨道电路专用枕。

(3) 碎石道床。道床采用一级碎石道砟。

正线200km/h地段，单线道床顶面宽度3.50m，双线道床顶面宽度分别按单线设计。采用单层道床：级配碎石路基地段道床厚30cm，桥梁、隧道及硬质岩石路堑地段道床厚35cm。砟肩堆高15cm，道床边坡1∶1.75。

肇庆至新肇庆段、改建黎湛线地段，单线道床顶面宽度3.40m，双线道床顶面宽度分别按单线设计。土质路基采用双层道床厚50cm，其中面砟厚30cm，底砟厚20cm；桥梁、隧道及硬质岩石路堑采用单层道床厚35cm。砟肩堆高15cm，道床边坡1∶1.75。

(4) 轨道高度。单线土质路堤地段850(858)mm，单线土质路堑地段866(874)mm，单线石质路堑地段916(924)mm。双线土质路堤地段922mm，双线土质路堑地段938mm，双线石质路堑地段988mm。

3) 无砟轨道设计

正线长度大于6km的隧道铺设框架板式无砟轨道，底座与隧道底板共用；较短的隧道原则上铺设有砟轨道。

无砟轨道结构高度655mm，轨道结构设计如下。

(1) 一般地段。

① 钢轨：同正线钢轨。

② 轨道板：采用Ⅰ型框架轨道板。

③ 扣件：采用WJ-7型弹性扣件，扣件节点间距不大于650mm。

④ 无砟道床：采用Ⅰ型板式无砟道床。

(2) 轨道结构过渡段。

① 无砟轨道的混凝土底座从过渡点开始向有砟轨道延伸20m，同时满足有砟轨道区段最低道砟厚度的要求。

② 过渡段设置60kg/m的辅助轨及配套扣件，辅助轨长度25m(其中无砟轨道内约5m，有砟轨道内约20m)。

③ 过渡段范围的轨道刚度过渡可通过胶垫刚度、轨枕间距等变化来实现。

4) 无缝线路设计

正线一次铺设跨区间无缝线路，柳广上、下行联络线及改建黎湛线一次铺设无缝线路。

长钢轨焊接应优先在工厂焊接，钢轨焊接应采用闪光焊，绝缘接头采用胶接绝缘接头。

正线道岔应焊接为无缝道岔，无缝道岔采用道岔区全焊型式，道岔前后直股钢轨与区间线路应全部焊接，道岔区直股和侧股钢轨均应焊接。

(1) 单元轨节布置。正线跨区间无缝线路由若干单元轨节、无缝道岔及伸缩调节器焊连而成。单元轨节的布置根据线路条件、工点情况、施工工艺等因素综合研究确定，其长度除车站范围外，一般按1 000～2 000m进行锁定。

(2) 设计锁定轨温。

① 无缝线路的设计锁定轨温根据线路通过地区的最高和最低轨温、无缝线路的允许温降和允许温升计算确定，并满足无缝线路的断缝检算要求。

② 无缝线路应在设计锁定轨温范围内锁定，相邻单元轨节间的锁定轨温差不大于5℃，同一单元轨节左右股钢轨锁定轨温差不大于3℃，同一区间内单元轨节的最高与最低锁定轨温差不大于10℃。

(3) 桥上无缝线路。

① 桥上无缝线路的设计锁定轨温与两端区间无缝线路设计锁定轨温按一致设计。根据计算确定大跨连续梁范围伸缩调节器以及有砟轨道地段小阻力扣件的设置。

② 对于个别大跨度连续梁，在两边跨简支梁2跨范围内采用小阻力扣件，以减少梁轨相互作用力。

(4) 道岔区无缝线路。岔区无缝道岔设计锁定轨温与两端区间无缝线路设计锁定轨温按一致设计。单组或相邻多组一次锁定的道岔(含其间线路)及其前后各一定范围的钢轨组成一个单元轨节。

(5) 隧道地段无缝线路。一般隧道内无缝线路锁定轨温与隧道两端一致，长大隧道内距隧道口 200m 范围内无缝线路的设计锁定轨温与两端区间无缝线路的设计锁定轨温一致；隧道口轨温过渡区应根据计算加强锁定。

(6) 钢轨伸缩调节器。

① 钢轨伸缩调节器原则上只用在桥上或岔区无缝线路，并经过检算必须采用时方可使用。

② 伸缩调节器的基本轨应与区间线路钢轨同钢种、同类型，尖轨采用 AT 轨。

③ 伸缩调节器的技术性能应符合《曲线型钢轨伸缩调节器及铺设、养护维修技术条件》(TGW 35—95)的规定。

5) 站线轨道设计

站线轨道设计标准、类型及高度见表1。

表1 站线轨道设计表

项	目		正线	到发线	其他站线	次要站线
钢轨	类型(kg/m)		60	50	50	50	50
	m/根		无缝	25	25	25	25
轨枕	类型及数量	混凝土枕	Ⅲ型	宽枕	新Ⅱ型	新Ⅱ型	新Ⅱ型
		根/km	1 760	1 760	1 667	1 440	1 440
道床	材料		碎石	碎石	碎石	碎石	碎石
	顶面宽(m)		3.5	3.4	3.4	2.9	2.9
	边坡		1∶1.5	1∶1.5	1∶1.5	1∶1.5	1∶1.5
	厚度	土质路基(m)	0.35	0.25	0.25	0.20	0.20
		石质路基(m)	0.35	0.35	0.35	0.25	0.25
轨道高度(m)			0.96	0.75	0.75	0.65	0.65

职业贴士

(1) 其他站线系指调车线、牵出线、机车走行线及站内联络线，次要站线系指除到发线及其他站线以外的站线。

(2) 道岔的道床厚度不应小于连接的主要线路的道床厚度。

(3) 轨道高度系指单斜面形路基4%横向排水坡度时线路中心处轨顶至路基面的高度。

项目1 有缝轨道的构造认知

引子

铁路轨道是路基面以上的铁道线路部分,由钢轨及配件、轨枕及扣件、道床等主要部件和防爬设备等附属设备组成。

(1) 钢轨是轨道的主要组成部件,直接与轮对接触,是轨道的最上部。主要有75kg/m、60kg/m、50kg/m、43kg/m等类型,轨顶标高是施工设计图的常用参数。

(2) 轨枕是轨道的重要部件,一般横向铺设于钢轨轨底。轨枕主要有木枕和混凝土枕两类,铺枕密度(每千米铺枕根数)、轨枕间距是其常用参数。

(3) 联结零件是联结钢轨或联结钢轨和轨枕的部件,前者称接头配件,后者称轨枕扣件。

(4) 道床是轨枕的基础,可分为有砟道床与无砟道床。

(5) 防爬设备能有效地防止钢轨与轨枕之间发生纵向的相对移动,防止钢轨爬行。

(6) 道岔是一种特殊的轨道形式,是机车车辆从一股轨道转入或越过另一股轨道的线路设备,在铁路站场中广泛应用。它是轨道结构的重要组成部分。

有缝轨道是用标准长度钢轨铺设的轨道,因其有轨缝而得名。有缝轨道是铁路轨道中最基本的一种轨道结构,如图1.1、图1.2所示。钢轨接头是其构造特征,也是有缝轨道的薄弱环节之一。

图 1.1 轨道铺装

图 1.2 道床铺装

任务

任务 1.1 钢轨认知

任务 1.2 钢轨接头认知

任务 1.3 轨枕认知

任务 1.4 轨道扣件认知

任务 1.5 轨道构造清单认知

任务 1.1　钢轨认知

钢轨是铁路轨道中直接与列车轮对接触的部位，是轨道的最上部，是铁路轨道的主要组成部件。

1.1.1　功能与要求

1. 功能

钢轨为轮对提供滚动表面，引导轮对的运行，直接承受轮对的压力并传递到轨枕上，同时，钢轨也是轨道电路的组成部分。

2. 要求

(1) 足够的强度和耐磨性。钢轨应保证在轮载和轨温变化作用下，应力和变形均不超过规定的限值。

(2) 足够的硬度和一定的韧性。轮轨接触面积很小，压力却十分巨大，硬度够钢轨才不致被压陷或磨耗太快，有韧性钢轨不易受冲击而折损。

(3) 适当的弹性与足够的刚度。钢轨靠弹性减轻车轮对钢轨的动力冲击，防止轮轨的折损，靠刚度抵抗轮载作用下的弹性弯曲。

(4) 光滑的滚动表面。机车依靠其动轮与钢轨顶面之间的摩擦牵引列车前进，要求钢轨顶面粗糙；但摩擦阻力太大使车辆行车阻力增加，要求钢轨有光滑的滚动表面。实践中，钢轨维持其光滑的表面，必要时可向轨面撒砂以提高车轮与钢轨之间的黏着力。

1.1.2　化学成分与断面

1. 化学成分

钢轨除含铁(Fe)外，还含有碳(C)、锰(Mn)、硅(Si)及磷(P)、硫(S)等元素。

1) 磷、硫

磷含量大于 0.1% 时，会使钢轨具有冷脆性，硫会使金属在 -800 ℃～1 200 ℃时发脆，在轧制及热加工时易出现裂纹。

2) 碳、锰、硅

钢的含碳量高，可提高其抗拉强度、硬度和耐磨性。但含碳量过高，会使钢轨的塑性和韧性明显下降，还会使钢轨内部产生微小裂纹进而诱发钢轨断裂。

硅易与氧化合，能除去钢中气泡而使钢轨材质致密，能提高钢轨的耐磨性能；锰可提高钢的强度和韧性。

3) 合金钢轨

为进一步提高钢轨的耐磨性能和强度，可对钢轨进行全长淬火或采用合金钢轨。如在钢轨中增加铬(Cr)、镍(Ni)、钼(Mo)、铌(Nb)、钒(V)、钛(Ti)和铜(Cu)等元素，制成合金钢轨。

职业贴士

我国高速铁路选用 U71MnG、U75VG 钢轨。其中，U 代表钢轨钢，75/71 代表化学成分中碳平均含量为 0.75%/0.71%，V 代表钒元素，Mn 代表锰元素，G 代表高速铁路。

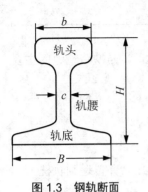

图 1.3 钢轨断面

2．断面

钢轨可视为弹性基础上的连续长梁，而梁抵抗挠曲的最佳断面为工字形。因此钢轨断面形式为宽底式工字形断面，由轨头、轨腰和轨底组成，参数为轨头顶宽(b)、轨腰厚(c)、轨身高(H)及轨底宽(B)，如图 1.3 所示。

(1) 轨头是直接接触轮对的部分，需抗压、耐磨，轨头宜大而厚。

(2) 轨腰是承载和抗弯能力的关键，须有足够的厚度和高度；轨腰与钢轨头部及底部的连接，须保证夹板支承面，并避免断面应力集中。

(3) 轨底直接支承在轨枕面，应有足够的宽度、厚度、刚度和抗锈蚀能力。

1.1.3 钢轨类型及尺寸

1．类型

(1) 表示方法：钢轨的类型以每米长度钢轨的质量(kg/m)来表示。

(2) 主要类型：目前我国铁路的钢轨类型主要有 75kg/m、60kg/m、50kg/m、43kg/m 等；世界上最重型的钢轨已达到 77.5kg/m。

2．尺寸

(1) 60kg/m、75kg/m 钢轨的断面尺寸如图 1.4 所示。

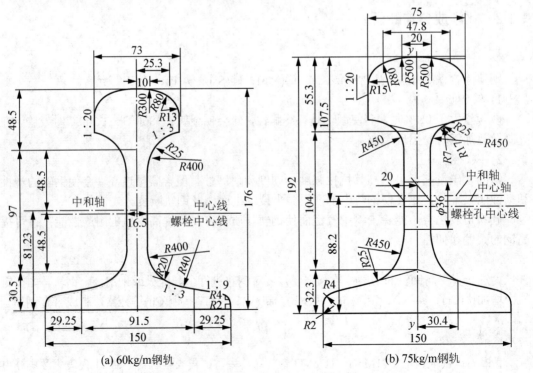

(a) 60kg/m 钢轨　　　　(b) 75kg/m 钢轨

图 1.4　60kg/m、75kg/m 钢轨断面尺寸(单位：mm)

(2) 钢轨各部分的尺寸及特征见表 1-2。

表 1-2 钢轨断面尺寸及特征值

项 目	单 位	类型(kg/m)			
		75	60	50	43
每米质量	kg	74.414	60.640	51.514	44.653
断面积 F	cm^2	95.037	77.45	65.8	57.0
钢轨高度 H	mm	192	176	152	140
轨头宽度 b	mm	75	73	70	70
轨底宽度 B	mm	150	150	132	114
轨腰厚度 c	mm	20	16.5	15.5	14.5
螺栓孔直径	mm	31	31	31	29
轨端至 1 孔中心距	mm	96	76	66	56
1 孔至 2 孔中心距	mm	130	140	150	110
2 孔至 3 孔中心距	mm	220	140	140	160
垂直轴的惯性矩 I_y	m^3	665	524	377	260
水平轴的惯性矩 I_x	m^3	4 489	3 217	2 037	1 489
轨头断面系数 $W_头$	m^3	432	339	251	208
轨底断面系数 $W_底$	m^3	509	369	287	217

注：钢轨的垂直磨耗会影响惯性矩和断面系数的数值。

3. 长度

(1) 标准有孔轨如图 1.5 所示。我国普通钢轨的标准长度有 12.5m 及 25m 两种(60kg/m、75kg/m 钢轨只有 25m 长一种)。另外，还有用于曲线轨道内股的 6 种厂制标准缩短轨，分别比 12.5m 标准轨缩短 40mm、80mm、120mm，比 25m 标准轨缩短 40mm、80mm、160mm。

(2) 标准无孔轨如图 1.6、图 1.7 所示。标准长度有 100m(60kg/m)、75m(75kg/m)长定尺钢轨两种，两端不钻孔，用于铺设无缝线路，也可在工厂焊接成 100～250m 长，如图 1.7 所示。

(3) 非标轨：不是标准长度的钢轨，长度不等，但一般不大于 25m。

图 1.5 轨端有孔钢轨

图 1.6 轨端无孔钢轨

图 1.7 长钢轨

1.1.4 钢轨标识

目前，我国从事钢轨生产的厂家主要有攀钢、包钢、鞍钢和武钢四家。

我国钢轨标准规定,在钢轨轨腰部位需要采用两种标记,即轧制标志和热压印标志。同时还规定了其他标识,如在轨端刷漆以及粘贴标签等,详见相关标准。

钢轨一侧轨腰上轧制的凸出标记顺序:生产厂标志→钢轨轨型(如60代表60kg/m)→钢轨钢牌号(如U75VG、U71MnG)→制造年(轧制年度末两位)、月(如04代表轧制年度为2004年;Ⅲ代表3月份轧制;Ⅵ代表6月份轧制)。

钢轨另一侧的轨腰上热压印凹入标志的顺序:钢厂代码→生产年份→炉号→连铸流号→连铸坯号→钢轨顺序号→班别号。各个钢厂的热压印标识不完全相同。

1.1.5 特殊钢轨

1. 道岔钢轨

道岔部位的钢轨,如尖轨、辙叉、翼轨、心轨、护轨等,如图1.8、图1.9、图1.10所示。

2. 异型钢轨

异型钢轨是同一根钢轨,两端的轨型不一样,用于连接不同轨型的钢轨(同一条线路),如图1.11所示。一般仅相差一个钢轨型号等级,如60kg/m与50kg/m、50kg/m与43kg/m等。

特点:以P60~50异型钢轨为例,其主体为一根50kg/m的钢轨,距其一端约600mm处变成60kg/m钢轨的截面,该端600mm长度范围变成60kg/m钢轨。这样,一端与60kg/m钢轨正常接头连接,而另一端可与50kg/m钢轨正常接头连接。

长度:异型钢轨的长度一般有6.25m和12.5m两种,也可按需方要求制造,但一般不大于25m。

3. 胶接绝缘钢轨

绝缘材料与钢轨配件粘结成一个整体形成胶接绝缘钢轨,从而减少机车辆对接头的冲击振动,增加线路的连续性和稳定性,承受巨大温度力的作用,进而改善轨道电路状况,提高钢轨绝缘的可能性,延长钢轨绝缘的使用寿命。胶接绝缘钢轨如图1.12所示。

4. 长钢轨

由钢轨焊接而成的长钢轨,也称长轨条,如图1.13所示。

图1.8 尖轨

图1.9 翼轨、心轨

图1.10 辙叉、护轨

图 1.11　异型钢轨　　　　　图 1.12　胶接绝缘钢轨　　　　　图 1.13　长钢轨

> **职业贴士**

实际工作中编制钢轨采购计划，需落实以下有关事项，才能确定其具体规格。
(1) 新轨或旧轨(再用轨、报废轨)。
(2) 类型：每米钢轨的重量，即，75kg/m、60kg/m、50kg/m、43kg/m 等。
(3) 长度：标准长度轨(含标准缩短轨)、非标准长度轨(非标轨、短轨、长轨等)、道岔钢轨(尖轨、辙叉、翼轨、心轨、护轨等)。
(4) 轨端有孔或无孔。
(5) 其他特殊要求：全长淬火、轨端淬火、耐磨、异型钢轨及胶接绝缘钢轨等。

任务 1.2　钢轨接头认知

在有缝铁路轨道上，钢轨与钢轨联结处称为钢轨接头，用夹板和螺栓联结。接头处轮轨动力作用大，养护维修工作量大，接头是有缝轨道结构的薄弱环节之一。

> **职业贴士**

下列位置不应有钢轨接头，如不可避免时，应将其焊接或胶接。
(1) 明桥面小桥的全桥范围内。
(2) 钢梁端部、拱桥温度伸缩缝和拱顶等处前后各 2m 范围内。
(3) 设有温度调节器的钢梁温度跨度范围内。
(4) 钢梁的横梁顶上。
(5) 平交道口铺面范围内。

1.2.1　接头分类及结构形式

1. 按其相互位置分类

按其相互位置，接头分为相对式和相错式接头两种。
(1) 相对式接头，也叫对接，即两股钢轨的接头左右相对，如图 1.14(a)所示。
(2) 相错式接头，也叫错接或相互式接头，即两股钢轨的接头错开布置，如图 1.14(b)所示。

实践证明，相对式接头能使左右钢轨受力均匀，且有利于机械化铺轨和旅客舒适度。

职业贴士

我国广泛采用相对式接头，曲线内股应使用厂制缩短轨来调整钢轨接头位置，不得用调整轨缝的办法消除相错量。

2．按其对轨枕的位置分类

按其对轨枕的位置，接头可分为悬空式和承垫式两种。

(1) 悬空式接头。钢轨接头悬于两根轨枕之间，如图1.15所示。

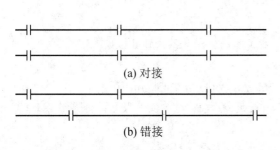

图1.14　接头相对形式　　　　　图1.15　普通悬空式接头

(2) 承垫式接头。钢轨接头压于轨枕之上，又分为单枕和双枕承垫式两种。

单枕承垫式接头当列车通过时会使轨枕左右摇动，不稳定，故很少采用。

双枕承垫式接头如图1.16、图1.17所示。双枕承垫式接头主要用于需要加强线路接头的地方(如异型接头、绝缘接头等)，以保证接头有足够的强度和位置稳定，也用得很少。

实践证明，悬空式接头的受力条件较好，结构简单，便于维修和养护。

3．按其用途和性能分类

按其用途和性能，接头可分为普通接头与异型接头、导电接头与绝缘接头、伸缩接头与冻结接头、胶结绝缘接头等。

(1) 普通接头：同类型钢轨的接头，如图1.15所示。

(2) 异型接头：不同类型钢轨的接头，使用异型夹板，如图1.16所示。

职业贴士

正线上不同类型钢轨必须采用异型钢轨连接，站线上不同类型钢轨应采用异型钢轨连接。在临时工程、抢险工程等特殊情形使用异型夹板必须加强看守并及时更换。

(3) 导电接头：轨间用两根5mm左右镀锌铁丝连接，作为轨道电路或牵引电流回路，用于自动闭塞及电力牵引区段，如图1.18所示。

(4) 绝缘接头：用于隔断自动闭塞分区信号电流，在钢轨、夹板与螺栓之间、螺栓孔四周以及轨端之间用尼龙绝缘套管和尼龙绝缘垫片将电流隔断，如图1.19、图1.20所示。

项目1 有缝轨道的构造认知

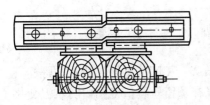

图1.16 承垫式异型接头

图1.17 承垫式接头

图1.18 导电接头

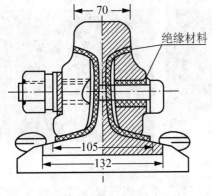

图1.19 绝缘接头(单位：mm)

图1.20 绝缘接头

(5)胶接绝缘接头：将钢轨和夹板用高强度绝缘胶粘剂胶合成一整体的接头，如图1.12所示。

(6)伸缩接头：也称温度调节器或尖轨接头，将接头以尖轨的形式联结。轨端伸缩量较大时采用，如无缝线路或温度跨度大于100m的两跨钢梁活动端的钢轨接头，如图1.21所示。

(7)冻结接头：用月牙垫片填塞螺栓孔阻止钢轨自由伸缩的接头，如图1.22所示。

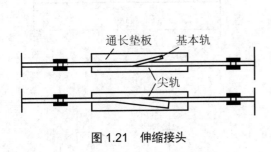

图1.21 伸缩接头

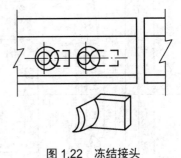

图1.22 冻结接头

1.2.2 接头配件

1. 构成及作用

(1)构成：包括夹板、螺栓、螺母、垫圈等。

(2)作用：联结两根定长的钢轨以保持连续的轨线，并传递和承受有关作用力和弯矩。

2. 夹板

夹板是钢轨与钢轨之间的连接紧固配件，如图1.23所示。

(1) 作用：承受弯矩、传递纵向力、阻止钢轨伸缩。

(2) 特点：①每块夹板上有6个螺栓孔，圆形孔与长圆孔相间，钢轨螺栓孔与螺栓直径，以及夹板圆形螺栓孔与螺栓直径都有差值，钢轨可以在预留轨缝值范围内随轨温变化而伸缩；②夹板与钢轨接触的上下两面均为斜坡，楔入轨腰空间但不贴住轨腰，当夹板稍有磨耗，可重新拧紧螺栓，保持接头联结的牢固。

图1.23　接头夹板

(3) 断面及尺寸。目前我国标准钢轨使用的夹板主要为双头式夹板，60kg/m钢轨夹板如图1.24所示。

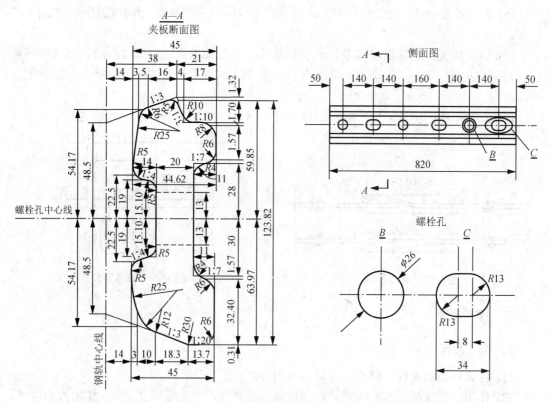

图1.24　60kg/m钢轨接头夹板尺寸

各种双头夹板的尺寸见表1-3。

表1-3 双头夹板尺寸(mm)

适用钢轨类型(kg/m)	夹板长	1~2 5~6 孔距	2~3 4~5 孔距	3~4 孔距	圆孔直径	长圆孔半径	长圆孔直线长
75	1000	130	210	220	26	13	8
60	820	140	140	160	26	13	8
50	820	140	150	140	26	13	8
43/38	790	160	110	120	24	12	8

职业贴士

为避免装、卸夹板或螺栓时互相干扰，螺栓方向要里外相间，如图1.25所示。

图1.25 接头夹板螺栓方向里外相间

3. 接头螺栓、螺母及垫圈

接头螺栓、螺母是钢轨接头处用来夹紧夹板和钢轨的配件。

(1) 作用：牢固、可靠地联结夹板与钢轨，使它们贴合紧密，在轨温变化时确保轨端能在两夹板间作有限的伸缩、移动，释放部分温度应力，维持线路稳定。

(2) 特点。

① 螺栓由螺栓头、颈和杆组成，螺杆的长度和直径与钢轨型号相适应。螺栓分 10.9 和 8.8 两级(相当于抗拉强度为 $1000N/mm^2$、$800N/mm^2$)，10.9 级螺栓直径为 24mm，8.8 级螺栓直径分为 24mm 和 22mm 两种。接头螺栓外形如图 1.26 所示。

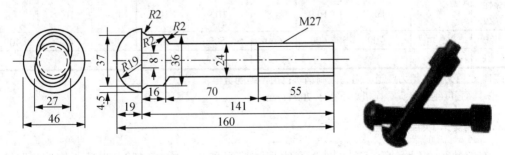

图1.26 60kg/m 钢轨接头夹板螺栓(单位：mm)

② 螺栓各部分的尺寸见表1-4。螺栓的主要机械性能见表1-5。

表 1-4　螺栓各部分的尺寸(mm)

螺栓等级	螺杆长	带螺纹部分		无螺纹部分杆径	长圆径	螺帽厚	螺母厚	适用范围
		杆长	纹径					
10.9	160	66	24	20.051	32	16	24	75kg/m 钢轨
	135	60	24	22.051	32	16	24	60kg/m 钢轨
	145	60	24	22.051	32	16	24	50kg/m 钢轨
8.8	145	60	24	22.051	32	16	24	50kg/m 钢轨
	135	50	22	20.376	30	15	22	43/38kg/m 钢轨

表 1-5　螺栓的主要机械性能

螺栓等级	抗拉强度 $\sigma_b(N/mm^2)$	屈服极限 $\sigma_s(N/mm^2)$	洛氏硬度 HRC (min/max)	伸长率 $\sigma_s(\%)$	螺栓等级标志
10.9	1040	940	34/41	9	螺帽为平锥头
8.8	830	650	25/35	12	螺帽为半圆球头，加两圈突棱

③ 螺母由 A5 钢制造，高强度螺母均为 10 级，其载荷应力为 1 060MPa。高强度螺母在 30°倒角面制出高和宽各 1mm 的凸圈，普通螺母不作标记。垫圈断面形状有圆形和矩形两种，可以防止螺母松动。

正线采用 10.9 级高强度接头螺栓和高强度平垫圈，站线采用 8.8 级高强度接头螺栓和单层平垫圈。

④ 普通轨道接头螺栓拧紧扭矩标准见表 1-6。当扭矩不足时，不得低于规定值 100N·m。

表 1-6　接头螺栓扭矩标准

项目	单位	25m 钢轨						12.5m 钢轨	
		最高、最低轨温差＞85℃			最高、最低轨温差≤85℃				
钢轨	kg/m	60 及以上	50	43	60 及以上	50	43	50	43
螺栓等级	级	10.9	10.9	8.8	10.9	10.9	8.8	10.9	8.8
扭矩	N·m	700	600	600	500	400	400	400	400
C 值	mm	6			4			2	

注：1. C 值为接头阻力及道床阻力限制钢轨自由伸缩的数值；
2. 高强度绝缘接头螺栓扭矩不小于 700 N·m。

1.2.3　接头预留轨缝

有缝轨道在钢轨接头(冻结接头除外)处必须预留有一定的缝隙，以适应钢轨热胀冷缩的需要，此缝隙称为轨缝。

受钢轨、接头夹板及螺栓尺寸限制，在构造上能实现的轨端最大缝隙值，称为构造轨缝。

1．轨缝计算

(1) 影响因素：预留轨缝的大小要考虑钢轨长度、轨温变化及钢轨线膨胀系数等因素。

(2) 预留条件：当轨温降至最低时轨缝小于或等于构造轨缝，接头螺栓不会因受剪力而拉断、拉弯；当轨温升至最高时轨缝大于或等于零，轨端不会顶严而发生支嘴。

(3) 计算公式：$a_0 = \alpha L(t_z - t_0) + \frac{1}{2}a_g$

式中 a_0——预留轨缝(mm)；

α——钢的线膨胀系数，为 0.011 8mm/(m·℃)；

L——钢轨长度(m)；

t_z——当地中间轨温(℃)，其计算公式为 $t_z = \frac{1}{2}(T_{max} + T_{min})$，其中 T_{max}、T_{min} 为当地历史最高和最低轨温(℃)；

t_0——铺轨施工时的轨温(℃)；

a_g——构造轨缝，各型钢轨均采用 18mm。

2．有关规定

(1) 对 25m 长的钢轨，只允许铺设在当地历史最高、最低轨温差为 100℃以下的地区，否则应个别设计。

(2) 25m 钢轨地段，铺轨轨缝时的轨温限制范围为$(t_z-30℃)\sim(t_z+30℃)$；12.5m 钢轨地段，轨温不受限制。

(3) 最高、最低轨温差小于 85℃地区，按上式计算预留轨缝后，可据实将轨缝值减小 1～2mm，相应地轨温限制范围相应地降低 3℃～7℃。

(4) 特殊条件下，在轨温限制范围以外更换的 25m 钢轨，必须在轨温限制范围内调整轨缝，使其符合以上规定的标准。

> **职业贴士**
>
> 有缝轨道接头轨缝应均匀设置，一般宜按 8mm 取值，每千米轨缝总误差：25m 钢轨地段不得大于 80mm，12.5m 钢轨地段不得大于 160mm，钢轨绝缘接头轨缝不得小于 6mm。

1.2.4 接头相错量及轨节长度偏差

(1) 直线地段相对式接头两股钢轨位置相对偏差(相错量)不应大于 40mm，曲线地段不应大于 40mm 加缩短量的一半。

(2) 直线地段同一轨节宜选择长度公差相同的钢轨配对使用，公差相差不得大于 3mm，并应前后左右随时调整抵消。

任务 1.3　轨枕认知

轨枕一般按照一定的密度横向铺设于钢轨轨底，是轨道的重要部件。

作用：支承钢轨并保持钢轨的位置、轨距和方向，承受钢轨传来的各向压力，并传布于道床。

要求：轨枕应具有必要的坚固性、耐久性和弹性，并便于固定钢轨。

种类：按用途分普通轨枕、岔枕和桥枕等；按材料分木枕、混凝土枕和钢枕等。

1.3.1 木枕

木枕也称枕木，是由木材制成的轨枕。经防腐处理的木枕称为油枕，如图1.27所示。未经防腐处理的木枕称为素枕，如图1.28所示。

图 1.27 油枕

图 1.28 素枕

1. 分类

木枕按用途可分为普通木枕、木岔枕和木桥枕等几种，如图1.29、图1.30、图1.31所示。其中普通木枕又可分为Ⅰ、Ⅱ两类，Ⅰ类木枕多用于正线，Ⅱ类木枕用于站线。

图 1.29 普通木枕

图 1.30 木岔枕

图 1.31 木桥枕

宜铺设木枕的地段如下。

(1) 铺设木岔枕的正线道岔两端各50根轨枕，铺设木岔枕的站线道岔两端各5根轨枕。

(2) 明桥面桥的桥台挡碴墙范围内及两端各15根轨枕(有护轨时应延至梭头外不少于5根轨枕)。

(3) 脱轨器及铁鞋制动地段。

(4) 铺设木枕的两相邻地段间的长度小于50m的地段。

2. 断面尺寸与长度

木枕的断面一般为矩形,普通木枕的标准长度为250cm,木岔枕长度为260~480cm(按20cm晋级),木桥枕截面尺寸因主梁(或纵梁)中心间距的大小而异,断面形状如图1.32所示。

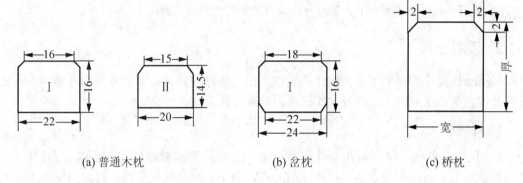

图 1.32 木枕横断面(单位:cm)

各种木枕的长度与断面尺寸见表1-7。

表 1-7 木枕尺寸

类型	分类	长度(cm)	顶宽(cm)	底宽(cm)	厚度(cm)
普通木枕	Ⅰ	250	16~22	22	16
	Ⅱ	250	15~20	20	14.5
岔枕		260~480 以20晋级	18~24	24	16
桥枕		300	20	20	22
			20		24
			22		26
		320	22	22	28
			24	24	30
		340	24	24	30
		420~480	20	20	22
				20	24
				22	26
				22	28
				24	30

3. 优缺点

(1) 优点:绝缘性能好,弹性好,与钢轨的联结较简便,易于加工制作、运输、铺设、养护维修方便,成本低等。

(2) 缺点:弹性不一致,轨道几何形位不易有效保持,易腐朽、磨损,使用寿命短,耗用大量宝贵的木材等。

木枕使用规定如下。
(1) 接头处应用质量较好的木枕。
(2) 铺设木枕时应宽面在下,顶面与底面同宽时应使树心一面向下。

1.3.2 混凝土枕

混凝土枕是使用钢筋混凝土制作的轨枕。由于铁路向高速、重载发展和考虑环保及社会可持续发展,用混凝土枕代替木枕已成为发展方向。

1．优缺点

(1) 优点：自重大(Ⅰ、Ⅱ型轨枕约为 220~250kg,Ⅲ型轨枕约为 50kg),尺寸统一,轨道弹性均匀,轨道的稳定性高；道床阻力高,利于提高横向稳定性；材源丰富,不受气候、腐朽、虫蛀等影响,使用寿命长。

(2) 缺点：弹性差、扣件复杂、绝缘性能低、更换较困难等。

2．类型

混凝土枕按配筋方式可分为普通钢筋混凝土枕和预应力钢筋混凝土枕两大类。

普通钢筋混凝土枕抗弯能力差,容易开裂失效,目前已淘汰；预应力钢筋混凝土枕通过预应力弥补了这方面的不足,目前已得到广泛应用。

预应力钢筋混凝土枕又可分为普通混凝土枕、混凝土宽枕、双块式轨枕、电容枕、混凝土桥枕和混凝土岔枕等几种。

3．普通混凝土枕

1) 适用范围

目前我国使用的混凝土轨枕分为三大类型,与不同轨道类型配套使用,混凝土枕的名称与适用范围见表 1-8。

表 1-8 混凝土枕的名称与适用范围

统一名称	原名称	适用范围	简称
S-1 型预应力混凝土枕	丝 79 型预应力混凝土枕	中、轻型轨道	Ⅰ型
S-2、J-2 型预应力混凝土枕	筋(丝)81 型预应力混凝土枕	重、次重型轨道	Ⅱ型
S-3 型预应力混凝土枕	与 75kg/m 钢轨配套用钢丝混凝土枕	特重型轨道	Ⅲ型

注：S——配筋采用高强度钢丝；
J——配筋采用高强度钢筋；
1、2、3——轨枕生产的先后顺序,又表示混凝土轨枕强度等级的发展。

2) 截面与长度

截面均为上窄下宽的梯形,支承钢轨的部位称承轨台,台面设 1∶40 的轨底坡。

Ⅰ型、Ⅱ型混凝土枕长度为 2.5m,Ⅲ型混凝土枕长度原设计为 2.6m,为适应不同线路的需要,同时有 2.5m 和 2.6m 两种长度,其结构强度相同。

3) 特点

S-1 型(简称Ⅰ型)轨枕,存在结构薄弱、中间截面承载能力低、使用条件与承载能力不相匹配等缺陷,已停止生产。

S-2、J-2 型(简称Ⅱ型)轨枕是按年运量 60Mt、机车轴重 25t、货车轴重 23t、最高行车速度 120km/h、铺设 60kg/m 钢轨设计的。

S-3 型(简称Ⅲ型)轨枕,如图 1.33、图 1.34 所示。根据扣件类型,承轨台分为有挡肩和无挡肩两大类。有挡肩轨枕适用于直线或 $R \geqslant 300$m 的曲线轨道;无挡肩轨枕适用于直线或 $R \geqslant 350$m 的曲线轨道。

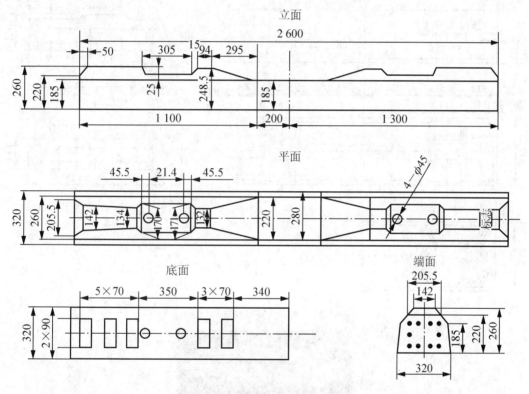

图 1.33 Ⅲ型混凝土枕(单位:mm)

图 1.34 Ⅲ型混凝土枕

4. 混凝土宽枕

混凝土宽枕简称宽轨枕，俗称轨枕板。"筋-82"预应力钢筋混凝土宽轨枕长 2 500mm，宽 542mm，如图 1.35 所示。

(1) 优点：质量大（每块约 500kg），底面积大（宽度约为混凝土枕的一倍），能有效地降低道砟应力和变形，轨道变形比木枕或混凝土枕轨道大为减少，轨道平顺性、稳定性好；宽轨枕采用密铺式（每千米铺设 1 760 根），每块净间隔约为 2.6cm，外观整洁美观。

(2) 缺点：缝隙封闭层施工工艺复杂。

(3) 适用：大型客货站场、长大隧道和行车密度大的线路。

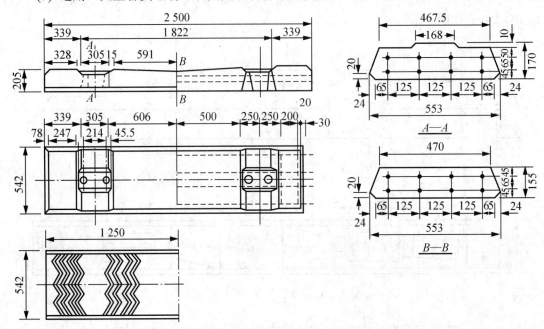

图 1.35　混凝土宽枕(单位：mm)

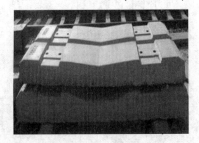

图 1.36　混凝土宽枕

5. 双块式轨枕

双块式轨枕在高速铁路、客运专线中使用较多，如图 1.37 所示。

(1) 优点：体积小，容易与混凝土道床成为一个整体，构成刚性道床，受力均匀，线路几何尺寸容易保持，线路平顺性、稳定性好。

(2) 缺点：施工过程的定位、控制较难。

(3) 适用：适合高速铁路、客运专线无砟轨道。

图 1.37 双块式混凝土轨枕

6. 电容枕

电容枕是配合电务设备使用的混凝土轨枕，如图 1.38 所示。

7. 混凝土桥枕

混凝土桥枕是桥梁地段使用的混凝土轨枕，如图 1.39 所示。需设置护轮轨的有砟桥，必须使用设置有基轨和护轮轨承轨槽的桥枕。

因为护轨两端在桥梁外要弯折在一起(弯折部分不小于 5m)，并且要交于轨道中心(将轨端斜切，结成梭头)，所以在弯折部分轨枕的护轨承轨槽与基本轨承轨槽距离都不一样，在此需布置 10 根螺栓孔位置不同的桥枕。在桥上平直段部分，两承轨槽间距离则一样。

图 1.38 电容枕　　　　　　　　　图 1.39 混凝土桥枕

8. 混凝土岔枕

道岔地段使用的混凝土岔枕如图 1.40 所示。预应力混凝土岔枕具有稳定性高、易于保持轨道几何形位的特点，强化了轨道结构，适于高速和重载，特别是对无缝道岔的使用更具有积极的意义。

9. 其他新型混凝土枕

其他新型混凝土枕有弹性轨枕、梯子式轨枕和框架式轨枕等。

1.3.3 轨枕铺设标准

1. 轨枕类型

1) 小半径曲线

曲线半径小于 300m 的地段，正线应铺设小半径曲线用混凝土枕，站线宜铺设小半径曲线用混凝土枕。

2) 道岔区前后

与正线道岔相连的轨道、60kg/m及以上钢轨混凝土岔枕的道岔区前后两端各50根(后端含辙叉跟端以后的岔枕),轨枕应采用Ⅲ型混凝土枕,每千米铺设轨枕根数及扣件类型与正线一致,道岔与道岔间应铺设与岔枕同类型轨枕,如图1.41所示。

图1.40 混凝土岔枕　　　　　　　　图1.41 道岔区前后两端轨枕

3) 混凝土宽枕

路基(基底)坚实、稳定、排水良好的大型客站内宜铺设混凝土宽枕(1 760根/千米)。

4) 混凝土桥枕与岔枕

设护轨的有砟桥面,应铺设混凝土桥枕;道岔应优先选择混凝土岔枕。

5) 不同枕下基础过渡

木枕与混凝土宽枕、整体道床及其他新型轨下基础之间,宜用混凝土轨枕过渡,其长度不宜小于10m。其他站线、次要站线困难条件下可适当缩短。

6) 接头过渡

不同类型轨枕不应混铺,不同类型的轨枕的分界处如有普通钢轨接头时,应保持同类型轨枕延伸至钢轨接头外5根以上。

2. 轨枕铺设根数

1) 每千米最少、最多铺设轨枕数量

我国铁路规定:每千米最少铺设轨枕根数均为1 440根。每公里线路最多铺设的轨枕根数:木枕为1 920根,Ⅰ型、Ⅱ型混凝土枕为1 840根,Ⅲ型混凝土枕为1 667根,混凝土宽枕为1 760根。

2) 加强轨枕地段

(1) 正线铺设Ⅱ型混凝土枕及木枕地段,符合下列条件之一的应加强。

① 半径为800m及以下的曲线地段。

② 坡度大于1.2%的下坡地段。

③ 长度300m及以上且铺设木枕的隧道内。

(2) 加强办法:Ⅱ型混凝土枕每千米增加80根;木枕每千米增加160根;条件重合时只增加一次,但不能超过前述允许最大铺设数量。铺设Ⅲ型混凝土枕线路不需增加。

3. 轨枕的间距

1) 有缝线路的轨枕间距

有缝线路的轨枕间距不完全平均分布。为加强接头,悬空式接头处的轨枕间距 c 要比钢轨中部的轨枕间距 a 小,而 a 与 c 之间还有一个过渡的轨枕间距 b,一般 $a>b>c$。

项目1 有缝轨道的构造认知

接头处两根轨枕的间距 c 可根据接头构造而定：对于50kg/m及以上钢轨，木枕接头间距为440mm，混凝土枕接头间距为540mm；43kg/m及以下钢轨 c 值均采用500mm。

有缝轨道轨枕间距见表1-9。无缝轨道轨枕间距见后面相关项目内容。

2）轨枕位置的标记

轨枕的位置应用白油漆标记在顺计算里程方向左股钢轨内侧的轨腰上，曲线地段标记在外股钢轨内侧的轨腰上。各标记位置与轨端距离的误差不得大于10mm。轨枕应按标记位置方正铺设，并应与线路中线垂直。

表1-9 有缝轨道轨枕间距表

轨型	钢轨长度(m)	每千米配置根数	每节钢轨配置根数	木枕(mm)			混凝土枕(mm)		
				c	b	a	c	b	a
75kg/m 60kg/m 50kg/m	12.5	1600	20	440	594	640	540	587	635
		1680	21	440	544	640	540	584	600
		1760	22	440	524	580	540	569	570
		1840	23	440	534	550	540	544	544
		1920	24	440	469	530	—	—	—
	25.0	1600	40	440	537	635	540	579	630
		1680	42	440	487	605	540	573	598
		1760	44	440	497	575	540	549	570
		1840	46	440	459	550	540	538	544
		1920	48	440	472	525	—	—	—
43kg/m 38kg/m	12.5	1440	18	500	604	720	500	604	720
		1520	19	500	604	675	500	604	675
		1600	20	500	564	640	500	564	640
		1680	21	500	559	605	500	559	605
		1760	22	500	541	575	500	541	575

任务1.4 轨道扣件认知

扣件是用来联结钢轨与轨枕的。

要求：扣件必须具有足够的强度、耐久性和一定的弹性，能长效保持可靠联结和阻止钢轨与轨枕的相对移动，具有缓冲减震作用、绝缘性能等；同时还应构造简单、使用方便。

类型：混凝土枕扣件和木枕扣件两大类型。

1.4.1 混凝土枕扣件

1. 扣件性能要求

(1) 具有足够的扣压力。要求扣件的纵向阻力大于道床的纵向阻力。我国每根轨枕的纵向阻力约为10kN，一组扣件的纵向阻力以15～25kN为宜，与之相应的扣压力约为10kN。当然扣压力也不宜太大，否则会使扣件弹性急剧下降，影响扣件使用寿命。

(2) 具有适当的弹性。适当的弹性可减小荷载的冲击作用，减小簧下振动加速度，延长部件使用寿命。扣件弹性主要由橡胶垫板和弹条等部件提供。

(3) 具有一定的轨距和水平调整量。
(4) 具有绝缘性能。

2．扣件类型

目前混凝土枕使用的主型扣件为弹条Ⅰ型、Ⅱ型、Ⅲ型扣件，扣板式扣件在某些地段还在使用。

1) 扣板式扣件

(1) 组成：扣板式扣件由扣板、螺纹道钉、弹簧垫圈、铁座和绝缘缓冲垫板及绝缘缓冲垫片组成，70型扣板式扣件如图1.42所示。

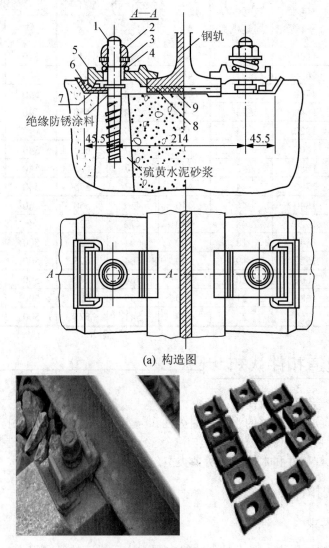

(a) 构造图

(b) 实物图

图1.42 扣板式扣件(单位：mm)

1—螺纹道钉；2—螺帽；3—平垫圈；4—弹簧垫圈；5—扣板；6—铁座；
7—绝缘缓冲垫片；8—绝缘缓冲垫板；9—衬垫

(2) 扣板号码选用。当螺纹道钉孔中心至轨底边缘的距离为33mm时，选用的扣板号码定为0号，距离为35mm时定为2号扣板，以后每增加2mm，扣板号码也相应增加。一块扣板上下两面制成不同但相邻的两个号码，在调整轨距时可翻转使用。一般在轨型相同的轨道上，为适应不同轨距的需要，有3～4种扣板，即6～8个号码就能满足要求。

目前，对50kg/m钢轨配有0～2、4～6、8～10、12～14和16～18共5种扣板，10个号码；对43kg/m钢轨配有8～10、12～14、16～18、20～22和24～26共5种扣板，10个号码。在钢轨接头处，因夹板影响扣板铺设，另设计有接头专用扣板，也可将扣板端头靠轨底的一端切去12mm来代替。

(3) 做法。锚固道钉(用硫黄水泥砂浆将螺纹道钉锚固在承轨台的预留孔中)；在挡肩前放置绝缘缓冲挡肩垫片和铁座；螺纹道钉上安装一块扣板、弹簧垫圈和平垫圈；扣板的一端压紧钢轨底部顶面，同时顶住轨底侧面；上紧螺母扣住钢轨。

(4) 优缺点。

优点：扣板式扣件零件简单，调整轨距比较方便。

缺点：弹性和扣压力较低，在使用过程中容易松劲。

适用：50kg/m及以下钢轨的线路上。

2) 弹条Ⅰ型扣件

(1) 组成：由ω形弹条、螺纹道钉、螺母、平垫圈、轨距挡板、挡板座及弹性橡胶垫板等组成。60kg/m钢轨用弹条Ⅰ型扣件如图1.43所示。

(2) 弹条：由直径为13mm的$60Si_2Mn$或$55Si_2Mn$热轧弹簧圆钢制成，有A、B两种型号，其中A型弹条较长。50kg/m钢轨除使用14号接头轨距挡板时安装B型弹条外，其余均安装A型弹条，60kg/m钢轨则一律安装B型弹条。

(3) 轨距挡板：50kg/m钢轨用轨距挡板分中间和接头两种，每种又分14和20两个号码，60kg/m钢轨用轨距挡板仅一种，分6、10两个号码。

(4) 挡板座：两斜面的厚度不同，可调换使用，起调整轨距的作用。50kg/m钢轨有2～4和0～6两种号码，而60kg/m钢轨只有2～4一种号码。

(5) 缺点：对于重型和特重型轨道，弹条Ⅰ型扣件能力不足，主要表现为弹条的扣压力不足和弹程偏小；安全强度储备不足，弹条损坏较多；在曲线地段扣件沿混凝土枕挡肩上滑，引起挡肩破损和轨距扩大。

3) 弹条Ⅱ型扣件

弹条Ⅱ型扣件如图1.44所示。

(1) 特点：弹条Ⅱ型扣件除弹条采用新材料重新设计外，其余部件与弹条Ⅰ型扣件通用，仍为带挡肩、有螺栓扣件，轨距的调整仍用轨距挡板和挡板座的不同号码相互调配。为提高弹条的强度和扣压力，选用了优质弹簧钢$60Si_2CrVA$作为Ⅱ型弹条的材料，屈服强度和抗拉强度分别提高了42%和36%。

(2) 优点：扣压力大、强度安全储备大、残余变形小等。

(3) 适用：Ⅱ或Ⅲ型混凝土枕60kg/m钢轨线路。

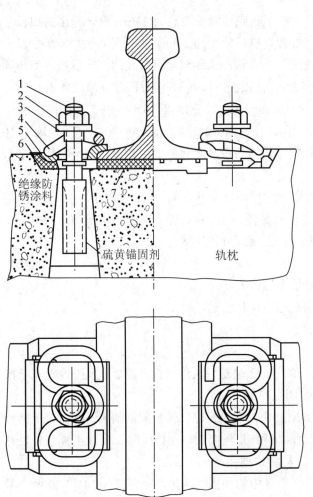

(a) 构造图　　　　　　　　　　　(b) 实物图

图 1.43　弹条Ⅰ型扣件

1—螺纹道钉；2—螺母；3—平垫圈；4—弹条；5—轨距挡板；6—挡板座；7—橡胶垫板

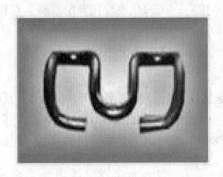

图 1.44　弹条Ⅱ型扣件

4) 弹条Ⅲ型扣件

(1) 特点：弹条Ⅲ型扣件是无螺栓无挡肩扣件。

(2) 组成：由弹条、预埋铁座、绝缘轨距块和橡胶垫板等组成，弹条Ⅲ型扣件如图1.45所示。

(3) 优点：扣压力大、弹性好，取消螺栓联结的方式，大大减少了扣件养护工作量。

(4) 适用：无螺栓无挡肩扣件是世界各国轨枕扣件发展的趋势，特别适用于重载大运量、高密度的运输条件。弹条Ⅲ型扣件适用于标准轨距铁路直线或半径 $R \geqslant 350$ 的曲线轨道以及铺设Ⅲ型无挡肩混凝土枕 60kg/m 钢轨的无缝线路轨道。

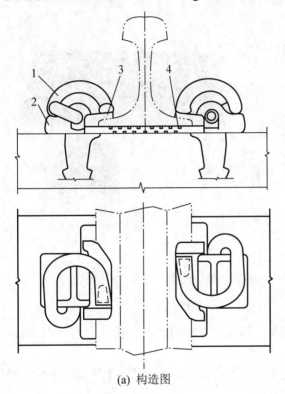
(a) 构造图

(b) 实物图

图 1.45　弹条Ⅲ型扣件

1—弹条；2—预埋铁座；3—绝缘轨距块；4—橡胶垫板

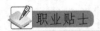

正线轨道应按照轨道类型采用弹条Ⅰ型、Ⅱ型、Ⅲ型扣件，站线混凝土轨枕轨道宜采用弹性扣件。

1.4.2　木枕扣件

木枕扣件主要有分开式和混合式两种。

1. 分开式扣件

分开式扣件将垫板分别与轨枕和钢轨单独扣紧，如图 1.46 所示。

(1) 组成：包括螺纹道钉、轨卡、轨卡螺栓、铁垫板、轨下垫板、弹簧垫圈。

(2) 做法：用 4 个螺纹道钉联结垫板与木枕，2 个轨卡螺栓和轨卡扣压钢轨与垫板。其道钉和轨卡螺栓构成 K 形,故又称 K 形分开式扣件。分开式扣件主要用在无砟桥上。

(3) 优点:扣压力大,可有效防止钢轨爬行。

(4) 缺点:零件多,用钢量大,更换钢轨麻烦。

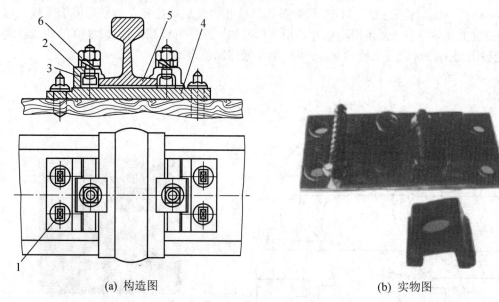

(a) 构造图　　　　　　　　　(b) 实物图

图 1.46　分开式扣件

1—螺纹道钉;2—轨卡;3—轨卡螺栓;4—铁垫板;5—轨下垫板;6—弹簧垫圈

2. 混合式扣件

混合式扣件先用道钉将垫板与木枕扣紧,再用道钉将钢轨、垫板与木枕一同钉连在一起,如图 1.47、图 1.48 所示。

(1) 组成:包括道钉和五孔双肩铁垫板、轨下垫板,是我国铁路木枕轨道上使用最广泛的一种扣紧方式。

(2) 优点:零件少,安装方便。

(3) 缺点:扣压力小,且钢轨受荷载后向上挠曲时,易将道钉拔起,降低扣压力。

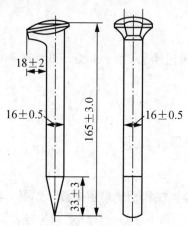

图 1.47　普通道钉(单位:mm)

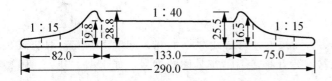
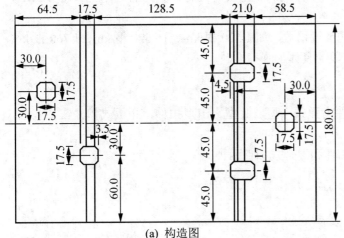

(a) 构造图　　　　　　　　　　　(b) 实物图

图 1.48　铁垫板(单位：mm)

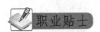

明桥面上桥枕宜采用分开式扣件，站线木枕轨道宜采用分开式扣件，次要站线木枕轨道可采用普通道钉。

任务 1.5　轨道构造清单认知

确定轨道构造的技术条件，才能进行轨道构造材料(也称线上料)的计算。在施工设计图及其相关设计说明书中，一般会有具体文字说明或图示，但也有一些技术条件是套用设计规范的条文的，需要有关技术人员对设计规范有一定的了解。

1.5.1　轨道构造的技术条件

轨道构造的技术条件一般包括但不限于以下项目。

1. 钢轨及接头配件

(1) 新轨或再用轨。

(2) 类型：每米钢轨的重量，即，75kg/m、60kg/m、50kg/m、43kg/m 等。

(3) 长度：标准长度轨(标轨、标准缩短轨)、非标准长度轨(非标轨、短轨、长轨等)。

(4) 两端有孔、无孔。

(5) 其他特殊要求：全长淬火、轨端淬火、耐磨和异型钢轨、胶接绝缘钢轨及道岔钢轨(尖轨、辙叉、翼轨、心轨、护轨等)等。

2．轨枕

(1) 混凝土枕：预应力钢筋混凝土枕又可分为普通混凝土枕、混凝土宽枕、双块式轨枕、电容枕、混凝土桥枕和混凝土岔枕等几种，要落实具体的型号，如Ⅰ型、Ⅱ型、Ⅲ型等，还要落实具体生产图号。

(2) 木枕：木枕分为普通木枕、木桥枕和木岔枕等几种，其中普通木枕又可分为Ⅰ、Ⅱ两类木枕。

(3) 铺设密度标准：每千米的铺设根数，如1 520根/km、16 670根/km、1 760根/km、1 840根/km等，还要落实加强地段的具体加强标准。

3．扣件

(1) 混凝土枕使用的主型扣件为弹条Ⅰ型、Ⅱ型、Ⅲ型扣件，扣板式扣件在某些地段还在使用。

(2) 木枕扣件主要有分开式扣件和混合式扣件两种。

4．其他

混凝土枕道钉锚固用料等。

1.5.2 轨道材料清单示例

(1) 正线60kg/m钢轨有缝轨道线路，铺设Ⅰ类木枕1 760根/km，采用分开式扣件，每千米轨道材料清单见表1-10。

表1-10 正线木枕有缝线路每千米轨道材料清单

建设项目名称	正线铺轨 P60		
统计范围	(一)木枕(1 760根/km)	工程量	1铺轨千米
电算代号	材料名称	单位	数量(含定额损耗率量)
2700214	钢轨60kg 25m 中锰钢	根	80.08
2710018	接头夹板60kg	块	164.16
2711013	高强度接头螺栓戴帽60kg	套	496.92
2712012	弹簧垫圈60kg	个	501.84
2713013	铁垫板60kg	块	3 530.56
2713210	塑料垫板	块	3 530.56
2741015	木枕Ⅰ类	根	1 765.28
2750020	平垫圈25×50×6	个	7 180.8
2750024	螺旋道钉戴螺帽M24×195	套	14 220.8
2750025	轨卡螺栓戴帽	套	7 180.8
2764010	轨卡(中间)50、60kg	个	6 846.24
2764012	轨卡(接头)60kg	个	334.56
8999002	其他材料费	元	52.8

(2) 正线60kg/m钢轨有缝轨道线路，铺设Ⅲ型混凝土枕(1 667根/km)，采用弹条Ⅱ型扣件，每千米轨道材料清单见表1-11。

项目 1 有缝轨道的构造认知

表 1-11 正线混凝土枕有缝线路每千米轨道材料清单

建设项目名称	正线铺轨 P60		
统计范围	(二)钢筋混凝土枕(1 667 根/km)	工程量	1 铺轨千米
电算代号	工料机名称	单位	数量(含定额损耗率量)
1010002	普通水泥 32.5 级	kg	716.81
1260022	中粗砂	m^3	1.884
1260141	滑石粉 325 目	kg	43.342
1270012	建筑石油沥青	kg	153.364
2700214	钢轨 60kg 25m 中锰钢	根	80.08
2710018	接头夹板 60kg	块	164.16
2711013	高强度接头螺栓戴帽 60kg	套	496.92
2712012	弹簧垫圈 60kg	个	501.84
2741114	预应力混凝土枕Ⅲ型 A	根	1 672
2766103	60kg 钢轨弹条Ⅱ型扣配件	组	1 672
2900016	煤	t	0.834
2910056	机械油	kg	18.337
3000016	白石蜡 50 号	kg	50.01
3002040	硫黄 块状	kg	1 450.29
8999002	其他材料费	元	133.36

职业贴士

预算定额中对轨道材料规定了不同的定额损耗率量,如钢轨的定额损耗率为 0.1%,轨枕的为 0.3%,等等。由于施工条件和管理能力等不同,使用中的实际损耗可能与预算定额损耗有差别,在实际工作中要注意根据情况调整。

学岗互通

(1) 在实训场进行轨道线路钢轨长度、轨缝、接头相错量、轨枕间距的调查。
① 绘制钢轨、轨枕调查示意图,做好记录。
② 根据调查资料进行轨缝计算。
③ 根据钢轨实际长度制定重新铺轨的配轨方案。
④ 按照查表的轨枕间距现场画出间距标志。
(2) 在实训场进行接头拆卸、安装练习,扣件拆卸、安装练习。
(3) 在实训场进行接头螺栓、道钉螺栓的扭矩测定,道钉螺栓的抗拔力测定。
(4) 现有 3.0km 的正线 60kg/m 钢轨有缝轨道线路,铺设Ⅲ型混凝土枕及Ⅰ类木枕地段长度分别为 2.5km 和 0.5km,铺设密度标准分别为 1 667 根/km 和 1 760 根/km,混凝土枕及木枕地段分别采用弹条Ⅱ型扣件和分开式扣件,请编制该线路轨道材料清单。
(5) 给定一个车站平面图,计算车站正线及站线的轨道工程数量及材料数量。

职业贴士

现场工程技术人员接到施工设计图纸,通过计算工程数量进行图纸的审核进而提出书面会审意见报告给建设、监理、设计等单位并协商落实;通过计算工程数量进行材料数量的计算进而提出书面材料采购计划交给材料人员实施。这是现场技术人员的两项基本技术工作。

知识拓展

轨道结构类型

轨道结构的类型应根据运营条件、使用寿命要求、维修方式和维修量、铺设地点及材料的可行性等因素来选择，还应考虑铺设和日后维修的费用等因素，以使整个使用周期费用为最低。

根据不同的运营条件，要求有不同等级的轨道标准，使之有相应的强度和稳定性，以保证列车按规定的速度，平稳、安全和不间断地运行。我国正线轨道的选型依据见表 1-12。我国站线轨道的选型依据见表 1-13。

1. 正线轨道类型

表 1-12 正线轨道类型

项目			单位	特重型	重型		次重型	中型	轻型
运营条件	年通过总质量		Mt	>50	25~50	25~50	15~25	8~15	<8
	路段旅客列车设计行车速度		km/h	160~120	160~120	≤120	≤120	≤100	≤80
轨道结构	钢轨		kg/m	75	60	60	50	50	50
	混凝土枕	型号	—	—	III	III	II	II	II
		铺枕根数	根/km	1 667	1 667	1 760	1 667 或 1 760	1 600 或 1 680	1 520 或 1 640
	碎石道床厚度	土质路基双层 道碴	cm	30	30	30	25	20	20
		土质路基双层 底碴	cm	20	20	20	20	20	15
		土质路基单层 道碴	cm	35	35	35	35	35	25
		硬质岩石路基单层 道碴	cm	30	30				
	无砟道床	板式轨道 混凝土底座厚度	cm	≥15	≥15	≥15	≥15	≥15	≥15
		轨枕埋入式 混凝土底座厚度	cm	≥15	≥15	≥15	≥15	≥15	≥15
		弹性支承块式 混凝土底座厚度	cm	≥17	≥17	≥17	≥17	≥17	≥17

注：(1) 年通过质量包括净载、机车和车辆的质量，单线按往复总质量计算，双线按每一条线的通过总质量计算。

(2) 年通过总质量大于 50MT 的线路，根据实际的运营条件，经技术经济比选可采用 60kg/m 的钢轨。

(3) 货物列车设计行车速度为 120km/h 时，应采用特重型或重型轨道，且重型轨道应采用 III 型混凝土枕。

(4) 设计行车速度小于 160km/h 的改建铁路轨道，可采用 II 型混凝土枕。

(5) 明桥面铺设木桥枕时，每千米铺设根数按《铁路桥涵设计基本规范》(TB 10002.1—2005)进行设计。

(6) 弹性支承块式混凝土底座厚度系指支承块下混凝土厚度。

(7) 特殊情况下采用木枕时，铺设根数可根据设计确定。

2. 站线轨道类型

表 1-13　站线轨道类型

项　目				单位	到发线	驼峰溜放部分线路	其他站线及次要站线
钢轨				kg/m	60、50 或 43	50 或 43	50 或 43
轨枕	混凝土枕		型号	—	Ⅰ	Ⅰ	Ⅰ
			铺枕根数	根/km	1 520～1 667	1 520	1 440
	防腐木枕		型号	—	Ⅱ	Ⅱ	Ⅱ
			铺枕根数	根/km	1 600	1 600	1 440
道砟道床厚度	土质路基	双层道砟	相应正线轨道类型	特重、重、次重型	cm	表层 20 底层 20	表层 25 底层 20	—
				中、轻型		表层 15 底层 15		
		单层道砟		特重、重、次重型		35	35	其他站线 25 次要站线 20
				中、轻型		25		
	硬质岩石路基、级配碎石或砂砾石基床	单层道砟		特重、重、次重型		25	30	20
				中、轻型		20		

注：(1) 钢轨系指新轨或再用轨。
　　(2) 到发线(含到达线、出发线和编发线，下同)的钢轨，当正线为 50kg/m 时，到发线采用 43kg/m；当正线为 60kg/m 及以上时，到发线应采用 50kg/m 以上的钢轨。
　　(3) 驼峰溜放部分线路(系指自峰顶至调车线减速器或铁鞋脱落器出口的一段线路)及延伸一节轨，宜采用 50kg/m 钢轨，作业量较小的小能力驼峰也可采用 43kg/m 钢轨。
　　(4) 其他站线系指调车线、牵出线、机车走行线及站内联络线，次要站线系指除到发线及其他站线以外的站线。
　　(5) 到发线采用无缝线路轨道时，宜采用与到发线连接的道岔同类型钢轨。
　　(6) 采用 18 号单开道岔且铺设混凝土枕的线路上，应采用Ⅱ型及以上混凝土枕。

思考题

1. 铁路轨道由哪些部分组成？
2. 绘示意图说明 60kg/m 钢轨的轨头顶宽(b)、轨腰厚(c)、轨身高(H)及轨底宽(B)。
3. 绘制 60kg/m 钢轨断面图并标注有关尺寸。
4. 钢轨接头由哪些配件组成？试分类说说它们的结构形式。
5. 哪些地段不宜有钢轨接头？接头相错量有什么规定？
6. 预留轨缝要考虑什么条件？某地区最高轨温为 60℃，最低轨温为-10℃，铺设 60kg/m 钢轨标准轨，若施工时轨温为 28℃，试确定预留轨缝的大小。
7. 列举我国使用的几种木枕。哪些地段宜铺设木枕？
8. 列举我国使用的几种预应力钢筋混凝土枕。
9. 正线铺设Ⅱ型混凝土枕及木枕地段，符合哪些条件时应加强？如何加强？
10. 木枕和混凝土枕常用的扣件有哪些？各有哪些组成部件？

项目 2　无缝轨道的构造认知

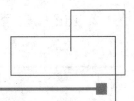

引子

无缝线路是用焊接长轨条铺设的轨道，因长轨条没有轨缝而得名。无缝线路就是把标准长度的钢轨(未经钻眼和淬火)焊接成具有相当长度的长钢轨用以代替标准钢轨而铺设的线路，如图 2.1 所示。

图 2.1　无缝轨道

早在 20 世纪 20 年代，国外就已经开始铺设无缝线路。

我国从 1957 年开始试铺无缝线路，随着铺设技术的日趋完善，特别是全区间和跨区间无缝线路铺设技术的不断成熟，无缝线路已成为我国铁路正线的主型轨道结构。

有缝线路是由钢轨通过钢轨接头连接而成的线路，钢轨接头是轨道的薄弱环节之一，其缺点体现在以下几个方面。

(1) 列车通过钢轨接头时发生冲击和振动，冲击力最大可达到非接头区 3 倍以上，并伴随着打击噪声，影响行车平稳和旅客的舒适度。

(2) 重伤钢轨 60%发生在接头区，钢轨及连接零件和机车车辆的使用寿命缩短。

(3) 加剧线路的爬行、促使道床破坏、接头处线路病害、线路状态恶化，接头区线路养护的费用占养护总经费的 35%以上，增加线路养护的费用。

随着列车轴重、行车速度和密度的提高，上述缺点更加突出，有缝轨道已不能适应现代高速重载运输的需要。

与有缝线路相比，无缝线路在很大程度上消灭了钢轨接头，其优点体现在以下几个方面。

(1) 减少列车对轨道的动力冲击和振动作用，噪声低，有利于列车平稳运行、旅客舒适度。

(2) 延长维修周期、延长线路设备和机车车辆的使用寿命。

(3) 降低轨道养护维修费用。

任务

任务 2.1　无缝线路轨道的构造认知

任务 2.2　温度应力式无缝线路的构造原理

项目2 无缝轨道的构造认知

任务 2.1 无缝线路轨道的构造认知

无缝线路作为一种先进的轨道结构形式,有利于发展高速、重载铁路,是铁路轨道结构发展的方向之一。

2.1.1 无缝线路轨道的类型

1. 按长轨节长度的不同分类

按长轨节长度的不同,无缝线路可分为普通无缝线路、全区间无缝线路和跨区间无缝线路3种类型。

1) 普通无缝线路

普通无缝线路指长轨节的长度为 1 000~2 000m 的无缝线路。

2) 全区间无缝线路

全区间无缝线路指只跨越闭塞分区、不跨越车站,整个区间用一根长钢轨联结的无缝线路;长轨节长度为相邻两车站进站、出站信号机之间的距离,在绝缘接头处采用高强度胶结绝缘接头。

3) 跨区间无缝线路

跨区间无缝线路也称超长无缝线路,指轨节长度跨越车站道岔并贯穿区间的无缝线路,是在全区间无缝线路的基础上,轨节长度进一步延长,将区间无缝线路长轨节与道岔焊连起来轨节长度可达几十甚至几百公里。跨区间和全区间无缝线路和无缝道岔上的绝缘接头必须采用胶接绝缘,跨区间无缝线路的关键技术是胶接绝缘接头、无缝道岔等。

Ⅰ、Ⅱ级铁路采用 60kg/m 及以上钢轨时,应按无缝线路设计;采用 50kg/m 钢轨时,宜按无缝线路设计。允许速度为 120(不含)~160km/h 的线路应铺设全区间无缝线路或跨区间无缝线路,允许速度大于 160km/h 的线路应铺设跨区间无缝线路。

在我国城市轨道交通中,无缝线路采用普通无缝线路和区间无缝线路两种形式。

全区间、跨区间这两种无缝线路以一次铺设锁定的轨节长度(称单元轨节)为管理单元,单元轨节的长度应根据线路条件、工点情况、施工工艺等因素综合研究确定,一般为 1 000~2 000m。

2. 按长轨的温度应力处理方式的不同分类

按长轨的温度应力处理方式的不同,无缝线路可分为温度应力式和放散温度应力式两种类型,世界各国主要采用的是温度应力式无缝线路。

1) 温度应力式无缝线路

无缝线路铺设锁定后,钢轨不能随轨温变化而自由伸缩,在钢轨内部产生一个应力,称为温度应力,温度应力的大小随轨温变化而变化,因此叫做温度应力式无缝线路。

(1) 组成。每段无缝线路由一根焊接长钢轨及其两端 2~4 根标准轨组成,一般由固定区、伸缩区、缓冲区 3 部分构成。长轨两端的接头采用普通接头形式。

(2) 特点。温度应力式无缝线路结构简单，铺设和养护维修方便，但在冬夏两季，长轨要承受较大的温度应力。

(3) 适用。温度应力式无缝线路适用于年最高和最低轨温差小于90℃的地区。

2) 放散温度应力式无缝线路

根据温度应力放散方法的不同，可分为自动放散式和定期放散式两种。

(1) 自动放散温度应力式无缝线路。

结构：在长轨两端设置钢轨伸缩调节器(即尖轨接头)，使长轨能随着轨温的变化而伸缩，随时将温度应力释放。

适用：在温差较大的地区和特大桥上(消除或减少钢轨的温度力和尽量消除桥梁伸缩附加力的影响)。

(2) 定期放散温度应力式无缝线路。

结构：与温度应力式无缝线路相同，但缓冲区的钢轨不是标准轨，是一组一定长度的短轨(调节轨)。

做法：每年春、秋两季的适当轨温条件下，进行长轨应力放散，即松开长轨的全部扣件和钢轨接头，使它自由伸缩，更换缓冲区不同长度调节轨。

适用：年最高和最低轨温差大于90℃的地区。我国曾在年轨温差较大的地区试用，但放散作业工程量大，目前已不使用。

2.1.2 温度应力式无缝线路轨道的构造

1. 轨道结构一般技术条件

(1) 路基必须稳定，无翻浆冒泥、冻害及下沉挤出等路基病害。

(2) 普通无缝线路应采用50kg/m及以上钢轨，全区间及跨区间无缝线路应采用60kg/m及以上钢轨。

(3) 无缝线路长轨条及缓冲区钢轨的联结应采用接头夹板和高强度螺栓。

(4) 无缝线路应铺设混凝土枕或混凝土宽枕，有砟桥面应铺设混凝土桥枕，特殊情况可使用木枕。

(5) 混凝土枕或混凝土宽枕应使用弹条扣件，木枕应使用分开式扣件。

(6) 无缝线路的道床应采用一级碎石道砟，碎石材质、粒径级配应符合标准，道床应保持清洁、密实、均匀。跨区间无缝线路道岔范围内道床肩宽应达到450mm。

> **职业贴士**
>
> 联合接头距有砟桥桥台挡砟墙和不同轨下基础交接处不得小于2m，并不得置于道口及无砟桥上；允许速度大于160km/h线路铝热焊缝距轨枕边不得小于100mm。其他线路不得小于40mm。

2. 平面构造

温度应力式无缝线路的平面构造由固定区、伸缩区和缓冲区三部分构成。

1) 固定区

固定区是长轨条中间完全不能伸缩的部分。在长轨中间一定长度范围内，当轨温变化时，长轨的伸缩受到接头阻力和钢轨基础部分阻力的约束，完全不能伸缩。

固定区长度不得短于50m，跨区间无缝线路内铺设的道岔必须设在固定区。

2) 伸缩区

伸缩区是长轨条两端可能发生伸缩的部分。在长轨的两端，当钢轨温度力大于接头最大阻力后，将有一段钢轨发生伸缩，当轨温变化幅度达到最大时，发生伸缩的钢轨长度也达到最大。

伸缩区长度根据计算确定，一般为50~100m。

3) 缓冲区

两根长轨之间铺设标准轨(含厂制缩短轨)的部分。

缓冲区的主要作用是调节轨缝，应力放散时调换调节轨，或设置绝缘接头，以及作为与道岔连接的过渡段等。

缓冲区一般由2~4节同类型标准轨组成，如图2.2所示。普通绝缘接头为4节，采用胶接绝缘接头时，可将胶接绝缘钢轨插在2节或4节标准轨中间。

缓冲区钢轨接头必须使用不低于10.9级的螺栓，螺栓扭矩应保持在700~1 100N·m。

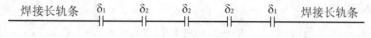

图2.2 缓冲区示意图

联合接头的焊接左右两股宜交替顺序进行，位置相对，相错量不大于100mm。超限时，应在焊接下一对接头时调整过来。

3. 长钢轨的布置

无缝线路上铺设的焊接长钢轨，在理论上不受长度限制，但要考虑与桥梁、隧道、道岔的衔接及自动闭塞区段绝缘接头的要求，并兼顾铺设、养护维修的特点。

1) 一般规定

(1) 普通无缝线路一般焊接长钢轨的长度为1 000~2 000m。

(2) 在自动闭塞区段，每段长钢轨的长度，原则上应与自动闭塞区段的长度一致，如受条件限制，固定区也不应短于50m。

(3) 焊接长钢轨各段长度及缓冲区的布置确定后，应根据每段焊接长钢轨的设计长度，向焊轨厂提出配轨计划。

2) 跨区间无缝线路和区间无缝线路的长轨条布置

(1) 跨区间无缝线路长轨条长度不受限制，区间无缝线路的长轨条长度应以车站最外道岔间的距离减两个缓冲区长度计算。

(2) 长轨条可由若干单元轨节组成。区间内单元轨节长度宜为1 000~2 000m，最短不应小于200m；每组无缝道岔应按一个单元轨节计。

(3) 宜单独为一个或数个单元轨节的地段：长大桥梁及两端线路护轨梭头范围之内；长度超过1 000m的隧道；大跨度连续梁的两端设置调节器时，单元轨节长度应与每联连续梁长度相同。

3) 普通无缝线路长轨条布置

(1) 轨条长度不应小于 200m。

(2) 宜单独布置长轨条，并在其两端设置缓冲区的地段：站内线路；设有胶接绝缘接头的每个自动闭塞区间；道岔与长轨条之间或两段长轨条之间；小半径曲线钢轨伤损严重的区段；其他特殊地段。

4. 无缝线路轨枕间距

对于无缝线路，轨枕间距应均匀布置。无缝线路轨枕间距表见表 2-1。

表 2-1 无缝线路轨枕间距表

轨枕配置根数(根/km)	轨枕间距(mm)	轨枕配置根数(根/km)	轨枕间距(mm)
1 667	600	1 840	543.5
1 760	568.2	1 920	520.8

5. 无砟轨道的扣件

无砟轨道的扣件由扣压件、紧固件和弹性垫板(层)等部件组成。

1) 扣件分类

(1) 按扣压件形式分为弹片式和弹条式。我国的弹条Ⅰ型、Ⅱ型、Ⅲ型扣件都是弹条扣件。

(2) 按扣压件紧固形式分为无螺栓和有螺栓两种。我国Ⅲ型扣件采用无螺栓方式，其余类型扣件均采用有螺栓方式。

(3) 按与道床连接方式分为不分开式和分开式。不分开式扣件一般没有通长铁垫板，钢轨与轨枕或轨道板间只有一层轨下垫板，扣压件的紧固件直接连接到混凝土轨枕或混凝土轨道板中。分开式扣件有基板，钢轨由扣压件紧固于基板上，基板由螺栓与预埋于轨枕或轨道板中的绝缘套管联结。我国的 WJ-2 型扣件属此类。

(4) 按承受水平力方式分为无挡肩和有挡肩。无挡肩方式不需要在轨枕或轨道板上设承轨槽，钢轨传递过来的轮轨横向力由基板螺栓和摩擦力承受，分开式扣件一般为无挡肩方式。有挡肩方式需要在轨枕或轨道板上设承轨槽，直接承受钢轨传递过来的轮轨横向力，不分开式扣件一般为有挡肩方式。

2) 我国自主研发的高速铁路扣件类型

(1) 弹条Ⅳ、Ⅴ型扣件。弹条Ⅳ型扣件和弹条Ⅴ型扣件，分别适用于有砟轨道的无挡肩、有挡肩混凝土轨枕，如图 2.3、图 2.4 所示。

每套弹条Ⅳ型扣件由两件弹条、两件预埋铁座、两件绝缘轨距块和一件橡胶垫板组成。弹条分 C4 型、JA 型和 JB 型 3 种，一般地段安装 C4 型弹条，钢轨接头处安装 JA 和 JB 型弹条。

每套弹条Ⅴ型扣件由两件螺旋道钉、两件平垫圈、两件弹条、两件轨距挡板、一件轨下垫板和两件预埋套管组成。此外，为了钢轨高低位置调整的需要，还包括调高垫板。弹条分两种，即一般地段使用的 W2 型弹条和小阻力地段用 X3 型弹条，此外，作为备件的弹条Ⅰ型扣件 A 型弹条可用于钢轨接头处。轨下垫板分一般地段使用的橡胶垫板 RP5 和小阻力地段用的复合垫板 CRP5 两种。

项目 2 无缝轨道的构造认知

图 2.3 弹条Ⅳ型扣件

图 2.4 弹条Ⅴ型扣件

(2) WJ-7 型扣件。WJ-7 型扣件弹条分为 W1 型和 X2 型两种,W1 型使用于一般地段,桥上可使用 X2 型。轨下垫板分 A、B 两类,A 类用于兼顾货运的客运专线,B 类用于客运专线,每一类又可分为一般地段的橡胶垫板和桥上可能使用的复合垫板两种。WJ-7 型扣件如图 2.5 所示。

每套扣件由两件 T 形螺栓、两件螺母、两件平垫圈、两件弹条、两件绝缘块、一件铁垫板、一件轨下垫板、一件绝缘缓冲垫板、两件重型弹簧垫圈、两件平垫块、两件锚固螺栓和两件预埋套管组成。此外,为了钢轨高低位置调整的需要,还包括轨下调高垫板和铁垫板下调高垫板。

(3) WJ-8 型扣件。WJ-8 型扣件分为 WJ-8A 型、WJ-8B 型和 WJ-8C 型,为有螺栓扣件,如图 2.6 所示。WJ-8A 型扣件适用于最高速度 250km/h 的无砟轨道有挡肩混凝土轨枕,WJ-8B 型适用于最高速度 350km/h 的双块式无砟轨道有挡肩混凝土轨枕。WJ-8C 型适用于最高速度 350km/h 的 CRTSⅡ型轨枕板无砟轨道。WJ-8 型扣件弹条与轨下垫板分类与 WJ-7 型扣件相同。

每套扣件由两件螺旋道钉、两件平垫圈、两件弹条、两件绝缘轨距块、两件轨距挡板、一件轨下垫板、一件铁垫板、一件铁垫板下弹性垫板和两件预埋套管组成。此外,为了钢轨高低位置调整的需要,还包括轨下微调垫板和铁垫板下调高垫板。

图 2.5 WJ-7 型扣件

图 2.6 WJ-8 型扣件

6. 特殊地段无缝线路的构造特点

1) 桥上无缝线路

因梁的伸缩而引起的钢轨纵向力称之为伸缩附加力;因梁的挠曲而引起的钢轨纵向力称之为挠曲附加力。附加力的大小不仅与钢轨扣紧的程度有关,还与梁跨、支座布置、桥跨数量以及桥梁处于无缝线路的部位(伸缩区或固定区)等因素有关。

桥上铺设无缝线路与路基上铺设无缝线路有所不同,如图 2.7 所示。钢轨除受温度力作用以及列车动静荷载外,还受桥上附加纵向力(伸缩附加力、挠曲附加力)的作用。这些力同时又反作用于梁跨和固定支座上,使桥梁墩台产生弹性变形,墩顶发生纵向位移。

此外,如果桥上发生断轨,温度力和伸缩附加力就会得到释放,并通过梁、轨间的约束使墩台和固定支座受力。

桥上无缝线路构造特点如下:

(1) 为减小钢轨伸缩与桥梁伸缩相互作用的复杂程度,应使桥梁位于固定区内,桥头两端应按伸缩区锁定。长轨节应大于桥梁总长再加两端伸缩区,无缝线路在桥梁两端路基上每端锁定长度均不应小于 100m。

(2) 钢梁上宜用分开式扣件,为减小钢轨与桥梁的相互作用,钢轨扣件阻力可适当减小(不全部拧紧,松紧相间),但要考虑桥梁上钢轨低温断轨后断缝不能拉开过大(按规范要求),以免影响行车安全。

(3) 为减小各种附加力的影响,在长大桥梁上铺设无缝线路时,常采用钢轨伸缩调节器(也称温度调节器),使长钢轨能纵向伸缩,自动放散温度应力。

(4) 由于桥上存在附加力,可能会使桥上无缝线路的锁定轨温与路基上不同。在可能的条件下,应尽量采取与路基上的无缝线路相同的锁定轨温,以便施工。

图 2.7 桥上、隧道无缝线路

2) 隧道无缝线路

如图 2.7 所示。隧道气温和轨温变化都比较小,但隧道洞口附近每天轨温变化比较大。隧道无缝线路构造特点如下:

(1) 隧道内轨道结构应适当加强,条件许可时可设无砟道床,钢轨应用耐腐蚀的合金轨,还应加强钢轨的探伤检查。

(2) 隧道群的长轨条宜连续布置,每座隧道距离隧道口内侧 50m 范围,应按伸缩区要求加强锁定。

(3) 隧道的长轨条宜连续布置,无缝线路固定区应设在轨温变化小的隧道内,长轨条接头宜设在距隧道口内侧 50m 处,伸缩区设于隧道洞口内方,缓冲区宜设置在隧道洞口外。

3) 小半径曲线无缝线路

在曲线轨道上,存在温度力的径向分力和列车通过时的横向水平力,使曲线轨道稳定性差。小半径曲线无缝线路构造特点如下:

(1) 随着半径的减小,温度力的径向分力增大,稳定性降低。因此,铺设无缝线路的曲线半径不宜小于 400m。

(2) 一个小半径曲线，最好单独铺一节长轨，伸缩区最好设在直线上。

(3) 适当提高锁定轨温，以减小温度压力。

4) 长大坡道无缝线路

长大坡道线路多位于山区的双机或多机牵引地段，列车制动使列车运行前方钢轨产生纵向压力，列车尾部钢轨产生拉力，引起钢轨不均匀爬行，影响无缝线路的稳定。长大坡道无缝线路构造特点如下。

(1) 加强防爬锁定，包括采用Ⅱ型以上混凝土枕，采用扣压力大的弹条扣件，枕盒内道砟要保持充足、密实。

(2) 在长大坡道凹形纵断面变坡点，两侧钢轨均可能向该地段爬行，挤压钢轨造成应力集中，应断开长轨节设置缓冲区，缓冲区钢轨数量应比一般情况下适当增加。

(3) 在长大坡道凸形纵断面变坡点，应按规定设置半径较大的竖曲线，以降低纵向压力的竖向分力。

(4) 加设观测桩，随时注意爬行状况，防止不均匀爬行的积累而出现压力峰。

任务2.2　温度应力式无缝线路的构造原理

温度应力式无缝线路与传统的有缝线路在受力方面的根本区别在于其钢轨承受着较大的温度力。

2.2.1　钢轨内的温度力、温度应力

1. 钢轨的自由伸缩量

当轨温变化时，不受任何限制的钢轨的自由伸缩量为

$$\Delta L = \alpha \cdot L \cdot \Delta t \tag{2-1}$$

式中　ΔL——钢轨的自由伸缩量(mm)；

　　　α——钢轨的线膨胀系数，$\alpha=0.011\,8\,\text{mm/m℃}$；

　　　L——钢轨长度(m)；

　　　Δt——轨温变化幅度(℃)。

【例2-1】现有一根长钢轨，其长度为2 000m，轨温变化幅度为25℃，求其自由伸缩量。

【解】根据式(2-1)得

$$\Delta L = 0.011\,8 \times 2\,000 \times 25 = 590.0(\text{mm})$$

职业贴士

由于长轨的单元长度一般为1 000~2 000m，其自由伸缩量是相当大的。

2. 钢轨内的温度应力和温度力

1) 温度应力

(1) 概念。无缝线路铺设、锁定后，因轨温变化，长轨不能自由伸缩而在其内部产生的应力，称为温度应力。特别是在轨温很高或很低时，钢轨内将产生巨大的温度应力。

(2) 计算。根据虎克定律，在一股钢轨上产生的温度应力按式(2-2)计算。

$$\sigma_t = E \cdot \varepsilon_t = E \cdot \Delta L \frac{1}{L} = E \cdot \alpha \cdot L \cdot \Delta t \frac{1}{L} = E \cdot \alpha \cdot \Delta t \qquad (2\text{-}2)$$

式中 σ_t——钢轨内部的温度应力(N/cm^2);

E——钢轨的弹性模量,$E=2.1\times 10^7$ N/cm^2;

ε_t——钢轨的温度应变。

将 E、α 代入上式计算,得 $\sigma_t = 247.8\Delta t$ (N/cm^2) \qquad (2-3)

2) 温度力

(1) 概念。对整个钢轨断面而言,由轨温变化产生的力,即整个钢轨断面上的温度应力,称为温度力。钢轨的温度力均以受拉为正。

(2) 计算。钢轨的温度力按式(2-4)计算。

$$P_t = \sigma_t \cdot F = E \cdot F\alpha \cdot \Delta t = 247.8 F \cdot \Delta t \text{(N)} \qquad (2\text{-}4)$$

式中 P_t——钢轨的温度力(N);

F——钢轨横断面面积(cm^2),见表 2-2。

(3) 单位轨温变化下钢轨温度力的变化。长轨轨温每变化 1℃,我国各类钢轨温度力的变化率见表 2-2。

表 2-2 各类钢轨的横断面面积及钢轨温度力变化率

钢轨类型(kg/m)	钢轨横断面面积(cm^2)	钢轨温度力变化率(kN/℃)
50	65.80	16.3
60	77.45	19.2
75	95.04	23.6

3) 计算公式的推论

由钢轨内的温度应力和温度力计算公式可以推断:①无缝线路轨道除承受列车动静荷载外,还承受巨大的温度力;②无缝线路钢轨内部的温度应力和温度力与轨温变化幅度 Δt 成正比,而与钢轨长度 L 无关。

这是温度应力式无缝线路非常重要的特征,在无缝线路施工及维护工作中必须注意。

理论上无缝线路长钢轨可以任意长,而不会影响其内部的温度应力值,这是无缝线路铺设的主要理论基础。无缝线路长钢轨的长度不应短于 200m,特殊地段不应短于 150m。

考虑到施工及运营管理的实际情况,长钢轨的长度不能太长也不宜太短,我国普通无缝线路长钢轨的长度一般以一个闭塞分区长度来考虑,采用 1 000~2 000m。

随着无缝线路铺设技术的不断完善和胶结绝缘接头的推广应用,无缝线路长钢轨的长度正在向超长发展。

2.2.2 锁定轨温

温度应力式无缝线路长钢轨温度力的大小与钢轨温度的变化幅度 Δt 有直接关系,钢轨温度就成了无缝线路的重要技术参数。

项目 2　无缝轨道的构造认知

1. 钢轨温度

钢轨温度简称轨温，指钢轨截面(横断面)的平均温度，亦称有效轨温。

1) 因素

除受气温、风力及日照程度的影响，还与地形、线路方向、测量部位等有关。

2) 轨温与大气温度的关系

一般来说，轨温是随大气温度的变化而改变的。

据调查统计分析，最高轨温比当地最高气温约高 20℃(长隧道内最高轨温可按当地历年最高气温计)，多出现在当天的 13:00—14:00；最低轨温与同一地点的最低气温基本相同，一般出现在黎明前。

我国部分地区的最高、最低和中间轨温见表 2-3。

表 2-3　我国部分地区的最高、最低和中间轨温

地区	最高轨温(℃)	最低轨温(℃)	中间轨温(℃)	地区	最高轨温(℃)	最低轨温(℃)	中间轨温(℃)
北京	62.2	−27.4	17.6	衡阳	61.3	−7.9	26.7
上海	60.3	−12.1	24.1	郑州	63.0	−17.9	22.6
天津	65.0	−22.9	21.1	成都	60.1	−5.9	27.1
重庆	64.0	−2.5	30.8	昆明	52.3	−5.4	23.5
哈尔滨	59.1	−41.4	8.9	广州	58.7	−0.3	29.2
沈阳	59.3	−33.1	13.1	深圳	58.7	0.2	29.5
乌鲁木齐	60.7	−41.5	9.6	海口	60.9	1.9	31.4
拉萨	49.4	−16.5	16.5	香港	56.1	0.0	28.1
包头	59.5	−32.8	13.4	台北	58.6	−2.0	28.3
武汉	61.3	−18.1	21.6	南宁	60.4	−2.1	29.2
长沙	63.0	−11.3	25.9	柳州	59.2	−3.8	27.7
南京	63.0	−14.0	24.5	桂林	59.7	−5.0	27.4

中间轨温是指当地最高轨温和最低轨温的平均值，即

$$T_z = \frac{1}{2}(T_{max} + T_{min})$$

式中　　T_z——中间轨温(℃);

　　　　T_{max}——当地最高轨温(℃);

　　　　T_{min}——当地最低轨温(℃)。

3) 实测轨温

实测轨温用钢轨测温计量测。在太阳下量测轨温，钢轨断面上各点的温度是不均匀的。正确测量轨温的方法是在钢轨的全断面上选定多点测量，取其平均值。

2. 锁定轨温

无缝线路上拧紧钢轨两端接头螺栓、上紧中间扣件及防爬设备，把长钢轨固定在线路上的过程，称为锁定线路。

1) 锁定轨温的概念

锁定轨温也称零应力轨温，是锁定线路时的钢轨温度。此时，长钢轨内部的温度应力应为零。

严格地讲，锁定轨温应该是长钢轨在被锁定瞬间的轨温。但在实际工作中，长钢轨不可能在瞬间锁定，通常把长钢轨锁定时两端轨温的平均值作为锁定轨温。

2) 确定设计锁定轨温的条件

要降低钢轨内部的温度应力，关键在于适当控制轨温的变化幅度Δt，而温度应力计算式中的轨温变化幅度Δt，是指实际轨温与锁定轨温的差数，即Δt的计算依据是锁定轨温。

无缝线路的设计锁定轨温，应以最高轨温时轨道不发生胀轨跑道，最低轨温时不拉断钢轨或螺栓为基本条件，经过轨道强度和稳定性检算而确定。

3) 设计锁定轨温及范围的计算

根据气象资料和无缝线路允许温升、允许温降，并考虑一定的修正量计算确定无缝线路设计锁定轨温。

允许温升：无缝线路允许承受的最大升温幅值。

允许温降：无缝线路允许承受的最大降温幅值。

(1) 根据各地轨温幅度并按《铁路线路修理规则》附录所列允许温升$[\Delta T_c]$和允许温降$[\Delta T_d]$计算中和轨温。

中和轨温计算公式为

$$t_e = \frac{T_{\max}+T_{\min}}{2} + \frac{[\Delta T_d]-[\Delta T_c]}{2} \pm [\Delta T_k]$$

式中 $[\Delta T_d]$，$[\Delta T_c]$——允许温降和允许温升；

$T_{\max}$，$T_{\min}$——当地历史最高、最低轨温；

$[\Delta T_k]$——中和轨温修正值，一般为0℃～5℃。

(2) 设计锁定轨温范围。在满足轨道强度和稳定条件的前提下，允许在设计锁定轨温左、右一定范围内进行锁定线路，这个轨温范围称为设计锁定轨温范围(即上、下限)。无缝线路铺轨施工时，应在这个轨温范围内完成铺设锁定工作。

设计锁定轨温范围宜为10℃(±5℃)；桥上无缝线路或寒冷地区，当$([\Delta T_d]+[\Delta T_c])-(T_{\max}-T_{\min})<10℃$时，锁定轨温范围不应小于6℃。

设计锁定轨温上限 $T_m = T_e + (3\sim 5)℃$

设计锁定轨温下限 $T_n = T_e - (3\sim 5)℃$

设计锁定轨温上、下限应满足条件

$$T_m - T_{\min} \leq [\Delta T_d]$$
$$T_{\max} - T_n \leq [\Delta T_c]$$

【例2-2】郑州地区的最高轨温为63℃，最低轨温为-17.9℃，查允许温差表得$[\Delta T_d]=69℃$，$[\Delta T_c]=50℃$。求设计锁定轨温。

【解】(1) 计算中和轨温。

$$t_e = \frac{T_{\max}+T_{\min}}{2} + \frac{[\Delta T_d]-[\Delta T_c]}{2} \pm [\Delta T_k] = \frac{1}{2}(63-17.9) + \frac{1}{2}(69-50) + 3 = 35(℃)$$

(2) 确定设计锁定轨温上、下限。

设计锁定轨温上限 $T_m = T_e + 5℃ = 40℃$

设计锁定轨温下限 $T_n = T_e - 5℃ = 30℃$

(3) 检算设计锁定轨温上、下限。

$$T_m - T_{min} = 40 - (-17.9℃) = 58℃ \leqslant [\Delta T_d] = 69℃$$

$$T_{max} - T_n = 63 - 30 = 33℃ \leqslant [\Delta T_e] = 50℃$$

因此，设计锁定轨温范围为 30℃~40℃。

4) 施工锁定轨温(实际锁定轨温)

《无缝线路铺设及养护维修方法》(TB/T 2098—2007)规定：以长轨条始端或终端落槽时，分别测量两次轨温的平均值作为施工锁定轨温；把当时测量的轨温定为这一段无缝线路的实际锁定轨温，并做好详细记录，作为以后养护维修的技术资料妥善保存。

如果长轨条始端或终端落槽时不在设计锁定轨温范围内，则必须进行应力调整或放散，并重新锁定。

职业贴士

跨区间无缝线路和区间无缝线路，相邻单元轨节之间的锁定轨温之差不应大于 5℃，同一区间内单元轨节的最高与最低锁定轨温之差不应大于 10℃；左右股钢轨锁定轨温之差，速度为 160km/h 及以下时或普通无缝线路不应大于 5℃。

2.2.3 轨道纵向阻力

锁定的温度应力式无缝线路，通过道床、接头夹板及扣件等阻止轨排或长轨随轨温变化而发生纵向伸缩或位移，这种阻力称为轨道纵向阻力。

根据阻力的来源，轨道纵向阻力可分为道床纵向阻力、接头阻力、扣件阻力等。

1. 道床纵向阻力

轨排在道床中纵向位移时，道床对轨枕所产生的抵抗力称为道床纵向阻力。道床纵向阻力是抵抗钢轨伸缩、防止线路爬行的重要参数。一般以每根轨枕提供的阻力 $R(N)$ 或一股钢轨下每延长厘米道床提供的平均阻力 $p(N/cm)$ 来表示(p 也称单位道床纵向阻力)。

1) 因素

道床纵向阻力的大小，与道砟材质、粒径级配、道床断面、捣固质量、脏污程度、轨枕类型等因素有关。

职业贴士

清筛道床等作业会使道床的纵向阻力下降，引起线路爬行，危及轨道的稳定，因此，清筛作业后必须夯实道床以增强阻力。

2) 要求

通常取轨枕位移为 2mm 时的阻力值作为设计无缝线路时的道床纵向阻力值，一级道砟线路道床纵向阻力值见表 2-4。

表2-4　道床纵向阻力值

线路条件		单根轨枕的道床纵向阻力 R(N)	一股钢轨下单位道床纵向阻力 p(N/cm)		
			1 840 根轨枕/千米	1 760 根轨枕/千米	1 667 根轨枕/千米
木枕轨道		7 000	64	61	—
混凝土枕轨道	Ⅰ型	10 000	91	87	—
	Ⅱ型	12 500	115	109	—
	Ⅲ型	18 300	—	160	152

试验表明，道床纵向阻力随轨枕沿线路纵向位移的增加而增大，但当位移达到一定数值后，阻力不再明显增加。

2．接头阻力

无缝线路长轨两端钢轨接头阻止钢轨纵向伸缩的阻力，称为接头阻力。

接头阻力由钢轨与夹板接触部分之间的摩擦力和螺栓的抗剪力所提供。为了安全，我国只考虑摩擦力。

接头螺栓拧紧后，螺栓杆承受拉力，同时夹板对钢轨施加相应的夹紧力。据分析、计算证明，钢轨与夹板间的纵向摩擦阻力与螺栓杆所受的拉力几乎相等。

1）因素

接头阻力的大小主要取决于接头螺栓的拉力和钢轨与夹板接触面之间的摩擦系数，因此，接头阻力与螺栓的个数、材质、直径、拧紧程度有关。

2）要求

螺栓所受的拉力，是用测力扳手测定拧紧螺帽时的扭力矩，再由扭力矩推算出拉力值，经验公式为

$$N = \frac{M}{K \cdot D}$$

式中　N——螺栓拉力；

　　　M——拧紧螺帽时的扭力矩(N·m)；

　　　K——系数(取 0.2)；

　　　D——螺栓直径。

当接头夹板类型确定后，螺栓的拧紧程度就成为保证接头阻力的关键。

无缝线路缓冲区的钢轨接头必须使用 10.9 级高强度螺栓，接头螺栓扭矩应保持在 700～1 100N·m。不同螺栓扭矩条件下的接头阻力值见表2-5。

表2-5　螺栓扭矩与接头阻力的关系表

螺栓类型	螺栓扭矩(N·m)					
	500	600	700	800	900	1 000
75kg/m 钢轨，φ24mm 螺栓		350	430	500	550	
60kg/m 钢轨，φ24mm 螺栓	230	280	390	450	510	570
50kg/m 钢轨，φ24mm 螺栓	250	300	370	430	490	

3. 扣件阻力

中间扣件及防爬设备共同阻止钢轨沿轨枕面纵向位移的阻力称为扣件阻力。

1) 因素

扣件阻力的大小与扣件类型、拧紧程度及防爬设备类型、配置数量有关。

列车通过时的冲击振动会使扣件螺帽松动、扭矩下降,导致阻力下降,因此,应经常复拧螺栓,使其扭力矩保持在规定的范围内。

2) 要求

扣件阻力必须大于道床纵向阻力,以充分发挥道床纵向阻力的作用,避免钢轨发生相对于轨枕面的纵向位移,这是无缝线路轨道结构设计的基本要求之一。

无缝线路混凝土枕地段应采用弹条扣件,扣件扭力矩应保持在 80~150N·m;木枕地段应采用分开式扣件,并设置足够的防爬设备。不同扣件的阻力值见表 2-6。

表 2-6　Ⅰ、Ⅱ、Ⅲ型扣件的扣件阻力(kN)

扣件类型	扣件扭力矩(N·m)	
	80	150
Ⅰ型	9.0	12.0
Ⅱ型	9.3	15.0
Ⅲ型	16.0	

注:Ⅲ型扣件为无螺栓扣件,其扣件阻力与扭矩无关。

2.2.4 温度力与纵向阻力的关系

无缝线路中,长钢轨两端的纵向伸缩、轨道的纵向阻力及温度力三者之间,存在着互相联系、互相制约的关系,温度力(主动力)与纵向阻力(被动力)同时作用在长轨上,两者大小相等、方向相反。

1. 温度力与接头阻力的关系

无缝线路锁定后,当轨温变化时,长轨的热胀冷缩首先受到接头阻力的约束,长轨两端不伸缩,只在钢轨全长范围内产生温度力 P_t,此时接头提供与温度力相等的阻力与之相平衡。

当温度力大于接头所能提供的最大阻力时,长轨两端才开始伸缩,而接头仍提供最大的阻力与温度力相抗衡。

总之,克服接头阻力阶段的温度力大小等于接头阻力,要使温度力达到接头所能提供的最大阻力 P_H,则所需的轨温变化幅度 $\Delta t_H = P_H / 247.8F$。

当轨温由升温转为降温(或由降温转为升温)反向变化时,只有在原方向的接头阻力被抵消,反方向的接头阻力被克服后,长轨两端才由伸长转为缩短(或由缩短转为伸长)。

【例 2-3】某 60kg/m 钢轨无缝线路,如接头螺栓扭矩为 900N·m 时 $P_H = 510$kN,求克服接头阻力所需的轨温变化幅度;如接头螺栓扭矩为 1 000N·m 时 $P_H = 570$kN,求克服接头阻力所需的轨温变化幅度。

【解】60kg/m 钢轨 $F=77.45\text{cm}^2$。

根据式(2-4)可得

$$\Delta t_{\text{H-900}} = \frac{510000}{247.8 \times 77.45} = 26.6(\text{℃})$$

$$\Delta t_{\text{H-1000}} = \frac{570000}{247.8 \times 77.45} = 29.7(\text{℃})$$

2. 温度力与道床纵向阻力的关系

若轨温继续变化,在接头阻力被克服后,长轨的伸缩就受到道床纵向阻力的约束。

温度力克服接头阻力后的余量由某段长度道床所提供的纵向阻力与之相抗衡,钢轨将带动该段长度的轨枕一起伸缩,直至轨温变化幅度达到最大。温度力达到最大时,温度力克服接头阻力后的余量也达到最大,提供纵向阻力与温度力相抗衡的道床长度也达到最长,长钢轨两端带动轨枕一起伸缩的长度也达到最长。

当轨温反向变化时,只有在道床的正向纵向阻力被抵消、反向纵向阻力被克服后,长钢轨两端才由伸长转为缩短(或由缩短转为伸长)。

2.2.5 缓冲区预留轨缝计算

无缝线路缓冲区宜设置 2～4 对缓冲轨,缓冲区构造如图 2.2 所示。对于普通无缝线路、跨区间无缝线路及区间无缝线路均应计算缓冲区预留轨缝。

计算条件:无缝线路缓冲区内的长轨与缓冲轨之间、两缓冲轨之间的预留轨缝值,应满足最高轨温时轨缝大于零,最低轨温时最大轨缝不超过构造轨缝 18mm。

计算方法:借助温度力分布图计算长钢轨伸缩区随轨温变化的伸缩量以及标准轨随轨温变化的伸缩量,从而计算预留轨缝的大小。

温度力沿长钢轨的纵向分布规律,常用温度力分布图表示,简称温度力图。温度力图的横坐标轴表示长钢轨长度方向,纵坐标轴表示钢轨温度力值的大小(拉力为正,压力为负)。

1. 长钢轨一端的伸缩量 λ_1

$$\lambda_1 = \frac{1}{2}(\lambda_f - \lambda_\gamma) \tag{2-5}$$

式中 λ_f——长钢轨的自由伸缩量;

λ_γ——阻力阻止长钢轨未能实现的伸缩量。

1) 长钢轨的自由伸缩量 λ_f

长钢轨锁定后,如果全部未实现伸缩,将使长钢轨内产生相应的温度力,温度力如图 2.8 所示,可借助温度力分布图来求取自由伸缩量。

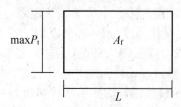

图 2.8 长轨自由伸缩温度力示意图

根据胡克定律，则

$$\lambda_f = \max P_t \cdot L \frac{1}{E \cdot F} = A_f \frac{1}{E \cdot F} \tag{2-6}$$

2) 长钢轨未能实现的伸缩量 λ_γ

该未能实现的伸缩量将使长钢轨内产生相应的温度力，温度力分布图如图 2.9 所示，同样借助温度力分布图来求长钢轨未能实现的伸缩量。

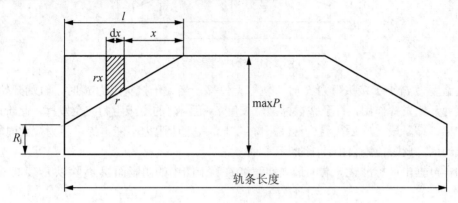

图 2.9 长轨温度力分布图

根据胡克定律，利用微分方程，求得

$$\lambda_\gamma = A_\gamma \frac{1}{E \cdot F} \tag{2-7}$$

3) 长钢轨一端的伸缩量 λ_1

$$\lambda_1 = \frac{1}{2}(\lambda_f - \lambda_\gamma) = \frac{1}{2E \cdot F}(A_f - A_\gamma) = A_1 \frac{1}{E \cdot F}$$

式中，A_1 为图 2.10 中阴影部分 $\triangle BCD$ 的面积，$A_1 = \frac{1}{2}(A_f - A_\gamma)$。这部分温度力在长钢轨两端伸缩区范围内，以伸缩的方式释放，所以

$$\lambda_1 = A_1 \frac{1}{E \cdot F} = \frac{1}{2E \cdot F}(\max P_t - R_j) \cdot l$$

又因为 $l = (\max P_t - R_j)/p$，代入上式得

$$\lambda_1 = \frac{1}{2E \cdot F \cdot P}(\max P_t - R_j)^2 \tag{2-8}$$

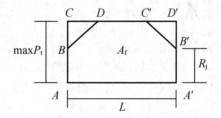

图 2.10 长轨伸缩区温度力示意图

2．标准轨一端的伸缩量 λ_2

当轨温下降或升高时，标准轨发生伸缩，其温度力图如图 2.11 所示。设标准轨长为 L_0。

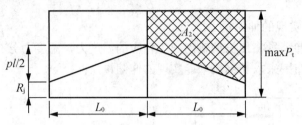

图 2.11　缓冲区温度力图

当温度力 P_t 小于接头阻力 R_j 时，轨端无位移；当大于接头阻力 R_j 时，轨端开始位移，道床阻力开始发挥作用，直至整根标准轨长度 L_0 范围内的道床阻力完全发挥，此阶段为轨端有约束伸缩阶段；此后，温度继续下降或升高，道床阻力不能再提供阻力，此时轨端的伸缩无约束，此阶段为自由伸缩阶段。

同样可推出：标准轨一端的最大伸缩量 λ_2 等于图中的阴影面积 A_2 除以 EF。即

$$\lambda_2 = A_2/(EF)$$
$$= \frac{1}{2EF}(\max P_t L_0 - R_j L_0 - \frac{1}{4} p L_0^2)$$
$$= \frac{1}{2EF}[(\max P_t - R_j)L_0 - \frac{1}{4} p L_0^2] \tag{2-9}$$

计算 λ_1 与 λ_2 时，如计算伸长量，"$\max P_t$" 用最大的温度压力 $\max P_t$，如计算缩短量，"$\max P_t$" 则用最大的温度拉力 $\max P_t$。

3．预留轨缝计算

在锁定轨温为 t_0 时铺设的长轨条，其伸缩区的标准轨与长轨条之间及标准轨相互之间应预留轨缝 δ_1 与 δ_2，如图 2.2 所示。

预留轨缝的大小应满足

$$\delta' < \delta < \delta''$$

式中　δ'——轨温升至最高时，保证轨缝大于零的预留轨缝值；

　　　δ''——轨温降至最低时，保证螺栓不超过构造轨缝的预留轨缝值。

1) 长轨与标准轨的预留轨缝 δ_1

$$\delta_1' < \delta_1 < \delta_1''$$

要保证轨温升至最高时轨缝大于零，应有

$$\delta_1' \geq \lambda_1' + \lambda_2'$$

要保证轨温降至最低时螺栓不超过构造轨缝，应有

$$\delta_1'' \leq \delta_g - (\lambda_1'' + \lambda_2'')$$

式中　λ_1'——轨温升至最高时，长钢轨一端的伸长量；

　　　λ_2'——轨温升至最高时，标准轨一端的伸长量；

　　　λ_1''——轨温降至最低时，长钢轨一端的缩短量；

　　　λ_2''——轨温降至最低时，标准轨一端的缩短量；

　　　δ_g——构造轨缝，均采用 18mm。

2) 标准轨与标准轨之间的预留轨缝 δ_2

$$\delta_2' < \delta_2 < \delta_2''$$

要保证轨温升至最高时轨缝大于零，应有

$$\delta_2' \geqslant 2\lambda_2'$$

要保证轨温降至最低时螺栓不超过构造轨缝，应有

$$\delta_2'' \leqslant \delta_g - 2\lambda_2''$$

【例 2-4】天津地区现有 60km/h 钢轨无缝线路，轨枕为混凝土轨枕，每公里铺设 1 760 根，缓冲区钢轨长 $L_0=25$m，钢轨截面面积 $F=77.45$cm，接头阻力 $R_j=450$kN；单位道床纵向阻力 $p=91$N/cm；天津地区最高轨温 $T_{max}=65.0$℃，最低轨温 $T_{min}=-22.9$℃；锁定轨温为 25℃，构造轨缝 $\delta_g=18$mm。请计算缓冲区预留轨缝。

【解】(1) 最大轨温变化幅度

$$\max\Delta t(升) = 65.0 - 25 = 40.0(℃)$$
$$\min\Delta t(降) = -22.9 - 25 = -47.9(℃)$$

(2) 最大温度力

$$\max Pt_{(压)}' = 247.8 \times 77.45 \times 40.0 = 767\,684(N)$$
$$\max Pt_{(拉)} = 247.8 \times 77.45 \times 47.9 = 919\,302(N)$$

(3) 长钢轨一端的伸缩量

$$\lambda_1' = 10 \times (767\,684 - 450\,000)^2 / (2 \times 2.1 \times 10^5 \times 100 \times 77.45 \times 91) = 3.41(mm)$$
$$\lambda_1'' = 10 \times (919\,302 - 450\,000)^2 / (2 \times 2.1 \times 10^5 \times 100 \times 77.45 \times 91) = 7.44(mm)$$

(4) 标准轨一端的伸缩量

$$\lambda_2' = [(767\,684 - 450\,000) \times 25 \times 1\,000/2 - 91 \times 25^2 \times 100^2 \times 10/8]$$
$$/(2.1 \times 10^5 \times 100 \times 77.45) = 2.00(mm)$$
$$\lambda_2'' = [(919\,302 - 450\,000) \times 25 \times 1\,000/2 - 91 \times 25^2 \times 100^2 \times 10/8]$$
$$/(2.1 \times 10^5 \times 100 \times 77.45) = 3.17(mm)$$

(5) 长钢轨与标准轨之间的预留轨缝 Δ_1

$$\Delta_1' \geqslant \lambda_1' + \lambda_2' = 3.41 + 2.00 = 5.41(mm)$$
$$\Delta_1'' \leqslant a_g - (\lambda_1'' + \lambda_2'') = 18 - 7.44 - 3.17 = 7.39(mm)$$
$$\therefore 5.41 < \Delta_1 < 7.39$$

取 $\Delta_1 = 6.0$mm

(6) 标准轨与标准轨之间的预留轨缝 Δ_2

$$\Delta_2' \geqslant 2\lambda_2' = 2 \times 2.00 = 4.00(mm)$$
$$\Delta_2'' \leqslant a_g - 2\lambda_2'' = 18 - 2 \times 3.17 = 11.66(mm)$$
$$\therefore 4 < \Delta_2 < 11.66$$

取 $\Delta_2 = 8.0$mm

2.2.6 无缝线路稳定性

1. 基本概念

无缝线路的稳定性，是指高温条件下，钢轨内部的温度压力与道床横向阻力、轨道框架刚度等的相对平衡关系。

2. 失稳过程

1) 稳定阶段

温度应力式无缝线路锁定后,如果轨温升高不大,温度压力较小时,无缝轨道将保持原来的稳定状态。

2) 胀轨阶段

夏季随着轨温的升高,轨道框架受到巨大的温度压力。当温度压力增加到一定数值时,轨排就可能克服轨道框架刚度和道床横向阻力,线路的薄弱地段(如曲线、有原始弯曲或道床横向阻力被削弱处等)出现弯曲变形,称为无缝线路的胀轨。

此时如果轨温不继续升高,且无外力干扰,轨道的臌曲变形一般不会增大,且有可能随轨温的下降而减少,直至恢复到原有状态,无缝线路仍处于稳定平衡状态。

3) 跑道阶段

如果轨温继续升高或受外力干扰,臌曲将继续扩大,当轨温值达到某一临界值时(此时的温度压力称为临界温度压力),轨温稍有升高或稍受外力干扰,轨道便会突然发生明显的臌曲,导致轨道完全被破坏,称为无缝线路的跑道。

跑道使积存于轨道框架中的能量被突然释放,引起较大位移,并使钢轨塑性弯曲、轨枕损裂、道砟抛散,甚至颠覆列车,造成严重后果。

3. 影响因素

影响无缝线路稳定性的主要因素有钢轨的温升幅度、轨道原始弯曲、道床横向阻力及轨道框架刚度等,其中钢轨的温升幅度、轨道原始弯曲等为促使失稳的因素,道床横向阻力及轨道框架刚度等为保持稳定的因素。

1) 轨温升高幅度

从以上失稳过程分析可以看出,轨温升高引起钢轨轴向温度压力增大,是影响无缝线路稳定的基本原因。在无缝线路设计中选择允许温升、合理确定锁定轨温就是为线路的稳定创造条件。但通过对众多无缝线路胀轨跑道事故的现场分析,发现胀轨跑道并非完全是温度压力过大所引起的,必须重视其他的稳定因素。

2) 轨道原始弯曲

轨道初始弯曲是影响无缝线路稳定性的最敏感也是最直接的重要因素。轨道的初始弯曲,包括初始塑性弯曲和初始弹性弯曲。现场称初始塑性弯曲为死弯。钢轨死弯多半是在钢轨的轧制、运输、焊接及铺设过程中形成的。初始弹性弯曲则是列车横向力、温度压力作用下产生的。

3) 道床横向阻力

轨枕在道床中横向位移时,道床对轨枕所产生的抵抗力,称为道床横向阻力,它是防止无缝线路胀轨跑道,保证轨道稳定的主要因素。

道床横向阻力是由轨枕两侧及枕底与道砟接触面之间的摩阻力和枕端砟肩阻止轨枕横移的抗力组成。

影响道床横向阻力的因素:道床的饱满程度、道床肩宽、道床肩部堆高、道砟种类及粒径尺寸、线路维修作业影响、轨枕类型等。

道床横向阻力随轨枕位移增大而增长,当位移达到某一定值时,道床横向阻力接近常数,最后道床受到破坏。无缝线路稳定性计算时,通常采用横向位移为2mm时的道床横向阻力值。

4) 轨道框架刚度

轨道框架刚度是反映轨道框架本身抵抗弯曲能力的大小，轨道框架刚度愈大，抵抗轨道弯曲变形的能力也越大，所以它是保持轨道稳定的因素。

在水平面内，轨道框架刚度等于两股钢轨的水平刚度及钢轨与轨枕节点间的阻矩之和。节点阻矩与轨枕类型、扣件类型及扣压力等有关，中间扣件的扣压力越大，钢轨与轨枕连接越牢固，轨道框架的水平刚度就越大。但为了安全，在稳定性计算中一般不考虑扣件对轨道框架刚度的影响。

轨道框架水平刚度为 βEI_y（β 为轨道框架换算系数，$\beta=2$；I_y 为钢轨对竖直轴的惯性矩）。

职业贴士

在施工与维护工作中要注意加强或至少不削弱保持稳定的因素，改善或避免恶化失稳因素。

学岗互通

给定无缝线路铺设的具体资料。
(1) 计算缓冲区轨缝。
(2) 计算确定伸缩区长度。
(3) 绘制无缝线路单元轨节的平面示意图。

知识拓展

温度力纵向分布规律

温度力沿长轨的纵向分布是不均匀的，它与轨道纵向阻力、轨温变化幅度、轨温变化过程有关。温度力沿长钢轨的纵向分布规律，常用温度力分布图表示，简称温度力图。

温度力分布图有两种类型，一种为轨温单向变化时的温度力图(也称基本温度力图)，另一种为轨温往复变化时的温度力图。

1. 轨温单向变化时的温度力图

轨温单向变化是指长轨锁定后，轨温从锁定轨温向升温(或向降温)单方向变化。以轨温从锁定轨温降温变化为例，绘温度力分布图，如图 2.12 所示。

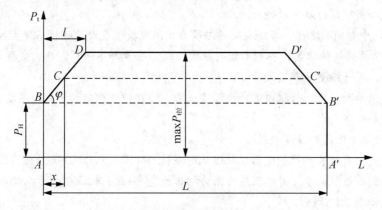

图 2.12　轨温单向变化时的温度力图

(1) 当轨温为锁定轨温时，钢轨内部无温度力，即 $P_t=0$，如图 2.12 中 AA'。

(2) 轨温从锁定轨温下降，当下降幅度 $\Delta t_{降} \leqslant \Delta t_H$ 时，轨端无位移，温度力在整个长轨条内均匀分布，任一断面处(含接头处)的温度拉力均为 $P_{t拉}=247.8A\Delta t_{降}$，接头提供的阻力与温度拉力相平衡。当 $\Delta t_{降}=\Delta t_H$ 时，温度拉力达到接头所能提供的最大阻力 P_H，钢轨和夹板之间处于相对位移的临界状态，温度力图为图 2.12 中 $ABB'A'$ 线所示的矩形。

(3) 当轨温继续下降，$\Delta t_{降} > \Delta t_H$ 时，温度拉力大于接头阻力，道床纵向阻力开始作用，在距轨端长度 x 范围内，钢轨将带动轨枕位移。长轨两端除接头阻力外，还有 x 长度范围内的道床纵向阻力，共同平衡温度拉力的作用，$P_{t拉}=P_H+px$，温度力图为图 2.12 中 $ABCC'B'A'$ 线所示的形状。

(4) 当轨温降到最低轨温 T_{min} 时，下降幅度达到最大值 $\Delta t_{降max}$，发生收缩的钢轨长度达到其极限长度 l，温度力图为图 2.12 中 $ABCDD'C'B'A'$ 线所示的形状，温度拉力达到最大 $\max P_{t拉}$。

$$\max P_{t拉}=247.8A\Delta t_{降max}=P_H+p \cdot l \tag{2-10}$$

式中　$\Delta t_{降max}$——最大降温幅度(℃)；

　　　$\max P_{t拉}$——最大温度拉力(N)；

　　　l——最低轨温时伸缩区的长度(cm)；

　　　p——单位道床纵向阻力(N/cm)。

在长轨中部 DD' 范围内，钢轨完全被接头阻力及道床纵向阻力所约束，不能随轨温变化而伸缩，称为无缝线路的固定区。固定区的长度最短不得短于两节钢轨的长度，即最短不得短于 50m。

在长钢轨两端长度 l 范围内，钢轨克服接头阻力及道床纵向阻力的约束，产生一定的伸缩，称为无缝线路的伸缩区。伸缩区长度可按式(2-10)计算，为便于养护维修，计算结果进整为 25m 的整倍数来设置，一般为 50～100m。

【例 2-5】柳州地区铺设 60kg/m 钢轨混凝土轨枕无缝线路，$F=77.45\text{cm}^2$，$P_H=510\text{kN}$，$p=160\text{N/cm}$，最高轨温 59.2℃，最低轨温 -3.8℃，锁定轨温为 30℃，计算伸缩区长度。

【解】按式(2-10)可得

$$L=\frac{1}{p}(\max P_{t拉}-P_H)=\frac{1}{160}\{247.8 \times 77.45 \times [30-(-3.8)]-510000\}=867(\text{cm})=8.67(\text{m})$$

进整为 25m 的倍数，采用 25m。

根据以上分析可得出以下结论。

(1) 长钢轨中部的固定区，各断面处的温度力相同且数值最大，钢轨不发生伸缩变化。

(2) 长钢轨两端的伸缩区，各断面处的温度力及伸缩量都不一样，从固定区两端向外，温度力逐渐减小，而伸缩量逐渐增大。

若轨温增温单向变化，长轨内部产生温度压力，绘在横坐标轴的下方，温度力图与图 2.10 相似，这里不再详述。

2. 轨温往复变化时的温度力图

轨温往复变化是指长钢轨锁定后，轨温从增温转为降温或从降温转为增温往复变化。现以轨温单向变化到最低轨温 T_{min} 时的温度力图为初始状态，向最高轨温 T_{max} 方向增温变化时为例，绘温度力图，如图 2.13 所示。

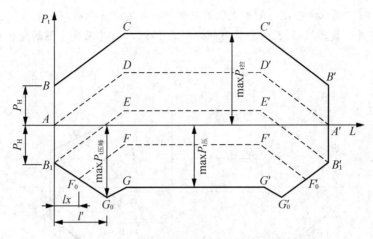

图 2.13 轨温从最低向最高轨温变化时的温度力图

(1) 轨温从最低轨温 T_{min} 开始回升,长轨内部的温度拉力逐渐减小,当回升幅度 Δt_H 时,正向的接头阻力(拉力)被抵消,长钢轨上任一点无纵向伸缩,接头处温度拉力变为零,长轨全长范围内温度拉力均匀减小 P_H,温度力图平行下移 P_H 值。在温度力图 2.13 上,温度力的分布变为 $ADD'A'$ 线所示的梯形。

(2) 轨温继续回升,反向的接头阻力(阻止钢轨伸长)起作用,长钢轨两端开始产生温度压力,但由于受到接头阻力的约束,长轨上任一点仍无纵向伸缩,当回升幅度等于 $2\Delta t_H$ 时,反向的接头阻力达到最大值 P_H,固定区钢轨受到温度拉力(也可能受温度压力),而两端伸缩区内靠近接头处的钢轨受到温度压力。全长范围内的温度力图线仍平行向下移动,在温度力图上,温度力的分布变为 $AB_1EE'B_1'A'$ 线所示的形状。

(3) 轨温进一步回升,回升幅度大于 $2\Delta t_H$ 后,这时接头阻力已经用尽,长钢轨两端长度 l_x 范围内,钢轨产生伸长,反向的道床纵向阻力起作用,而伸缩区其余长度 $(l-l_x)$ 范围,道床纵向阻力未反向,仍保持原来方向。所以在长钢轨两端伸缩区内会有一个道床纵向阻力的变换点,在两变换点之间范围内的钢轨没有伸长,故其温度力图线仍是平行向下移动。在反向阻力梯度线与正向阻力梯度线相交点 F_0 及 F_0' 处出现了一个较大的温度压力值,其值大于固定区的温度压力,是整个长钢轨内部最大的压力值,称为温度压力峰,用 $P_{t压峰}$ 表示。在温度力图 2.13 上,温度力的分布变为 $AB_1F_0FF'F_0'B_1'A'$ 线所示的形状。

(4) 当轨温回升到当地最高轨温 T_{max} 时,反向的道床纵向阻力起作用的长度增加到最长 l',固定区温度压力达到最大值 $maxP_{t压}$。由于锁定轨温一般要高于中间轨温,$\Delta t_{降max} > \Delta T_{升max}$,在固定区温度力平行下移到 GG',而正向和反向的道床纵向阻力变换点则移到 G_0 和 G_0' 点,温度压力峰值达到最大值 $maxP_{t压峰}$。在温度力图 2.13 上,温度力分布为 $AB_1G_0GG'G_0'B_1'A'$ 线所示。

从图 2.13 可知

$$P_H + pl' = maxP_{t压峰} + p(l-l')$$

由此得到出现最大温度压力峰的位置距长钢轨端的距离为

$$l' = \frac{1}{2p}(maxP_{t压峰} + pl - P_H) = \frac{1}{2p}(maxP_{t压峰} + maxP_{t拉} - 2P_H)$$

$$= \frac{1}{2p}[247.8F(\Delta t_{压max} + \Delta t_{拉max}) - 2P_H]$$

$$= \frac{1}{p}(247.8F\Delta t_{中} - P_H) \tag{2-11}$$

式中 $\Delta t_{中}$——按中间轨温锁定时的最大轨温变化幅度，其他符号同前。

(5) 当轨温再从最高轨温 T_{max} 向最低轨温 T_{min} 降温时，其温度力图的变化情况如图 2.14 所示。

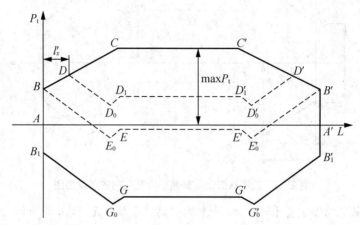

图 2.14 轨温从最高向最低轨温变化时的温度力图

以温度力图线 $AB_1G_0GG'G_0'B_1'A'$ 为初始状态，在轨温下降幅度小于 $2\Delta t_H$ 时，长轨无伸缩，全长范围内的温度压力将随轨温的下降而均匀减小，温度力图线平行向上移动。

当轨温下降幅度等于 $2\Delta t_H$ 时，在温度力图 2.14 上，温度力的分布为 $ABE_0EE'E_0'B'A'$ 所示的图形。

轨温进一步下降，下降幅度大于 $2\Delta t_H$ 后，长轨两端发生收缩，反向的道床纵向阻力开始起作用。这时，在长钢轨两端伸缩区内距轨端距离 l_x' 处，有一个道床纵向阻力变换点。在温度力图 2.14 上，温度力分布变为 $ABDD_0D_1D_1'D_0'D'B'A'$ 线所示的图形，在 D 及 D' 处出现温度拉力峰。随着轨温的继续下降，产生温度拉力峰的位置 D 及 D' 点不断向固定区方向靠近，当轨温下降到当地最低轨温 T_{min} 时，D 和 D_0 重合，D' 和 D_0' 重合，温度拉力峰消失，温度力图又回到最低轨温时的温度力图，即 $ABCC'B'A'$ 线组成的图形。

由于选择的设计锁定轨温略高于中间轨温，因而在轨温往复变化达到当地最高轨温时，在长钢轨两端伸缩区内靠近固定区的两端产生最大的温度压力峰，它高出固定区的最大温度压力；当轨温达到当地最低轨温时，温度拉力峰消失，不产生最大的温度拉力峰。

思考题

1. 按长轨节长度、温度应力处理方式的不同，无缝线路分别有哪些类型？
2. 简述温度应力式无缝线路轨道结构的一般技术条件。
3. 简述无缝线路的三部分构成，并绘制平面示意图。
4. 简述普通无缝线路、跨区间无缝线路和区间无缝线路长轨条布置的规定。
5. 简述桥上、隧道无缝线路的构造特点。
6. 简述小半径曲线、长大坡道无缝线路的构造特点。
7. 现有一根长钢轨，其长度为 2 000m，轨温变化幅度为 25 ℃，求其自由伸缩量。
8. 什么是锁定轨温？

9. 某地区的最高轨温63℃，最低轨温−17.9℃，查允许温差表得$[\Delta T_d]=69℃$，$[\Delta T_c]=50℃$。求设计锁定轨温。

10. 简述三种轨道纵向阻力的概念与影响因素。

11. 简述轨温单向变化时的温度力纵向分布规律，并绘制温度力图。

12. 什么是温度压力峰？温度压力峰出现在什么位置？

13. 简述缓冲区预留轨缝计算的条件与方法。

14. 简述无缝线路的基本概念及失稳过程。

15. 简述影响无缝线路稳定性的因素。

项目 3　单开道岔的构造认知

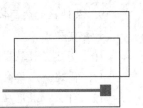

引子

道岔是把两条或两条以上的轨道在平面上进行连接或交叉的设备,通过道岔设备可以把许多股道连接组合成不同形式的车站或车场,如图 3.1 所示。

道岔具有构造复杂、限制列车速度、行车安全性低、养护维修投入大等特点,其与曲线、钢轨接头并称为铁路轨道的三大薄弱环节。

图 3.1　通过道岔形成不同形式的车站或车场

职业贴士

道岔的种类很多,在实际应用中以普通单开道岔最为普遍,同时它也是其他道岔的基本构造单元。

任务

任务 3.1　道岔的总体认知
任务 3.2　单开道岔转辙器的构造认知
任务 3.3　单开道岔辙叉及护轨的构造认知
任务 3.4　单开道岔连接部分及岔枕的构造认知

任务 3.1　道岔的总体认知

根据用途和构造形式,道岔可分为连接设备(主要有普通单开道岔和对称双开道岔)、交叉设备(主要有菱形交叉)、连接与交叉设备(主要有渡线道岔和复式交分道岔),如图 3.2 所示。

项目 3 单开道岔的构造认知

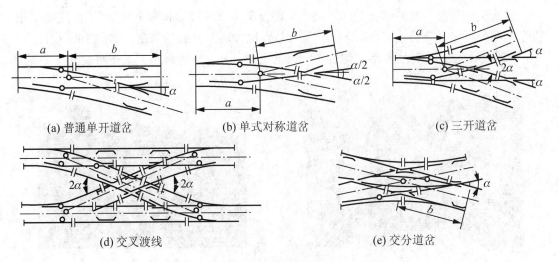

图 3.2 各种道岔的图式

普通单开道岔又称单开道岔，是以直线为主线、侧线向主线的左侧或右侧分支的道岔，如图 3.3 所示。

对称道岔是把直线轨道分为左右对称的多条轨道的道岔，一般有双开、三开对称道岔，如图 3.4 和图 3.5 所示。

图 3.3 单开道岔

图 3.4 双开对称道岔

图 3.5 三开对称道岔

菱形交叉道岔是两条轨道在同一平面相交成菱形的交叉，如图 3.6 所示。

渡线是连接两条平行股道的轨道设备，有单渡线和交叉渡线之分，如图 3.7 所示。

图 3.6 菱形交叉道岔

图 3.7 交叉渡线

复式交分道岔是在菱形交叉的基础上，增设两组双转辙器和两个方向不同的侧线，让机车车辆既可以沿交叉轨道直向运行，又可以沿曲线转入侧线的道岔，如图3.8所示。

组合道岔就是多种道岔形式组合在一起的道岔，如交分渡线道岔、菱形复式交分道岔等，如图3.9所示。

图3.8　复式交分道岔

图3.9　交分渡线组合道岔

任务3.2　单开道岔转辙器的构造认知

普通单开道岔主要由转辙器、连接部分、辙叉及护轨等组成，如图3.10所示。

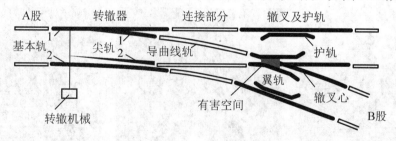

图3.10　普通单开道岔的组成

在道岔施工测量，或材料采购、施工管理等工作过程中，常用术语如下。

道岔始端(或称岔头、岔前)：尖轨尖端前基本轨端轨缝中心处；道岔终端(或称岔尾、岔后)：辙叉跟端轨缝中心处；道岔交点(或称岔交、岔中)：直、侧线轨线中心线交点处。

左、右开道岔：站在道岔始端面向道岔终端，侧线位于直线左方的称左开道岔；侧线位于直线右方的称右开道岔。

转辙器是引导列车进入道岔不同方向的设备。

组成：由基本轨、尖轨、联结零件(有拉杆、连接杆、顶铁、滑床板、轨撑等)、跟端结构、辙前垫板、辙后垫板及转辙机械等组成，如图3.11所示。

作用：将尖轨扳动到不同的位置，使列车沿直线或侧线行驶。

项目 3　单开道岔的构造认知

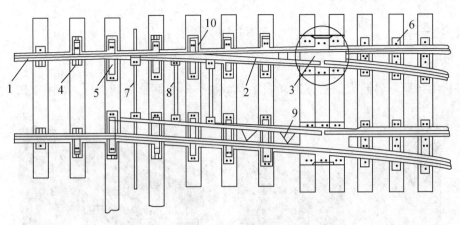

图 3.11　转辙器

1—基本轨；2—尖轨；3—跟端结构；4—辙前垫板；5—滑床板；6—辙后垫板；
7—拉杆；8—连接杆；9—顶铁；10—轨撑

3.2.1　基本轨

1. 概念

基本轨由标准断面的钢轨制成，直线方向的为直基本轨，侧线方向的为曲基本轨，如图 3.12 所示。

2. 作用

承受车轮的垂直压力；与尖轨共同承受车轮的横向水平推力；保持尖轨位置的稳定。基本轨受力分析如图 3.13 所示。

图 3.12　基本轨

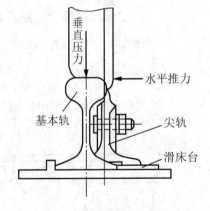

图 3.13　基本轨受力分析

 职业贴士

生产时，基本轨在尖轨对应位置需弯折，尖轨尖端前后范围的基本轨需淬火处理。

3.2.2 尖轨

1．概念

尖轨用与基本轨同类型的标准断面钢轨或特种断面钢轨刨制而成，如图 3.12、图 3.14 所示。

图 3.14　尖轨

2．作用

尖轨依靠其被刨尖的一端与基本轨紧密贴靠，以引导车轮的运行方向，进入直股或侧股线路，如图 3.15、图 3.16 所示。

图 3.15　尖轨与基本轨分离　　　　图 3.16　尖轨与基本轨密贴

3．尖轨平面形状

直线尖轨和曲线尖轨如图 3.17、图 3.18 所示。

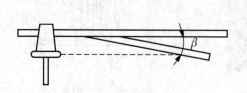

图 3.17　直线尖轨　　　　图 3.18　曲线尖轨

（1）直线尖轨：直线尖轨的工作边为直线。

> 职业贴士

直线尖轨更换使用方便，左、右开道岔皆可互换使用。

(2) 曲线尖轨：曲线尖轨的工作边为曲线，曲线形状多为圆曲线。按其与基本轨贴靠形式的不同可分为切线形、半切线形和割线形三种，分别如图 3.19(a)、(b)、(c)所示。

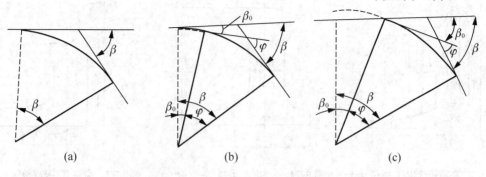

图 3.19 曲线尖轨与基本轨的贴靠形式

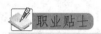

在曲线尖轨转辙器中，只有侧向尖轨为曲线尖轨，而直向尖轨仍采用直线尖轨，左右开道岔不能互换使用。实际中多为曲线尖轨转辙器，在道岔采购及铺设、更换曲线尖轨的道岔时应特别注意。

(3) 转辙角。

直线尖轨转辙角：直线尖轨工作边与基本轨工作边所成的夹角 β，与车轮轮缘冲击尖轨工作边的冲击角相等。冲击角愈大，不但增大了列车进入侧线时的摇晃，而且也限制了列车侧向过岔的速度。

曲线尖轨转辙角：曲线尖轨的转辙角是指尖轨跟端的切线与基本轨所夹的角度 β，而尖轨尖端与基本轨所夹的角称为转辙始角 β_0，切线形尖轨转辙角 $\beta_0=0$。由图 3.19 中可以看出，即 $\beta=\beta_0+\phi_0$，列车通过尖轨时，曲线尖轨的冲击角小于直线形尖轨的冲击角，尖轨跟部与导曲线的衔接比较圆顺，曲线的半径越大，侧线通过速度越高。

4．尖轨断面形状

1) 普通断面尖轨

概念：采用普通断面钢轨制作的尖轨。

做法：贴尖式。将尖轨尖端轨头两侧及轨底内侧(靠基本轨之一侧)刨切，使尖轨尖端紧密贴靠基本轨，并使尖轨覆盖在基本轨轨底之上，尖轨轨底未刨切的部分，则放在滑床台上，形成贴尖式(爬坡式)尖轨，如图 3.20 所示。

普通断面尖轨的一个显著缺点：由于尖轨整断面轨顶比基本轨轨顶高 6mm，造成列车过岔的垂直不平顺。

2) 矮型特种断面尖轨(简称 AT 尖轨)

概念：用较同型基本轨高度低的特种断面钢轨制成的。

做法：藏尖式。基本轨的轨头下颚轨距线以下作 1∶3 的斜切，使尖轨尖端藏于基本轨的轨距线之下，形成藏尖式尖轨，如图 3.21、图 3.22 所示。

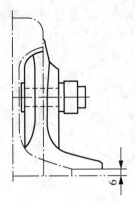 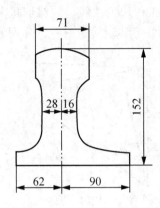 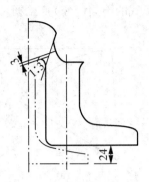

图 3.20　普通断面尖轨(单位：mm)　　图 3.21　P60AT 尖轨(单位：mm)　　图 3.22　藏尖式尖轨(单位：mm)

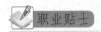 职业贴士

AT 尖轨整体性强，刚度大，养护维修工作量小；AT 尖轨取消了普通尖轨 6mm 抬高量，消除了列车过岔的垂直不平顺，可提高道岔直股过岔速度；同时尖轨下设 24mm 高滑床台，增加了基本轨的稳定性和道岔的整体性。

5．尖轨顶面纵坡

规定：为保证尖轨具有承受车轮压力的足够强度，规定在尖轨顶宽 50mm 以上部分才能完全受力，而在尖轨顶宽 20mm 以下部分，则应完全由基本轨受力。尖轨顶宽 20～50mm 的部分，为车轮荷载的过渡段。

普通断面尖轨做法：尖轨顶宽在 20mm 以下的断面，不用承受车轮的竖直压力，完全由基本轨受力，尖轨实际尖端比基本轨顶面低 23mm，可以避免具有最大垂直磨耗的车轮轮缘爬上尖轨；在尖轨顶宽 20mm 处，尖轨顶面应比基本轨顶面低 2mm，使车轮的圆锥形踏面同时压在尖轨和基本轨顶面上；在尖轨顶面宽 35mm 处，刨切成与基本轨顶面齐平，在尖轨整断面以后，尖轨顶面高出基本轨顶面 6mm，由顶宽 35mm 至整断面范围内均匀顺坡。普通断面尖轨顶面纵坡如图 3.23 所示。

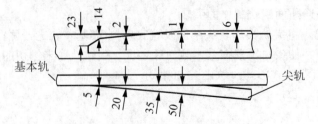

图 3.23　普通断面尖轨顶面纵坡(单位：mm)

AT 尖轨做法：尖轨顶宽 50mm 以后部分与基本轨是等高的，尖轨顶宽 20～50mm 这一段为过渡段，如图 3.24 所示。

6．尖轨跟端结构

尖轨跟端结构分为夹板间隔铁式和弹性可弯式，是转辙器中的一个重要连接点。

作用:保证尖轨扳动时摆动灵活,保证与基本轨的连接牢固可靠,在列车通过时稳定而无变位和跳动。

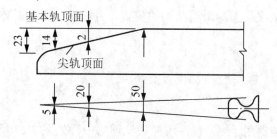

图 3.24 AT 尖轨顶面纵坡(单位:mm)

1) 夹板间隔铁式(活接头式)

夹板间隔铁式跟端结构用于直线型尖轨道岔中,如图 3.25 所示。

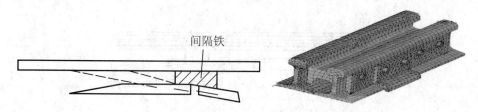

图 3.25 夹板间隔铁式跟端结构

构造:由间隔铁,弯折夹板,双头螺栓和辙跟外、内轨撑等组成,如图 3.26 所示。

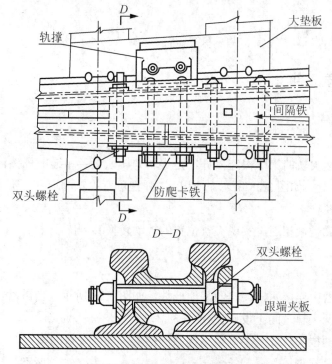

图 3.26 夹板间隔铁式跟端结构的组成

间隔铁：保持尖轨跟端处与基本轨有固定的间隔宽度，保证车轮正常通过。

弯折夹板与双头螺栓：既保证跟端的连接具有一定牢固性，又可使尖轨尖端灵活摆动。

辙跟内轨撑和外轨撑：固定跟端结构的位置，并防止尖轨和基本轨爬行。

职业贴士

夹板间隔铁式结构稳定性较差，容易发生病害。

2) 弹性可弯式

弹性可弯式跟端结构用于 AT 弹性可弯尖轨道岔中，如图 3.27 所示。

做法：为减轻扳动力，在间隔铁前将尖轨轨底一侧或两侧刨掉一部分(长约 1~2m)，成为柔性点，尖轨便可围绕该点转动和弹性弯曲。在跟部采用普通钢轨接头形式，用间隔铁保持与基本轨的距离，并用轨撑保持跟部位置和稳定性。

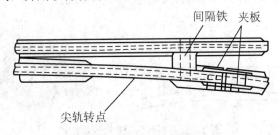

图 3.27 弹性可弯式跟端结构

职业贴士

弹性可弯式结构简单、坚固，易于保养。

3.2.3 其他主要零件

1. 拉杆及连接杆

1) 拉杆

概念：联结两尖轨的第一根连接杆，是尖轨与转辙设备相连的杆件，设在尖轨前部距尖轨尖端 380mm 处，如图 3.28 所示。使用 AT 弹性可弯尖轨的道岔，还在尖轨轨头刨切起点附近设有第二拉杆。

作用：与转辙机械相连，实现尖轨位置的扳动转换(又叫转辙杆)。

材料：方钢。

2) 连接杆

概念：转辙器中连接两根尖轨的其他杆件，如图 3.28 所示。当道岔转换设备采用分动外锁闭装置时，两尖轨之间不设连接杆。

作用：联结两根尖轨成一个框架结构共同摆动，提高尖轨的稳定性。

材料：方钢、扁钢。

项目 3 单开道岔的构造认知

图 3.28 道岔的拉杆及连接杆

职业贴士

在有轨道电路的道岔上，拉杆、连接杆中部设有隔断电流的绝缘装置。在采购时要注明规格要求(直径、绝缘等)。

2．顶铁、轨撑

1) 顶铁

位置：基本轨内侧轨腰上，如图 3.29 所示。

作用：保持尖轨轨距，并防止尖轨横向受力弯曲。

机理：尖轨与轨枕没有扣件固定，在基本轨内侧轨腰上安装顶铁，车轮作用于尖轨的横向力便通过顶铁传递于基本轨，尖轨与基本轨共同抵抗车轮的横向力。

要求：顶铁长度应做到尖轨贴靠基本轨时，顶铁也恰好与基本轨轨腰贴靠。

形式：半圆、锥体、等腰梯形。

2) 轨撑

位置：在基本轨外侧，如图 3.30 所示。

作用：增强横向稳定性，防止基本轨倾覆、扭转和纵横向移动。

做法：用螺栓与基本轨相连，并用螺栓与滑床板连接，有双墙和单墙式。

图 3.29 顶铁　　　　　　　　　图 3.30 轨撑

双墙式轨撑是用垂直螺栓与垫板连接，通过水平螺栓与基本轨连接，如图 3.31 所示。可调式轨撑由轨撑、调整楔、垫板挡铁、两个垂直螺栓和一个水平螺栓组成。调整楔设有突出部分以卡住轨撑,可防止基本轨爬行;调整楔的螺栓拧紧时,可把基本轨固定在滑床板上。可调式轨撑如图3.32所示。

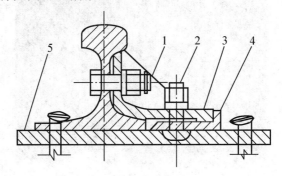

图 3.31 双墙式轨撑

1—六角螺栓;2—长方头螺栓;3—轨撑;4—铁座;5—垫板

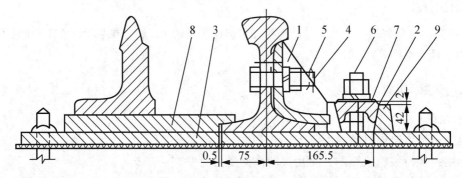

图 3.32 可调式轨撑(单位:mm)

1—轨撑;2—调整楔;3—滑床板;4—六角螺栓;5—开口销;6—沉头螺栓;
7—平垫圈;8—滑床台;9—挡铁

3. 滑床板

概念:承垫基本轨并供尖轨滑动,或承垫翼轨并供可动心轨滑动的垫板。

位置:尖轨范围内的岔枕面上,如图3.33所示。

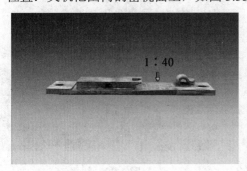 

图 3.33 滑床板

图 3.33 滑床板(续)

作用：支承基本轨与尖轨，并供尖轨左右平滑摆动；阻止基本轨向内侧移动。

特点：尖轨置于滑床板上，与滑床板无扣件联结。

做法：用不少于 20mm 厚的钢板制成，板面上有凸出的滑床台。在普通断面尖轨道岔中，设 6mm 高滑床台，如图 3.34 所示。在 AT 尖轨道岔中，道岔滑床板滑床台高 24mm，将 AT 尖轨垫高使其轨顶与基本轨顶持平，如图 3.35 所示。

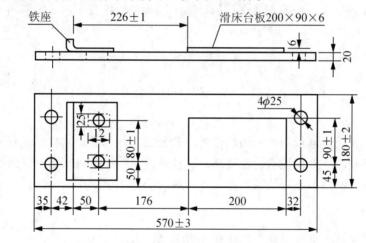

图 3.34 普通尖轨道岔滑床板(单位：mm)

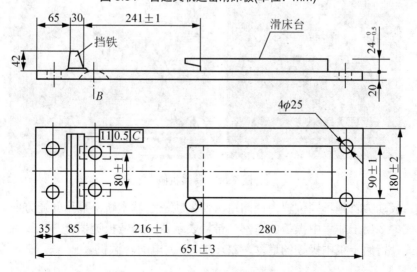

图 3.35 AT 尖轨道岔滑床板(单位：mm)

 职业贴士

为减小尖轨摆动时的阻力，使用中应经常清扫滑床台并涂以润滑剂。

4．特殊垫板

1) 辙前垫板(轨撑垫板)

在尖轨尖端前面的一段基本轨下用。此外，在导曲线部分也铺设这种垫板。

2) 辙后垫板(顺坡垫板、支距垫板)

位置：尖轨跟端接头后连续3块垫板。

原因：在尖轨跟后一段长度内，普通断面尖轨道岔为了使尖轨高出基本轨6mm的轨面高差逐渐顺坡降低下来，保持尖轨跟后导曲线支距的准确，且因基本轨与导轨相距较近，不能设普通平垫板，故需在两轨下设置两轨共用的辙后垫板。

做法：在跟端连续3块垫板的板面上，分别焊有高度4.5mm、3.5mm、1.5mm的凸台，由第4块开始即为使邻近两股钢轨保持同一水平的长垫板，直至两股钢轨间的宽度能个别铺设平垫板为止。

 职业贴士

辙后垫板有左、右开和上、下股之别，铺设更换道岔时应特别注意。

3) 平垫板

位置：铺设在转辙器最前面的两块垫板，其平面形状与普通木枕垫板相同，但没有轨底坡，故称平垫板。此外在道岔的连接部分以及直、侧线的钢轨末端，也铺设这种垫板。

原因：因为道岔内的所有垫板皆不设轨底坡(提速道岔除外)。

5．转辙机械

作用：扳动尖轨，准备进路，如图3.36所示。

图3.36 转辙机械

功能：扳动尖轨到不同位置；锁闭道岔使尖轨密贴基本轨；显示开通方向。

手动式：多用于非集中操控的道岔，带柄表示器、弹簧扳道器。

电动式：皆用于集中操控的道岔，ZD、DFH型电动转辙机。

项目 3 单开道岔的构造认知

> **职业贴士**
>
> 转辙器的常见故障：尖轨不密贴造成挤岔或脱线；尖轨拉杆断；滑床板影响尖轨滑动；临时线路转辙器扳不动等。

任务 3.3 单开道岔辙叉及护轨的构造认知

单开道岔辙叉及护轨包括辙叉、护轨、基本轨及其他联结零件，如图 3.37、图 3.38 所示。

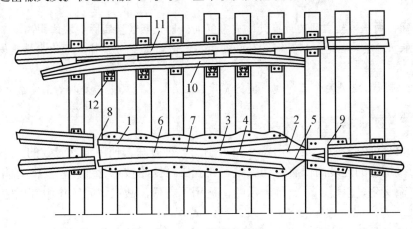

图 3.37 辙叉及护轨

1—翼轨；2—心轨(叉心)；3—理论尖端；4—实际尖端；5—辙叉角；6—咽喉；7—有害空间；
8—辙叉趾端；9—辙叉跟端；10—护轨；11—主轨；12—护轨垫板

3.3.1 辙叉的构造认知

1. 概念

辙叉是道岔中两股线路相交处的设备，如图 3.39 所示。

图 3.38 辙叉及护轨

图 3.39 辙叉

2. 作用

确保列车跨越线路时按确定的行驶方向正常通过道岔。

3．构造

辙叉由翼轨和心轨(叉心)组成。

> **职业贴士**
>
> 辙叉的构造术语如下。
>
> 辙叉趾(跟)端：翼轨始端(叉心末端)。
>
> 理论尖端(中心)：叉心两个工作边的交点；实际尖端：叉心实际尖端处有6~10mm宽。
>
> 辙叉角α：叉心两个工作边的夹角，即道岔角；辙叉全长：辙叉趾端至跟端沿一股钢轨线量取长度。
>
> 辙叉咽喉：两根翼轨之间的最窄处；有害空间：辙叉咽喉至实际尖端的距离。
>
> 辙叉趾长 n：辙叉理论尖端至辙叉趾端的距离；辙叉跟长 m：辙叉理论尖端至辙叉跟端的距离。
>
> 前开口：辙叉趾端处两个工作边之间的宽度；后开口：辙叉跟端处两个工作边之间的宽度。

4．辙叉号数

概念：也称道岔号数，是表示辙叉角大小的一种方法。使用道岔号数的大小，与允许列车侧向通过道岔的速度高低有密切关系，在我国《铁路技术管理规程》中有明确规定。

原因：辙叉角是以度、分、秒表示的，运用不方便，故在实际工作中都以辙叉号数 N 表示。

做法：辙叉号数 N 与辙叉角 α 的关系，是以辙叉角的余切表示辙叉号数的。辙叉角越大，道岔号数越小；反之辙叉角越小，道岔号数越大。

(1) 直线辙叉如图 3.40 所示。

$$N = \cot\alpha = \frac{AC}{BC}$$

式中　N——辙叉号数(道岔号数)；
　　　α——辙叉角；
　　　BC——叉心工作边任一点 B 至另一工作边的垂直距离；
　　　AC——由叉心理论尖端至垂足 C 的距离。

(2) 曲线辙叉如图 3.41 所示。

$$N = \cot\alpha = \frac{BD}{BC}$$

式中　D——曲边跟端 C 点的切线与直边工作边的交点；
　　　BC——跟端 C 至直边工作边的垂直距离。

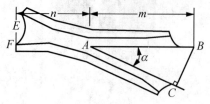

图 3.40　直线辙叉

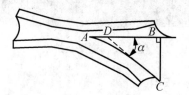

图 3.41　曲线辙叉

我国常用的几种道岔号数与辙叉角的对应值见表3-1。

表3-1 道岔号数与辙叉角

道岔号数	7	9	12	18	30
辙叉角	8°07′48″	6°20′25″	4°45′49″	3°10′47″	1°54′33″

职业贴士

现场鉴别道岔号数方法如下。

(1) 全长与前后开口和比例法：$N=BF/(EF+BD)$。

(2) 心轨顶宽倍数法：心轨顶宽 100mm 和 200mm 两处之间的距离与 100mm 的倍数即为 N。

(3) 脚步法：找出心轨顶宽为一脚长之处，由该处向前量至理论尖端处，实量几脚就是几号道岔。

5．辙叉类型

按构造材料分类，有钢轨组合式和锰钢整铸式之分；按翼轨与心轨的固定关系分类，有固定式和可动心轨式之分；按平面形状分类，有直线式和曲线式之分。

1) 钢轨组合式固定辙叉

翼轨、心轨(包括长心轨和短心轨)都是用普通钢轨经过弯折、刨切加工与联结零件拼装组合而成的，如图3.42所示。

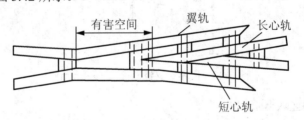

图 3.42　钢轨组合式固定辙叉

职业贴士

钢轨组合辙叉各部分之间零件较多，联系很差，养护维修困难，目前我国正线上已很少使用。

2) 高锰钢整铸式固定辙叉

用高锰合金钢把翼轨和心轨铸成一个整体，既无间隔铁、螺栓等零件，也无须刨切加工，如图3.37、图3.38所示。

职业贴士

高锰钢整铸辙叉不仅使用寿命长，而且零件少，结构坚固，能经常保持轮缘槽及各部控制尺寸的正确。

可动心轨式辙叉在提速道岔中讲述。

3) 曲线型辙叉

特点：一股轨线为直线(直向)，另一股轨线为曲线(侧向)或两股轨线皆为曲线。

优点：可缩短道岔长度或加大导曲线半径，以提高侧向通过速度，可缩短道岔的全长。

缺点：制造加工较复杂，且不能在左右开道岔中互换使用。

6. 辙叉纵断面

为了消除垂直不平顺，并防止心轨在其前端断面过分削弱部分承受车轮荷载，采用了提高翼轨顶面和降低心轨前端顶面的做法，并将翼轨顶面做成1∶20的横坡，使翼轨和心轨顶面之间保持必要的相对高差。

对高锰钢整铸辙叉，规定：叉心顶面在20mm及其以下部分完全不受压力，叉心顶面35mm及其以上部分承受全部车轮压力，而将翼轨顶面从辙叉咽喉到叉心顶宽35mm段以堆焊法加高；为防止车轮撞击心轨尖端，该处叉心顶面低于翼轨顶面35mm。固定辙叉纵断面如图3.43所示。

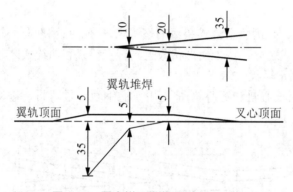

图 3.43 固定辙叉纵断面(单位：mm)

3.3.2 护轨的构造认知

1. 概念

护轨是固定型辙叉的重要组成部分，设置在辙叉两侧，如图3.37所示。

固定辙叉由于存在"有害空间"，直、侧向都设护轨；可动心轨辙叉消灭了"有害空间"，直向不设护轨，只在侧向设置护轨，起防磨作用，同时也有利于提高侧向行车的安全可靠性。

2. 作用

控制车轮通过"有害空间"的运行方向，不错入轮缘槽，也防止轮缘冲击或爬上辙叉心轨尖端。

3. 组成

由平直段、两侧缓冲段和两端开口段组成，如图3.44所示。

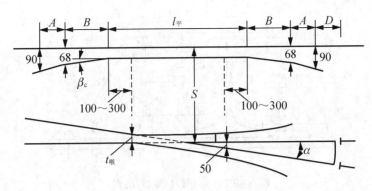

图 3.44 道岔护轨的平面布置(单位：mm)

平直段是护轨的主体部分。护轨位置要满足规范对查照间隔和护背距离的要求，护轨与主轨轮缘槽宽度为 42mm，其长度范围一般从咽喉起到心轨宽 40～50mm 处，根据构造要求两端还可增加 100～300mm 的调整量。

两端的缓冲段是由平直段两端各向轨道内侧弯折的一段，将车轮平稳引入平直段。缓冲段末端轮缘槽宽应为 65～68mm，其弯折角(护轨缓冲角β_c)的大小应与列车允许的侧向速度相匹配，一般采用近似尖轨的冲击角。

两端的开口段将车轮导入护轨轮缘槽内，以保证行车安全。开口段外端的轮缘槽宽度一般采用 90mm，开口段长度一般采用 150mm，如受结构限制时可采用 100mm。

4．类型

主要有钢轨间隔铁型、H 形和槽形 3 种。

(1) 钢轨间隔铁型护轨结构：用普通钢轨作护轨，护轨内侧设轨撑以保持护轨的位置，用间隔铁保持轮缘槽宽度，如图 3.45 所示。

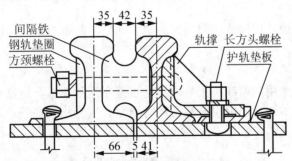

图 3.45 钢轨间隔铁型护轨(单位：mm)

(2) H 形护轨结构：分开式护轨结构，由普通钢轨加工成的 H 形护轨、护轨垫板、调整片和联结螺栓组成，如图 3.46 所示。护轨轨顶比基本轨轨顶提高 12mm，护轨与基本轨不直接联结，查照间隔和护背距离可使用护轨和撑板之间的调整片进行调整。

(3) 槽形护轨结构：完全分开式结构，由槽形钢护轨、护轨垫板、扣板、调整片及联结螺栓等组成，如图 3.47 所示。主轨内侧可设扣件，运营中能保持紧扣状态，克服 H 形护轨台板因制造误差或磨耗而扣不紧现象。不但可以调整查照间隔和护背距离，还可以调整轨距。

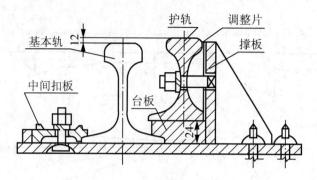

图 3.46 H 形护轨(单位：mm)

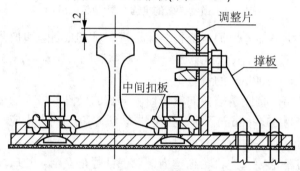

图 3.47 槽形护轨(单位：mm)

任务 3.4　单开道岔连接部分及岔枕的构造认知

单开道岔连接部分是转辙器和辙叉之间的连接线路，包括直股连接线和曲股连接线(亦称为导曲线)。

直股连接线与一般轨道构造相同，下面主要介绍导曲线的平面和构造特征。

3.4.1　导曲线平面

导曲线线形一般采用圆曲线，大号码道岔可采用缓和曲线。道岔号数越大，导曲线半径越大，列车侧向通过道岔速度也愈高，同时道岔长度也相应加长。转辙器尖轨或辙叉为曲线型时，尖轨或辙叉本身就是导曲线的一部分。常用道岔导曲线半径见表 3-2。

表 3-2　常用道岔导曲线半径表

道岔号数 N	9	12		18	30
导曲线半径 R(m)	180	330	AT 尖轨 350	880	2700

3.4.2　导曲线构造

(1) 起终点：AT 型尖轨道岔导曲线起点位于尖轨的前部，普通断面尖轨道岔导曲线起点位于尖轨跟端处；直线辙叉道岔导曲线终点位于辙叉理论尖端前一段直线长度处。

(2) 位置和圆顺度：除铺设支距垫板和平垫板外，在导曲线钢轨内外侧还设置一定数量的轨撑，也可在导曲线范围内设置一定数量的防爬设备，必要时增设轨距杆。

(3) 超高:由于长度和限界的限制,一般不设超高和轨底坡。在 AT 型尖轨道岔中,导曲线外轨设置有 6mm 超高,对防止反超高的出现是有利的。

3.4.3 岔枕

岔枕有木岔枕、混凝土岔枕和钢岔枕等类型。

1. 木岔枕

(1) 木岔枕长度为 260~480cm,共分 12 级,每级长度差为 20cm。木岔枕断面为高度 16cm、底宽 24cm。旧标准木岔枕长度为 16 级,最短为 260cm,最长为 485cm,每级长度差为 15cm。

(2) 木岔枕质量轻,在列车动载作用下,道岔各部分尺寸状态容易变化,需经常进行起、捣、拨、改等维修养护作业。因此,使用寿命短、稳定性差、耗用大量优质木材是其主要缺点。

木岔枕原来广泛使用,现已基本为混凝土岔枕所替代。

2. 混凝土岔枕

(1) 以常用的 60kg/m-12 号单开道岔为例,长度为 240~490cm,共分 26 级,每级长度差为 10cm。

(2) 混凝土岔枕质量重,不但达到了道岔基础与轨道基础的一致性,而且基本上克服了木岔枕的缺点。

混凝土岔枕是目前的主型岔枕,广泛应用于各种铁路线路的正线道岔上;钢岔枕在提速道岔中使用。

学岗互通

阅读给出的 60kg/m-12 号普通单开道岔铺设图,找出以下参数。
1. 道岔全长、前长、后长。
2. 列出所有道岔钢轨的名称、数量及长度明细情况。
3. 列出所有岔枕的数量及长度明细情况。
4. 找出导曲线的起终点。
5. 任意找出 5 根岔枕的间距与对应的导曲线支距数据。

职业贴士

尽管道岔的构造大同小异,但按照特定铺设图生产出来的道岔的构造是不同的,与之配套的电力设备差别很大。一个图号对应一种道岔,采购道岔设备一定要落实准确的图号,不能简单用型号(如 60kg/m-12 号)代替。

铁路轨道构造

知识拓展

道岔轨道电路的构造认知

1. 轨道电路

1) 概念

以两股钢轨为导线,两端用绝缘接头隔断电流,在一定长度内构成的电气回路,称为轨道电路。

2) 组成

轨道电路由钢轨线路、供电端和受电端等组成,如图3.48所示。

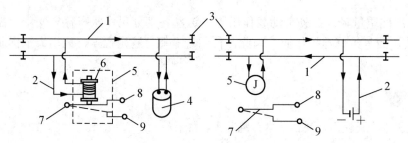

图 3.48　轨道电路组成

1—钢轨；2—引入线；3—绝缘接头；4—电源；5—继电器；6—铁芯线圈；
7—衔铁；8—上接点；9—下接点

(1) 钢轨线路：包括两股钢轨、接续线、引入线和绝缘接头等。

(2) 供电端：在轨道电路的一端,包括电源设备及限流装置,是轨道电路的电源。

(3) 受电端：在轨道电路的另一端,主要包括继电器等。

职业贴士

将电源接入供电端,同时把轨道继电器接入受电端,两端用绝缘接头隔断与相邻钢轨的电流,使该段轨道本身构成回路。

3) 轨道继电器

轨道继电器包括一个铁芯线圈、一个可动的衔铁和上下两个接头；衔铁上面固定着一个能导电的金属片(中接点),可与上下接点分别接触。

轨道电路是利用轨道继电器的通电、断电使衔铁吸起和落下的两种工作状态,达到控制两种信号显示的目的。当继电器线圈通过电流时,产生磁场作用将衔铁吸起,使金属片与上接点的电路接通,显示一种信号；反之,当继电器线圈没有电流通过时,由于失磁作用,衔铁依靠自重而跌落,断开上接点电路,与下接点电路接通,则显示另一种信号。

4) 轨道电路工作原理

利用轨道电路构成的二显示自动闭塞工作示意图如图3.49所示。

项目 3　单开道岔的构造认知

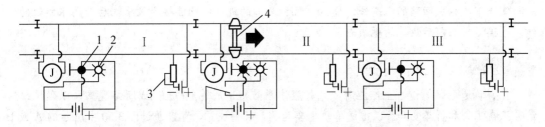

图 3.49　二显示自动闭塞轨道电路工作示意图

1—红灯；2—绿灯；3—限流器；4—列车轮轴

Ⅰ闭塞分区无列车运行，电源送来电流，继电器吸起衔铁接通上接点电路，显示绿灯开通信号。

Ⅱ闭塞分区有列车运行，电源送出的电流被列车轮轴分路(短路)，由于轮轴的电阻比继电器的电阻小得多，继电器得不到电流，衔铁跌落而接通下接点电路，显示红灯停车信号。这时Ⅰ分区的后续列车便不能进入Ⅱ分区。

Ⅲ闭塞分区若无列车，继电器必然正常工作，显示绿灯开通信号，表示允许列车以正常行驶速度进入这个分区。

职业贴士

自动闭塞区段信号采用红、黄、绿三色显示制或红、黄、绿黄、绿四显示制。三显示、四显示原理与二显示基本相同，只不过电路复杂些。

2. 道岔区段的轨道电路

1) 概念

道岔区段的轨道电路指由进站道岔岔头前的绝缘接头至各股道警冲标处的绝缘接头范围内的轨道电路，如图 3.50 所示。

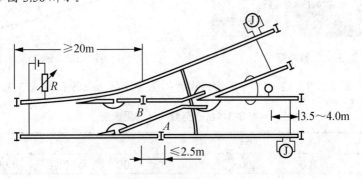

图 3.50　道岔轨道电路示意图

2) 要求

(1) 绝缘接头：道岔轨道电路是一种分支性的轨道电路，直线回路与侧线回路应相互隔断，必须在道岔的连接部分设置一对绝缘接头。

(2) 系列跳线：为减少电阻和保证电流顺利传送，在道岔轨道电路中，除在连接部分(直线或侧线)必须设置绝缘接头外，还应加设一系列的跳线，如连接基本轨和尖轨的跳线；使直线上股与侧线下股构成回路的双跳线；连接翼轨和叉心的跳线以及连接辙叉跟端后面两根钢轨的跳线；连接活接头前后钢轨的跳线等。

职业贴士

在有轨道电路的道岔上作业时，尤其应注意防止造成连电(短路)或断路现象，以确保道岔信号正常工作和行车安全。以推送单轨小车为例，若不注意，直接通过图 3.50 中所示的 A 或 B 绝缘接头时，车轮轧在轨缝处使两轨端有电流通过而造成连电。

3. 警冲标

1) 概念

警冲标是信号标志的一种，是指示机车车辆停车时，不准向道岔方向或线路平面交叉处所越过的地点停车的标志，如图 3.51 所示。

2) 作用

警冲标是为保证岔后两线的列车能相互安全通过而设置的。为了使停放在Ⅰ线上的列车或车辆，不妨碍相邻Ⅱ线上的列车安全运行，规定Ⅰ线的车辆末端不得越过警冲标。

3) 设置规定

根据机车车辆限界、机车车辆运行中摆动、曲线加宽等因素，《铁路技术管理规程》规定，警冲标应设在两会合线路线间距为 4m 的中间。为保证行车安全，可采用警冲标至一股线路的垂直距离 $f=2$m，如图 3.52 所示。

图 3.51 警冲标

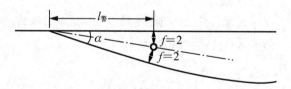

图 3.52 警冲标的位置

$l_警$ 的长度：常用的 9、12、18 号道岔，由岔心至警冲标的距离 $l_警$ 见表 3-3。

表 3-3 岔心至警冲标的距离表

岔号		9			12			18
半径(m)		200	300	400	400	500	600	800
线间距(m)	4.6	40.0	41.4	43.6	51.9	53.3	54.9	/
	4.8	38.5	40.0	41.8	50.7	51.7	53.0	/
	5.0	37.7	38.9	40.4	49.7	50.6	51.6	73.5
	5.5	36.8	37.3	38.3	48.6	48.9	50.0	72.5
	6.0	36.3	36.7	37.1	48.2	48.4	48.6	72.5
	6.5	36.1	36.3	36.6	48.1	48.1	48.3	72.5

项目 3 单开道岔的构造认知

 职业贴士

在计算股道有效长和铺设道岔等工作时,都涉及道岔中心至警冲标的距离 $l_{警}$。

4. 技术要求(摘自规范)

(1) 位于警冲标处的绝缘接头,应设在距警冲标大于 3.5m 的地方。因为由车辆的最后一根车轴至车钩的距离一般是按 3.5m 计算,最大不宜超过 4.0m。

(2) 连接部分的绝缘接头,应尽量保持对接,最大错开量不应超过 2.5m,这个长度叫"死间隔"。因为车辆的最小固定轴距值是按 2.5m 考虑的。

(3) 两道岔绝缘接头间的距离,规定不得小于 20m,这是考虑一节车辆的两个转向架间的长度,不会同时占用两个轨道电路。

(4) 绝缘接头的轨缝宽度,应比计算值加大 6mm 左右,即可做成 10~15mm。这样,可以防止在夏季高温时或因钢轨爬行而将轨缝顶死造成连电。

(5) 道岔内的拉杆、连接杆以及轨距杆等的绝缘装置应经常保持良好。

思考题

1. 绘制单开、对称道岔和交叉渡线的简图。
2. 绘图说明单开道岔的组成。
3. 绘图说明单开道岔转辙器的组成。
4. 绘图说明单开道岔辙叉及护轨的组成。
5. 简述两种现场鉴别道岔号数的方法。

项目 4 提速道岔的构造认知

引子

我国自 1995 年开始将繁忙干线的旅客列车运行速度由 80~100km/h 逐步提高到 140~160km/h，共进行了 6 次铁路大提速，到京沪高速铁路开通投入运营，运行时速达到 350km/h。提速道岔于 1996 年研制并迅速大量铺设，目前已成为铁路正线上的主型道岔，如图 4.1 所示。

图 4.1 提速道岔

任务

任务 4.1 提速道岔的平面认知

任务 4.2 提速道岔的构造认知

任务 4.1 提速道岔的平面认知

提速道岔的型号较多，为兼顾新、老型号，以 60kg/m 钢轨 12 号固定型单开道岔为例进行介绍。

4.1.1 平面

1. 平面尺寸

60kg/m 钢轨 12 号单开提速道岔平面尺寸见表 4-1。

表 4-1　60kg/m-12 号单开提速道岔平面尺寸表

道岔类型		尖轨尖端前基本轨长度(mm)	道岔前长 (mm)	道岔后长 (mm)	道岔全长 (mm)	辙叉跟长 (mm)
60kg/m-12 号普通单开道岔 (AT 尖轨)		2 850	16 853	21 054	37 907	3 804
提速道岔	固定型辙叉	2 920	16 592	21 208	37 800	3 958
	可动心轨辙叉	2 920	16 592	26 608	43 200	4 358

2. 导曲线线型

提速道岔导曲线的线型采用圆曲线，60kg/m 钢轨 12 号提速道岔的导曲线半径为 350 717.5mm，导曲线起点在尖轨尖端后 298mm 处，终点在尖轨跟端后 14 363mm 处。

3. 尖轨与基本轨的连接形式

尖轨与基本轨的连接采用切线型的连接形式。

4. 辙叉线型

辙叉的线型为直线型。

4.1.2　提速道岔各部分的主要尺寸

1. 转辙器部分的主要尺寸

1) 尖轨长度

尖轨长度采用 13.88m。直向尖轨为直线型，侧向尖轨为曲线型。

2) 转辙器各部分主要尺寸

轨辙器各部分主要尺寸如图 4.2 所示。

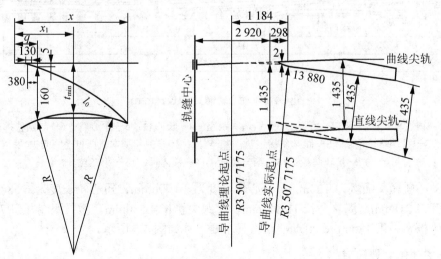

图 4.2　转辙器部分主要尺寸(单位：mm)

2. 固定辙叉的主要尺寸

固定辙叉趾、跟端接头均采用标准夹板联结,以夹板螺栓的安装为控制条件。辙叉咽喉为 61mm,趾距 n 和跟距 m 的实际值分别为 2 038mm 和 3 954mm,固定辙叉的全长为 $n+m=5$ 992mm。固定辙叉主要尺寸如图 4.3 所示。

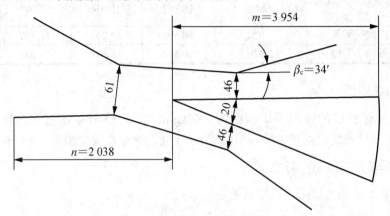

图 4.3　固定辙叉主要尺寸(单位:mm)

3. 可动心轨辙叉的主要尺寸

锰钢整铸型可动心轨辙叉的主要部件有长短心轨、高锰钢铸造翼轨、大垫板及高锰钢铸造叉跟座,如图 4.4 所示。长短心轨由栓接组合而成,采用 AT 钢轨制造。

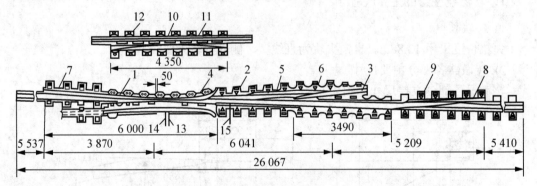

图 4.4　可动心轨辙叉(单位:mm)

1—铸造翼轨;2—连接大垫板;3—铸造叉跟座;4—长心轨;5—短心轨;6—导向轨撑;
7—趾端斜接钢轨;8—跟端斜接钢轨;9—轨撑;10—侧向基本轨;11—侧向护轨;
12—护轨垫板;13—第一拉杆;14—锁闭杆;15—第二拉杆

可动心轨辙叉咽喉为 124mm,长心轨长度为 10 796mm,短心轨长度为 6 588mm;翼轨趾端开口 318mm,翼轨全长 11 844mm,叉跟尖轨长 4 530mm,辙叉跟端开口 778mm,翼轨轮缘槽宽采用 180mm,可动心轨辙叉主要尺寸如图 4.5 所示。

4. 护轨的主要尺寸

提速道岔直、侧向的通过速度不同,因此护轨缓冲段采用不等长结构,直向护轨缓冲段冲击角改用 30′,侧向护轨缓冲段的冲击角仍保留 50′。考虑结构的合理性,护轨长度直向采用 6.9m,侧向采用 4.8m。

项目 4　提速道岔的构造认知

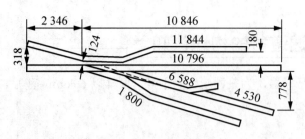

图 4.5　可动心轨辙叉主要尺寸(单位：mm)

可动心轨辙叉可不设护轨，但为防止心轨侧面磨耗影响直股密贴，侧向需要设置防磨护轨，防磨护轨长度为 5.4m。

4.1.3　提速道岔铺设总布置图的主要尺寸

(1) 固定型辙叉 12 号提速单开道岔平面主要尺寸如图 4.6 所示。

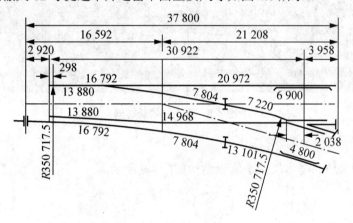

图 4.6　固定型辙叉 12 号提速单开道岔平面主要尺寸(单位：mm)

(2) 可动心轨辙叉 12 号单开提速道岔平面主要尺寸如图 4.7 所示。

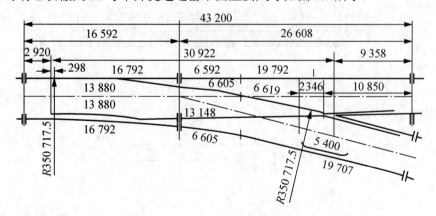

图 4.7　可动心轨辙叉 12 号提速单开道岔平面主要尺寸(单位：mm)

任务 4.2 提速道岔的构造认知

提速道岔的型号较多,为兼顾新、老型号,同样以 60kg/m 钢轨 12 号固定型单开道岔为例进行介绍。

4.2.1 转辙器

转辙器如图 4.8 所示。

图 4.8 提速道岔转辙器

1. 尖轨、基本轨及滑床板结构

(1) 转辙器尖轨、基本轨及滑床板结构如图 4.9 所示。

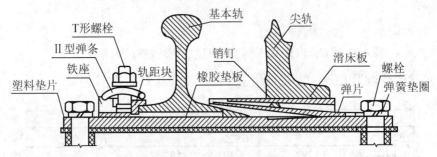

图 4.9 转辙器尖轨、基本轨及滑床板

(2) 尖轨顶面纵坡如图 4.10 所示。

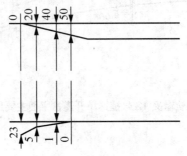

图 4.10 尖轨顶面纵坡

2. 尖轨的转换机构

尖轨长 13.88m，在弹性可弯段轨底不刨切，两尖轨之间不设连接杆。尖轨的转换设两个牵引点，采用分动外锁闭装置，第一牵引点动程为 160mm，第二牵引点动程为 75mm。

转辙机构与 S700K 电动转辙机或 ZY₇ 电液转辙机配套，各类转换杆件均隐蔽设在钢岔枕内。

3. 限位器

在跨区间无缝线路中，限位器是提速道岔的特有结构。

限位器由两个铸钢件 π 形块和 T 形块组成，π 形块固定在尖轨跟部的基本轨上，T 形块固定在尖轨轨腰上，限位器距尖轨跟端 1 800mm，限位器结构如图 4.11 所示。

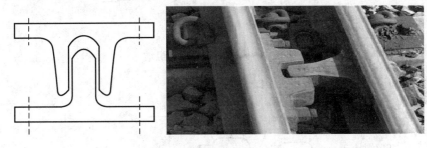

图 4.11 提速道岔限位器

(1) 原理：通过限位器，将过大的温度力传递给外侧基本轨。当限位器移至极限位置时，剩余的温度力(未被释放的温度力)将向外侧基本轨传递。

(2) 作用：容许尖轨与基本轨有一定的相对位移，限制尖轨尖端的伸缩位移。限位器既限制尖轨的爬行(过量的位移)，又因一定量的位移而释放由联结钢轨传递的部分温度力。

提速道岔限位器的活动间隙设计取值为 7mm，即在锁定轨温条件下其活动间隙左右均应为 7mm。

4.2.2 辙叉及护轨

1. 固定型辙叉结构

(1) 辙叉断面沿用传统结构形式，在型腔内设两条纵肋，如图 4.12 所示。

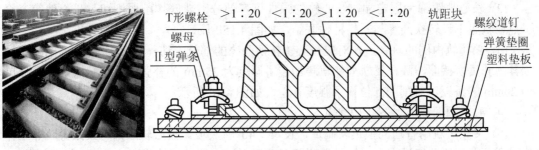

图 4.12 固定型辙叉断面

(2) 心轨及翼轨顶面纵坡如图 4.13 所示。

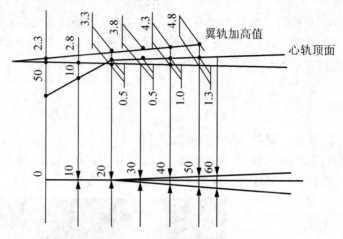

图 4.13　心轨及翼轨顶面纵坡

(3) 护轨及护轨垫板结构如图 4.14 所示。

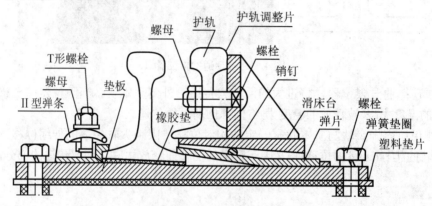

图 4.14　护轨垫板

2．可动心轨辙叉结构

(1) 长心轨与短心轨之间用间隔铁联结，短心轨末端为滑动端，与叉跟尖轨相贴合。长、短心轨的轨面均刨切成 1∶40 的轨顶坡，将长心轨跟端成型段按 1∶40 扭转一个角度，以便同区间钢轨实现连接。

(2) 长心轨跟部为固定端，长心轨的弹性可弯部分，轨底作削弱刨切。长心轨第一牵引点在轨底下设转换凸缘与转换杆件联结，如图 4.15 所示。

(3) 长翼轨内侧的轨底，在对应长心轨转换凸缘的部位，切一宽度为 55mm 的缺口，因其削弱翼轨截面，故在翼轨外侧轨腰加装了厚度为 25mm 的补强板，在轨底加装了厚度为 20mm 的桥板，对削弱部位作了强度补偿，如图 4.16 所示。

(4) 心轨顶面纵坡如图 4.17 所示。

(5) 叉跟尖轨用普通同型钢轨制造，设 1∶40 轨底坡。短心轨跟部与叉跟尖轨非工作边贴合，在心轨转换过程中，短心轨跟部可前后滑动，滑动量约为 6mm。

项目 4 提速道岔的构造认知

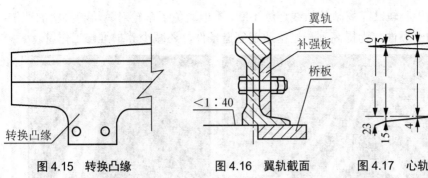

图 4.15 转换凸缘　　　图 4.16 翼轨截面　　　图 4.17 心轨顶面纵坡(单位：mm)

可动心轨辙叉结构如图 4.18 所示。

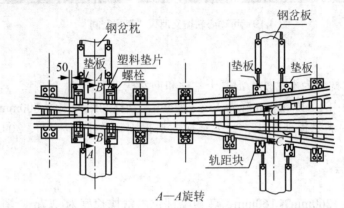

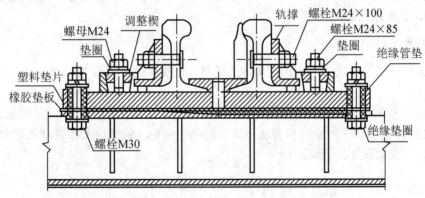

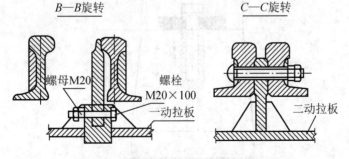

图 4.18 可动心轨辙叉结构(单位：mm)

可动心轨辙叉利用心轨可以摆动并与翼轨紧密贴靠达到消灭"有害空间",可不设护轨,如图 4.19 所示。由于心轨贴靠翼轨使轨线连续不断,不但避免了车轮对翼轨和心轨的冲击,提高了列车运行的平顺性,为提高列车过岔速度创造条件,还减少养护维修工作量。

图 4.19 可动心轨辙叉消灭"有害空间"

4.2.3 岔枕

提速道岔的岔枕分为木岔枕、混凝土岔枕和钢岔枕三类。

岔枕铺设根数由 1 840 根/km 降为 1 667 根/km,岔枕间距均采用 600mm。岔枕按垂直于直股布置。既要满足提速要求,又要适应大机捣固。枕下道床厚度 30 cm,采用一级道砟。

1. 木岔枕

木岔枕断面为 260mm×160mm。转辙器部位木岔枕长度为 2.7m,之后岔枕长度为 2.8～4.8m,长度按 0.2m 晋级。

2. 混凝土岔枕

混凝土岔枕的承载能力大于Ⅲ型混凝土轨枕。岔枕长度系列为 2.6～4.8m,长度晋级采用 0.1m。

岔枕底宽为 300mm,顶宽为 260mm,高为 220mm,岔枕断面如图 4.20 所示。岔枕顶面平直无挡肩,列车传来的横向荷载由预埋塑料套管中旋入的螺栓及扣件摩擦阻力来承担。岔枕的平、立面如图 4.21 所示。

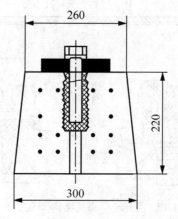

图 4.20 混凝土岔枕断面(单位:mm)

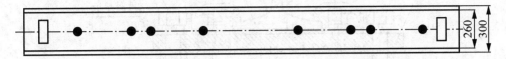

图 4.21 混凝土岔枕的平、立面(单位：mm)

3. 钢岔枕

钢岔枕铺设在尖轨及可动心轨的牵引点处，专供隐蔽转换杆件之用。

职业贴士

为了使各类转换杆件全部隐蔽于钢岔枕内，钢岔枕内腔净宽应适合安装电务转换设备的需要。

钢岔枕与垫板之间和钢岔枕与外锁闭设备之间，均应设置绝缘部件，其绝缘电阻要符合电务规定。钢岔枕底面从结构上增加抗滑能力，以防串动。钢岔枕截面如图 4.22 所示。

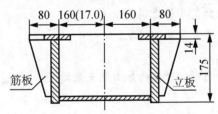

图 4.22 钢岔枕截面(单位：mm)

4．岔枕扣件

采用Ⅱ型弹条分开式扣件，扣件调距量为 $-8\sim+4$ mm。扣件的构造形式如图 4.23 和图 4.24 所示。

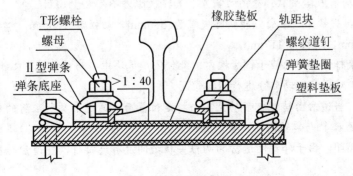

图 4.23 木岔枕扣件

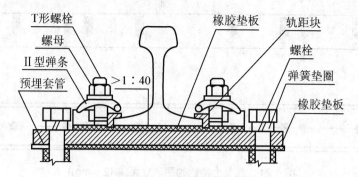

图 4.24 混凝土岔枕扣件

轨距块为铸钢件,分 4 个号码(9 号、11 号、13 号、15 号)。轨距块两肢厚度不同,9 号、15 号为一个轨距块,11 号、13 号为一个轨距块。

木岔枕和混凝土岔枕的轨下均设 5mm 厚的橡胶垫板,木岔枕垫板下设 5mm 厚塑料垫板,混凝土岔枕垫板下设 10mm 厚橡胶垫板。

学岗互通

阅读给出的 60kg/m-12 号单开提速道岔铺设图,找出以下参数。
(1) 道岔全长、前长、后长。
(2) 列出所有道岔钢轨的数量及长度明细情况。
(3) 列出所有岔枕的数量及长度明细情况。
(4) 找出导曲线的起终点。
(5) 任意找出 5 根岔枕的间距与对应的导曲线支距数据。

知识拓展

提速道岔的技术标准

1. 道岔转换系统

尖轨采用分动转换方式,曲尖轨与直尖轨之间不设连接杆。

尖轨、心轨均采用二点牵引外锁闭装置,其转换阻力不得大于 6kN。

按电务要求,尖轨第一牵引点距实际尖端为 380mm,动程为 160mm;心轨第一牵引点距理论尖端为 350mm,动程为 117mm。

(1) 各类转换杆件全部隐蔽于钢岔枕内,外锁闭燕尾块中心与钢岔枕中心重合。
(2) 内锁闭:对道岔可动部分进行间接锁闭。
(3) 外锁闭:当道岔由转辙机带动至某个特定位置后,通过本身所依附的锁闭装置,直接把尖轨与基本轨或心轨与翼轨密贴夹紧,并固定。
(4) 分动外锁闭:由于外锁闭道岔的两根尖轨之间没有连接杆,在道岔转换过程中,两根尖轨分别动作。

2. 转辙器

(1) 尖轨用 60AT 轨制造,跟端为弹性可弯式,尖轨跟端热锻成型标准钢轨断面。
(2) 尖轨尖端按藏尖式构造,跟部设限位器,取消辙跟间隔铁。

(3) 基本轨设 1∶40 轨底坡，尖轨设 1∶40 轨顶坡。

3. 可动心轨辙叉

(1) 采用钢轨组合式，心轨用 60AT 轨拼装制成。长心轨跟端为弹性可弯式，短心轨跟端为滑动式。

(2) 采用长翼轨，增强辙叉整体稳定性，提高纵向阻力，以适应无缝道岔与跨区间无缝线路钢轨的焊联。

(3) 长翼轨尾部与长心轨跟部采用间隔铁联结。

(4) 直股不设护轨，侧股设防磨护轨。

(5) 轨面均设 1∶40 轨顶坡。

4. 固定型辙叉

(1) 采用高锰钢整铸辙叉，趾、跟端为夹板联结。翼轨冲击角减小为 34′。

(2) 护轨采用 50kg/m 钢轨制造，采用 H 型分开式结构，护轨顶面高出基本轨 12mm；适当减小辙叉翼轨及护轨缓冲段的冲击角，直向护轨缓冲段冲击角减小为 30′。

(3) 护轨垫板应有足够的强度，以防断裂。

5. 钢轨及配件

(1) 道岔各钢轨件轨头表面均进行全长淬灭，尖轨、心轨淬火起点为轨头宽 5mm 处。

(2) 钢轨接头

① 道岔直股钢轨全部焊接，固定型辙叉趾、跟端接头采用冻结。

② 混凝土岔枕道岔侧股钢轨接头，原则上采用焊接。

③ 道岔绝缘接头设于侧股，应优先采用胶接绝缘接头。

(3) 扣件

① 采用Ⅱ型弹条式分开扣件。

② 滑床板、护轨垫板的基本轨内侧采用弹片扣压，其扣压力应与Ⅱ型弹条相匹配。

③ 采用防松螺母。防松螺母上、下螺母内外锥配合偏心结构。采用防松螺母后，可以取消弹簧垫圈、开口销等零件。

(4) 垫板

① 钢轨中轴线处截面标准；用于木岔枕的垫板为 190mm×25mm。用于混凝土岔枕的垫板为 170mm×20mm。

② 垫板与岔枕的联结。二木岔枕采用螺纹道钉，混凝土岔枕采用预埋塑料套管及螺栓。

6. 轨下基础

(1) 岔枕断面加大，铺设根数减少，每千米铺设 1 667 根，间距一律为 600mm。

(2) 岔枕按垂直于直股布置。

(3) 木岔枕断面为 260mm×160mm。转辙器部位木岔枕长度为 2.7m，之后岔枕长度自 2.8m 起按 0.2m 晋级。

(4) 混凝土岔枕的承载能力应大于Ⅲ型混凝土轨枕，可动心轨辙叉道岔与固定型辙叉道岔混凝土岔枕的共用率不低于 60%。

(5) 道岔前后过渡段的设置见表 4-2。

表 4-2 道岔前后过渡段的设置

过渡段轨枕类型	过渡段长度
2.7m 长木枕	前后各 50 根
Ⅲ型混凝土枕	前后各 50 根

(6) 弹性垫层。除尖轨和心轨外，轨下和垫板下均应设置弹性垫层，其静刚度值应能使道岔与区间线路弹性保持连续。

7. 道岔尺寸

(1) 导曲线线型采用圆曲线。

(2) 轨顶坡：各部位钢轨的踏面均设 1∶40 的轨顶坡。

(3) 尖轨刨切部分的中间部位侧股轨距有 13mm 的构造加宽。

(4) 道岔各部位的轨距均为 1 435mm。

思考题

1. 绘制 60kg/m 钢轨 12 号固定型单开提速道岔转辙器主要尺寸图。
2. 绘制 60kg/m 钢轨 12 号固定型单开提速道岔固定辙叉主要尺寸图。
3. 绘制 60kg/m 钢轨 12 号固定型单开提速道岔可动心轨辙叉主要尺寸图。
4. 可动心轨辙叉的主要部件有哪些？
5. 绘制 60kg/m 固定型辙叉 12 号提速单开道岔平面主要尺寸图。
6. 绘制 60kg/m 可动心轨辙叉 12 号单开提速道岔平面主要尺寸图。
7. 简述提速道岔限位器的构成、设置位置以及作用。

项目5 特殊道岔的构造认知

引子

铁路车站正线上使用最普遍的是单开道岔,但单开道岔功能单一,占地长度较长,一些大型客运站或编组站大量使用对称道岔、交叉或渡线、交分道岔以及组合道岔等特殊道岔,以实现复杂站场的综合功能,缩短站场咽喉区的长度,大大减少站场的占地面积。应用特殊道岔组成综合车场(站)如图 5.1 所示。

图 5.1 应用特殊道岔组成综合车场(站)

任务

任务 5.1　对称双开道岔的构造认知

任务 5.2　交叉的构造认知

任务 5.3　复式交分道岔的构造认知

任务 5.4　渡线与梯线的构造认知

任务 5.5　道岔连接曲线的构造认知

任务 5.1　对称双开道岔的构造认知

对称双开道岔是把直线轨道分为左右对称两条轨道的道岔，下称对称道岔。

1. 对称道岔的构造

对称道岔是单开道岔的一种特殊形式，其构造与单开道岔基本相同，主要由转辙器、连接部分、辙叉及护轨和岔枕等组成，如图 5.2 所示。

图 5.2　对称道岔

2. 对称道岔的类型

按尖轨及辙叉形式的不同，对称道岔有以下几种类型。

(1) 直线尖轨、直线辙叉型，如 9 号对称道岔。

(2) 曲线尖轨、直线辙叉型，如 6 号对称道岔。

(3) 曲线尖轨、曲线辙叉型。

3. 对称道岔的特征

对称道岔具有单开道岔的特点，但与普通单开道岔相比，具有以下特征。

(1) 组成的钢轨及配、零件，以直向中心线或辙叉角平分线成左右对称布置。

(2) 导曲线半径较相同道岔号数的单开道岔导曲线半径约大一倍。

(3) 左右导曲线皆为侧线,且半径相同,无直线、侧线之分。
(4) 尖轨长度相同时,尖轨工作边和主线方向所成的转辙角约为单开道岔转辙角之半。

鉴于对称道岔的构造和特征,对称道岔常被用于地形狭窄而短、两侧线路行车速度相差不多的地段,如编组站驼峰头部、三角线、货物线等道岔上。

4. 对称道岔的主要尺寸及总布置图

对称道岔的主要尺寸如图 5.3 所示(图中标注符号的含义同单开道岔),对称道岔的主要尺寸见表 5-1。

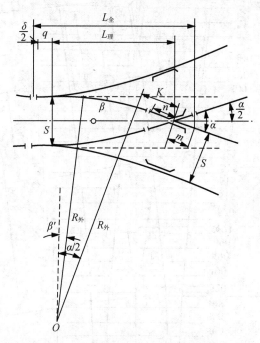

图 5.3 对称道岔的主要尺寸

表 5-1 对称道岔的主要尺寸表(单位:mm)

N	α	$L_尖$	$\beta_尖$	β	q	R	$L_全$	a	b	K
9	6°20′25″	5 500	1°30′38″	6°20′25″	1 280	300 000	25 354	10 329	15 009	3 863
6.5	8°44′46″	4 207	2°06′40″	2°06′40″	1 014	180 000	20 008	8 717	11 268	1 866
6	9°27′44″	6 250	0°51′09″	2°24′30″	1 373	180 000	17 457	7 437	9 994	1 234

5. 对称道岔的总布置图

以 50kg/m 钢轨 6 号对称道岔为例,总布置图如图 5.4 所示。

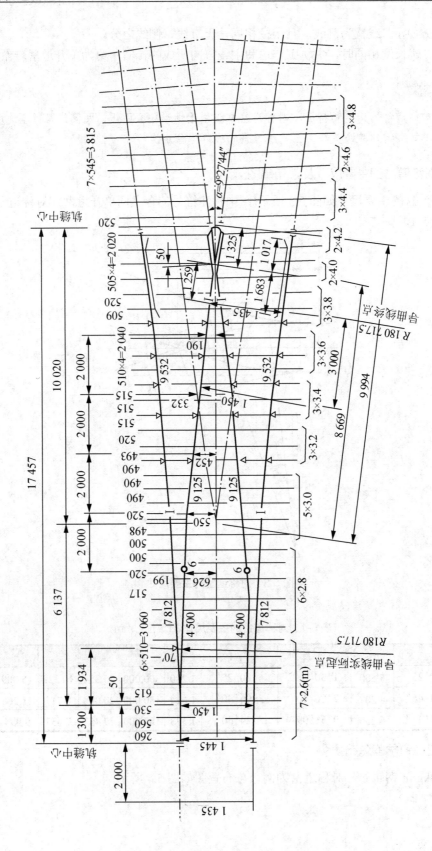

图 5.4 50kg/m 钢轨 6 号对称道岔总布置图(单位: mm)

项目 5　特殊道岔的构造认知

任务 5.2　交叉的构造认知

交叉是指两条轨道在平面上的相交处，使机车车辆跨越轨道运行的设备。

1．交叉的类型

(1) 按平面形式可分为直线与直线交叉，如图 5.5(a)所示；或直线与曲线交叉，如图 5.5(b)所示；曲线与曲线交叉。

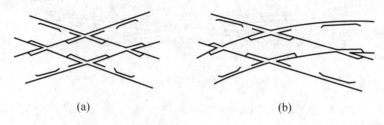

(a)　　　　　　　　　　　(b)

图 5.5　交叉

(2) 按构造类别可分为固定型与可动心轨型。

(3) 按使用情况可分为单独使用与组合使用两种。站场内应用较多的是组合使用的菱形交叉，如复式交分道岔、交叉渡线等。

2．菱形交叉的构造

锐角辙叉的构造与单开道岔中的辙叉基本相同，仅是号数的差别；钝角辙叉的构造则有固定型与可动心轨型两种，固定型又有拼装式和锰钢整铸式的区别。

1) 组成

一组菱形交叉基本上由两组同型号的锐角辙叉和两组钝角辙叉组成。

2) 构造

(1) 固定型钝角辙叉：由弯折基本轨、长心轨、短心轨、护轨(或称翼轨)、帮轨及联结零件等组成，如图 5.6 所示。

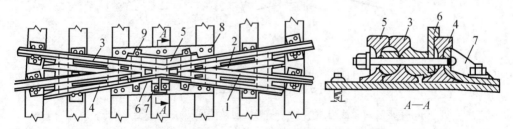

图 5.6　固定型钝角辙叉

1—长心轨；2—短心轨；3—弯折基本轨；4—护轨；5—帮轨；6—嵌合钢轨；
7—轨撑；8—大垫板；9—扣铁

钝角辙叉与锐角辙叉共同组成固定型菱形交叉，可单独使用(交叉角为 30°、45°及 60°等)，更多的是用于交叉渡线中，常用号数为 6 号和 4.5 号，与 12 号和 9 号单开道岔配套使用。

(2) 可动心轨型钝角辙叉：由弯折基本轨、两根等长的可动心轨(或称短尖轨)、帮轨、扶轨、防跳铁及连接杆等组成，如图 5.7 所示。这种辙叉多应用于复式交分道岔中，并采用与单开道岔系列相同的号数。

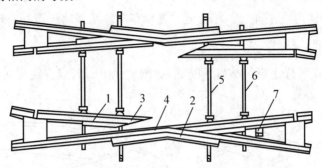

图 5.7　可动心轨型钝角辙叉

1—扶轨；2—帮轨；3—心轨；4—基本轨；5—拉杆；6—连接杆；7—防跳铁

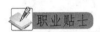 职业贴士

可动心轨钝角辙叉的特点是利用心轨贴靠基本轨消灭"有害空间"，保证车轮通过钝角辙叉的安全。

3．菱形交叉的主要尺寸

菱形交叉的主要尺寸如图 5.8 所示。

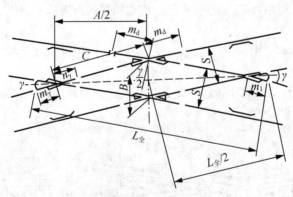

图 5.8　菱形交叉的主要尺寸

A—菱形长对角线(长轴)；B—菱形短对角线(短轴)；C—菱形边长；
$L_全$—菱形沿一条轨道中线的全长；γ—两直线轨道的交叉角

4．菱形交叉的总布置图

以 50kg/m 钢轨 9 号菱形交叉为例，总布置图如图 5.9 所示。

项目5 特殊道岔的构造认知

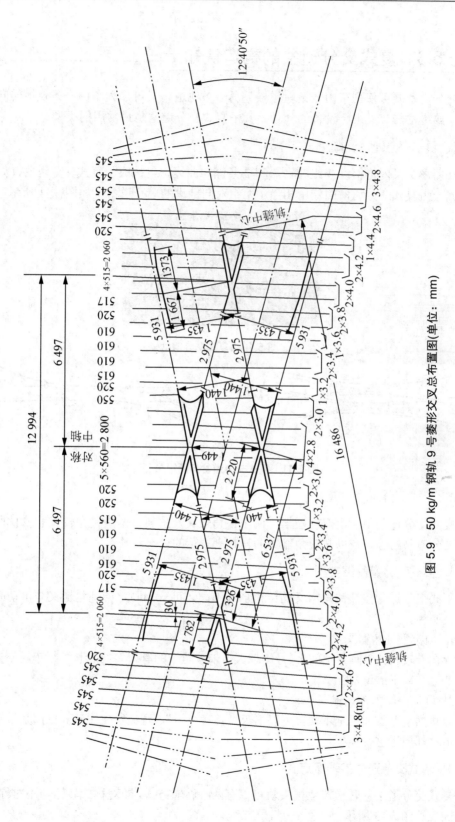

图 5.9 50 kg/m 钢轨 9 号菱形交叉总布置图(单位：mm)

任务5.3 复式交分道岔的构造认知

交分道岔既可使列车由一条轨道横越另一条轨道,又可使列车由一条轨道转向另一条轨道。属道岔与交叉组合设备的一种,其中复式交分道岔是最常用的类型。

1. 复式交分道岔的概念

在菱形交叉内再增设4组转辙器和2条侧向曲线,就构成了复式交分道岔,如图5.10所示。一组复式交分道岔的作用相当于两组对向铺设的单开道岔,如图5.11所示。

图5.10 复式交分道岔

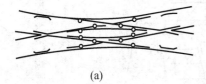
(a)

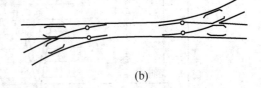
(b)

图5.11 复式交分道岔与两组单开道岔

2. 复式交分道岔的构成

复式交分道岔由两组双转辙器、两组锐角辙叉及护轨、两组钝角辙叉和岔枕所构成。复式交分道岔的号码是以其锐角辙叉的号数来表示的。

3. 复式交分道岔的类型

复式交分道岔按其钝角辙叉的结构形式不同,可分为固定型钝角辙叉与可动心轨型钝角辙叉两种。

1) 固定型钝角辙叉

存在着较长的"有害空间",号码越大,未被防护的有害空间越长,行车越不安全,故宜用8号及以下的道岔。

2) 可动心轨型钝角辙叉

心轨摆动贴靠弯折基本轨,可以消灭"有害空间",避免发生脱轨。目前9号及以上的交分道岔都属于这种类型。

4. 复式交分道岔的转辙方式

复式交分道岔双转辙器4根尖轨可以有两种转辙方式,即对称式转辙与不对称式转辙,如图5.12、图5.13所示。

项目 5　特殊道岔的构造认知

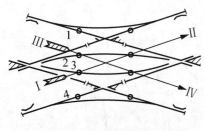　　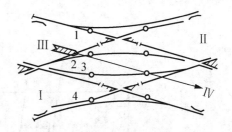

图 5.12　对称式转辙　　　　　　　　　图 5.13　不对称式转辙

(1) 对称式转辙方式的 4 根尖轨位置对称于菱形长轴，此时Ⅰ—Ⅱ、Ⅲ—Ⅳ两个方向都可以行车。当菱形外尖轨紧贴基本轨，菱形内尖轨离开基本轨时，则Ⅰ—Ⅳ、Ⅱ—Ⅲ两个方向线路都开通，因此采用对称式转辙的复式交分道岔不能保证行车安全。

(2) 不对称式转辙方式是把每组双转辙器的 4 根尖轨，各用连接杆分别将 1-3、2-4 尖轨连接，各自独立扳动。此时只有Ⅲ—Ⅳ方向线路开通，即尖轨每扳动一次只有一个方向开通，4 个方向有 4 种尖轨位置，因而能保证行车安全。

我国复式交分道岔均采用不对称式转辙形式。

5．复式交分道岔的优缺点

优点：交分道岔具有道岔长度短、开通进路多及两个主要行车方向为直线等优点，可缩短站场咽喉区和站场的长度，适应于地面狭窄而又繁忙的站内使用。

缺点：结构复杂，通路多，且各股钢轨彼此互相牵连制约，各部尺寸技术要求较高，特别是固定型钝角辙叉的槽宽间隔、护轨容许磨耗及轨距递减等，均与单开道岔不同，若养护不当，极易造成撞伤叉尖或发生脱轨事故。

6．复式交分道岔的主要尺寸

我国铁路上常用的 9 号、12 号交分道岔主要尺寸见表 5-2。

表 5-2　交分道岔主要尺寸表(单位：mm)

N	钢轨类型 (kg/m)	辙叉角度 α	导曲线半径 (股道中心) R	道岔全长 $L_{全}$	道岔中心至辙叉跟端的距离 b	尖轨长度 $L_{尖}$	活动心轨 $L_{心}$
12	60	4°45′49″	380 000	42 132	21 054	7 450	3 800
	50			39 950	19 952	7 400	4 200
	43					7 405	
9	60	6°20′25″	220 000	31 490	15 730	5 310	2 771
	50			30 050	15 009	5 250	3 700
	43					5 256	

7．复式交分道岔的总布置图

以 60kg/m 钢轨 9 号复式交分道岔为例，总布置图如图 5.14 所示。

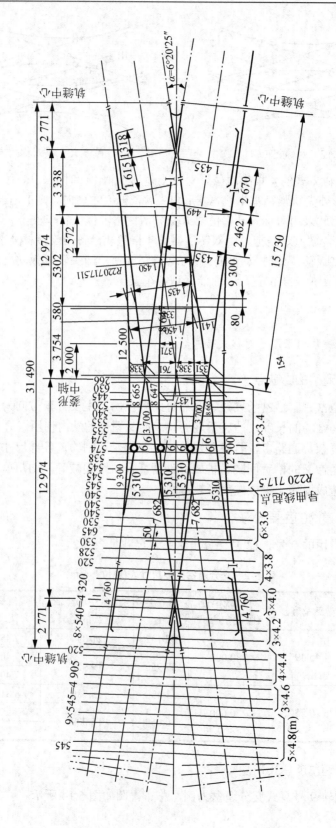

图 5.14　60kg/m 钢轨 9 号复式交分道岔总布置图(单位：mm)

任务 5.4　渡线与梯线的构造认知

在车站或车场内，为使机车车辆达到相互转线或跨越轨道的目的，必须用道岔将股道连接起来，构成不同形式的轨道设备，以满足各种运输组织作业的要求。

常用的轨道连接设备有单渡线、交叉渡线和各种梯线等。

1. 渡线

渡线是连接两平行股道间的轨道设备，作用是使列车由一条轨道过渡到另一条轨道上去。采用较多的是单渡线和交叉渡线，而缩短渡线和非平行股道的单渡线应用较少。

1) 平行线间单渡线

(1) 构成：在两平行轨道间用两组单开道岔和一段较短的直线轨道组合构成。如复线区段车站两端正线间、站内列车串线运行以及牵出串线作业等处，常设单渡线。

(2) 主要尺寸：单渡线主要尺寸如图 5.15 所示。

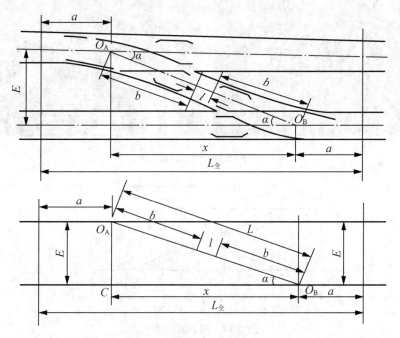

图 5.15　单渡线主要尺寸

E—线间距；N—道岔号数；a 与 b—道岔前后长；$L_全$—渡线全长

直边长 $x = O_B C = E \cot\alpha = EN$

斜边长 $L = O_A O_B = E/\sin\alpha$

夹直线 $l = L - 2b$

渡线全长 $L_全 = x + 2a$

【例 5-1】某双线车站，两正线平行设置，已知线间距 $E = 5.5$m，正线上采用 SC325 提速道岔，$N = 12$ 号，$a = 16\,592$mm，$b = 26\,608$mm。计算 x、L、l 及 $L_全$ 值。

【解】 渡线直边长 $x=EN=5.5\times12=66.000(m)$

渡线斜边长 $L=E/\sin\alpha=5.5/\sin4°45'49''=66.229(m)$

岔后夹直线 $l=L-2b=66.229-2\times26.608=13.013(m)$

渡浅全长 $L_{全}=x+2a=66.000+2\times16.592=99.184(m)$

2) 交叉渡线

(1) 概念：交叉渡线是由4组相同型号的单开道岔和一组菱形交叉以及必要的连接配轨所组成。如图5.16、图5.17所示。常用的交叉渡线有9号、12号单开道岔及线间距为5.0m、5.3m、5.5m和6.5m等几种。由于线间距 E 的不同，交叉渡线中的配轨长度也因之各异。

(2) 类型：对称布置、不对称布置、缩短交叉渡线分别如图5.18(a)、(b)、(c)所示。

(3) 作用：同两条连续而方向相反的单渡线，但占地却可减少一半，有利于缩短站场长度。

图5.16 交叉渡线

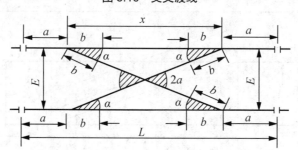

图5.17 交叉渡线图式

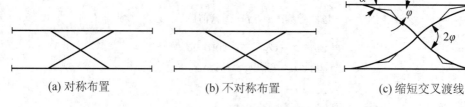

(a) 对称布置　　　(b) 不对称布置　　　(c) 缩短交叉渡线

图5.18 不同类型的交叉渡线

3) 交叉渡线道岔的总布置图

以60kg/m钢轨9号道岔5.0m线间距交叉渡线为例，总布置图如图5.19所示。

项目 5　特殊道岔的构造认知

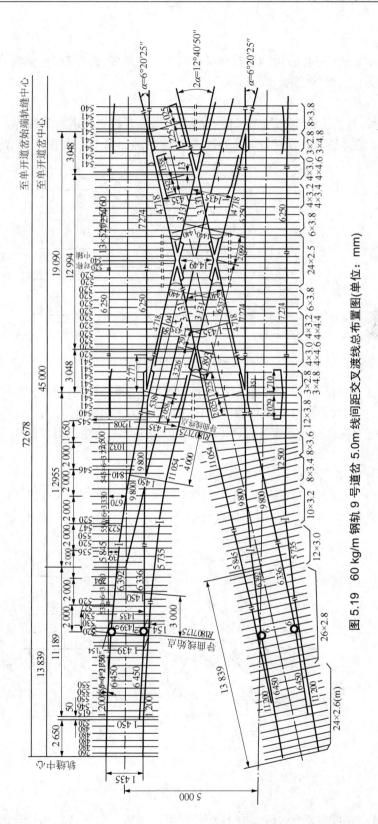

图 5.19　60 kg/m 钢轨 9 号道岔 5.0 m 线间距交叉渡线总布置图(单位:mm)

2. 梯线

通过道岔将若干平行股道连接在一条公共线上,这条公共线称为梯线。梯线有直线梯线、缩短梯线(曲线梯线)等类型。

1) 直线梯线

(1) 概念:梯线上的全部道岔号码皆相同,梯线倾斜角与道岔角相等,岔间夹直线长度随线间距而定,最末一股道与道岔通过连接(附带)曲线连接,如图5.20所示。

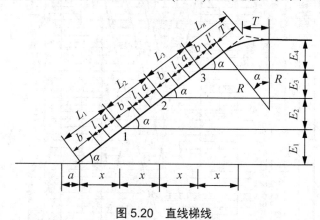

图 5.20 直线梯线

(2) 优点:在调车作业时瞭望条件较好,全部道岔号码相同,便于养护和更换。

(3) 缺点:当股道数目超过5股时,梯线长度长,列车走行时间长,作业效率相对较低;此外,由于各股道的有效长显著不均衡,影响车场的使用效率,故直线梯线仅适宜在5股道以内的车场采用。

2) 缩短梯线(曲线梯线)

(1) 概念:为改善直线梯线的缺点,可采用加大梯线倾斜角的办法,以缩短梯线的长度,如图5.21所示。每组道岔后面皆有一小曲线与股道连接,故也称曲线梯线。

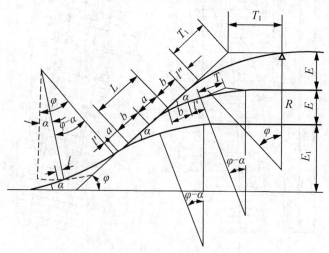

图 5.21 缩短梯线

(2) 优点:梯线倾斜角$\varphi > \alpha$,使梯线长度可以缩短。由于这种梯线较短,各股道有效长相对接近，使用效率也可以相对提高。

(3) 缺点：第Ⅰ股道的线间距 E_1，往往大于正常的股道间距 E，地面利用不够经济；连接曲线的半径较小，维护工作量大且难度高。

3) 适用性

在股道较少且股道间距不大的到发场及调车场中，宜采用直线梯线；在货场及调车场中可采用缩短梯线。

职业贴士

现场施工设计图中有时也会出现"梯线"上的道岔型号不尽相同的情况，可看作近似梯线。

任务 5.5　道岔连接曲线的构造认知

1. 道岔连接曲线的概念

如图 5.22 所示，紧接于道岔后面的一种曲线，也称道岔附带曲线，其条件是，岔后两股轨道平行，且线间距不超过 5.20m。不符合上述条件的岔后曲线，可按一般曲线对待。

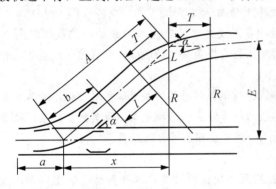

图 5.22　道岔连接曲线

2. 道岔连接曲线的技术要求

由于连接曲线紧接于道岔之后，它的位置、长度等是受一定条件限制的，尤其是方向圆顺与否，将直接影响列车通过道岔和曲线的平稳与安全。因此，应将其与道岔视为一个整体，一并进行检查、维修和整正，并应符合下列技术要求。

(1) 半径：连接曲线半径值应与其所连接的道岔号数相配合，既不宜小于导曲线半径，也不宜超过导曲线半径的一倍半。

(2) 夹直线：即道岔终端至连接曲线起点间的距离，应按照规范规定办理。

(3) 轨距：连接曲线轨距，根据半径大小按一般曲线轨距标准进行加宽。加宽递减，在正常情况下应按 0.1‰ 进行，一般不得大于 0.2‰，直线段较短时不得大于 0.3‰。

(4) 水平：连接曲线外轨可以设置超高，但不宜大于 15mm，顺坡不得大于 0.2‰。

(5) 方向：连接曲线采用圆曲线，不设缓和曲线，方向应保持圆顺，用 10m 弦量正矢时，其连续差在正线、到发线不超过 2mm，其他线不超过 4mm。

学岗互通

阅读给出的 60kg/m、12 号单开道岔、5.0m 间距交叉渡线铺设图，找出以下参数。
(1) 道岔全长、前长。
(2) 列出所有道岔钢轨的数量及长度明细情况。
(3) 列出所有岔枕的数量及长度明细情况。
(4) 任意找出 5 根岔枕的间距与对应的导曲线支距数据。

知识拓展

钢轨伸缩调节器与脱鞋器

钢轨伸缩调节器与脱鞋器是铁路上很特殊的道岔设备。

1. 钢轨伸缩调节器

在铁路的钢轨伸缩时，保持其轨缝变化不致过大，以维持线路通顺的装置，称为钢轨伸缩调节器，如图 5.23 所示。因钢轨的伸缩主要由于温度变化引起，故又称钢轨温度调节器。它一般用于无缝线路和某些铁路桥上。

当铁路桥上部结构因连续长度较大，而使其活动端和相邻结构(邻跨或桥台)间的相对变位较大时，为使铺设在桥面的钢轨不妨碍上部结构在温度变化、活载(含双线桥的偏载作用)等作用下所发生的相对变位，同时也不使上部结构变位影响桥面线路的通顺，应在该处设置钢轨伸缩调节器。

当温度跨度大于 100 米时，一般应设置钢轨伸缩调节器。在桥梁计算相对变位中的纵向位移时，所采取的上部结构长度称温度跨度。其值的计算方法：①简支梁，取其计算跨度；②连续梁，取相邻两联两个固定支座的水平距离，或一固定支座至桥台的距离。

2. 脱鞋器

脱鞋器是铁路车辆调速用的铁鞋自动脱鞋装置，使铁鞋滑离轨顶并脱落于轨道外侧，如图 5.24 所示。脱鞋器多用于铁路编组场调整车辆速度。

图 5.23　钢轨伸缩调节器

图 5.24　脱鞋器

项目 5　特殊道岔的构造认知

> 思考题

1. 绘制对称道岔的简图。
2. 绘制交叉渡线的简图。
3. 绘制复式交分道岔的简图。
4. 绘图计算单渡线的配轨。
5. 绘制直线梯线和缩短梯线的简图。

项目6 道床的构造认知

引子

根据道床的材料构成,铁路轨道可分为有砟轨道和无砟轨道结构两大类,如图6.1、图6.2所示。传统的轨道结构多采用有砟轨道,近年来无砟轨道越来越受到重视,无砟轨道已经成为高速铁路工程技术的发展方向。

无砟轨道的优势在于线路平顺性好、显著减少维修工作量;建筑高度低,可改善隧道通风条件;旅客乘坐舒适性好等。

无砟轨道的不足是初期投资较大;轨道弹性差,轮轨产生的辐射噪声相对较大;施工精度要求高,对基础要求严格,一旦下部基础残余变形超出扣件调整范围或导致轨道结构裂损,修复和整治难度大。

无砟轨道虽然前期铺设的投资大,但综合考虑整个建设与使用周期费用、施工时间、可靠性和耐久性等因素时,无砟轨道结构具有相当大的优势和较大的竞争力,尤其适用于高速、重载铁路。

图6.1 有砟轨道

图6.2 无砟轨道

任务

任务6.1 有砟道床的构造认知

任务6.2 板式无砟道床的构造认知

任务6.3 弹性支承块式无砟道床的构造认知

任务6.4 轨枕埋入式无砟道床的构造认知

项目 6 道床的构造认知

任务 6.1 有砟道床的构造认知

道床是轨道的最下层,是指铺设在铁路路基面之上的道砟层或混凝土层以及其他轨道构造层,是轨道框架的基础,是轨枕的直接基础。

道床属于铁路轨道的一个组成部分,而不是路基的组成部分。

6.1.1 有砟道床的作用、要求及构成材料

有砟道床是指铁路轨道上用道砟铺设的道床。

1.作用

(1) 承载作用。直接承受轨枕传来的轨道动静荷载,并把这个荷载缓冲、扩散,均匀地传布于路基面,减少路基的变形。

(2) 提供阻力作用。阻止轨道框架的纵横向位移,保持轨道稳定。

(3) 缓冲作用。道砟的级配组成,使轨道具有弹性和缓冲性能。

(4) 调整轨道几何形位的作用。道床的散体结构便于通过起道、拨道等调整轨道的平面、纵断面。

(5) 排水作用。道床的孔隙结构便于排水,使轨道和路基面保持干燥。

2.要求

作为道床的道砟应具有下列性能。

(1) 材质坚韧,不易磨碎和捣碎,有足够的强度。

(2) 具有级配,排水性好,不易被雨水冲走。

(3) 抗冲击、抗风化性能好。

3.构成材料

道砟材料应符合国家现行标准的规定。正线和到发线及设有轨道电路的其他线路的有砟道床应采用碎石道砟;其余线路也宜采用碎石道砟,卵石等材料可用作级别较低的线路的底砟。

我国铁路的有砟道床绝大部分采用碎石道砟,道碴标准粒径为 20~70mm。一般来说,正线采用一级道砟(花岗岩、玄武岩、片麻岩等),站线采用二级道砟(石灰岩、白云岩等),如图 6.3、图 6.4 所示。高速铁路正线有条件时采用特级道砟。

碎石道床材料应符合国家现行标准《铁路碎石道砟》(TB/T 2140—2008)和《铁路碎石道床底碴》(TB/T 2897—1998)的规定。施工时需作材质试验,主要检测指标如下。

(1) 道砟材料的抗磨耗、冲击性能,包括洛杉矶磨耗率、标准集料冲击韧度、石料耐磨硬度系数等。

(2) 抗压碎性能,包括标准集料压碎率、道砟集料压碎率等。

(3) 渗水性能,包括渗透系数、石粉试件抗压强度、石粉液限、石粉塑限等。

(4) 抗大气腐蚀破坏性能,包括硫酸钠溶液浸泡损失率。

图 6.3 正线一级道砟

图 6.4 站线二级道砟

道床质量状态参数见表 6-1。

表 6-1 道床质量状态参数

指标 \ 轨枕类型 \ 速度	80km/h<v≤120km/h II	120km/h<v≤160km/h III
道床横向阻力 q(kN/枕)	9(6.5)	10
道床纵向阻力 r_2(kN/枕)	10(9)	12
道床支承刚度(kN/mm)	70(60)	100
道床密度(g/m³)	1.7	1.7

注:1. 表中括号内数据为开通速度 80km/h 的参数指标。
    2. 既有铁路改建的参数根据规范采用。

6.1.2 有砟道床断面参数

道床断面包括道床顶面宽度、边坡坡度及厚度 3 个主要参数。直线地段混凝土轨枕线路的道床断面如图 6.5 所示。

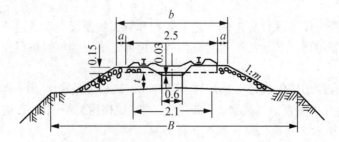

图 6.5 直线地段混凝土轨枕线路的道床断面(单位:m)

1. 道床顶面宽度

1) 概念

道床宽出轨枕两端的部分称为砟肩,其宽度称为道床肩宽。由图 6.5 可以看出,道床顶面宽度等于轨枕长度加上两端道床肩宽。

道床顶面宽度主要决定于道床肩宽(一旦轨枕类型确定，轨枕长度就确定了)。适当的肩宽可保持道床的稳定，并提供一定的横向阻力。

2) 要求

(1) 木枕与Ⅱ、Ⅲ型混凝土枕地段的道床顶面应与轨枕中部顶面平齐，其他类型混凝土枕地段的道床顶面应低于轨枕承轨面 30mm。轨底处道床顶面至少应低于轨底 20～30mm，以防止道床表面水分锈蚀钢轨和扣件，以及防止轨道电路漏电。

(2) 单线正线碎石道床顶面宽度，见表 6-2。

表 6-2 单线正线碎石道床顶面宽度表

轨道类型	路段设计行车速度	道床顶面宽度	
		无缝线路轨道	有缝线路轨道
特重型	120km/h≤v≤160km/h	3.5	—
重型	120km/h<v≤160km/h	3.4	—
重型、次重型	v≤120km/h	3.3(Ⅱ型)/3.4(Ⅲ型)	3.1
中型	v≤100km/h	—	3.0
轻型	v≤80km/h	—	2.9

注：1. 站线按单线设计时道床顶面宽度应为 2.9m，曲线外侧不加宽。
2. 无缝线路轨道半径小于 800m、有缝线路轨道半径小于 600m 的曲线地段，曲线外侧道床顶面宽度尚应增加 0.10m。
3. 高速铁路轨道按照有关设计文件执行。

2．道床边坡坡度

1) 概念

道床边坡是指自道床顶面引向路基顶面的斜边，其坡度大小是保证道床坚固稳定的重要因素。

道床边坡的稳定取决于道砟材料的内摩擦角与黏聚力，也与道床肩宽有一定的联系。增大肩宽可采用较陡的边坡，而减小肩宽则必须采用较缓的边坡。

2) 要求

正线(轻型轨道除外)道床边坡坡度为 1∶1.75，站线及正线轻型轨道道床边坡坡度为 1∶1.5，如图 6.6、图 6.7 所示。

图 6.6 正线道床边坡

图 6.7 站线道床边坡

3. 道床厚度

1) 概念

道床厚度是指直线上钢轨或曲线上内股钢轨中轴线下轨枕底面至路基顶面的距离。

道床厚度应根据运量、轴重、行车速度等运营条件和道砟质量、路基强度及轨枕间距等轨道条件确定,以满足压力传布不超过路基面上容许的最大压力为度,道床过厚既有碍线路作业,也不经济。

2) 要求

(1) 正线木枕地段不得小于 20~25cm,混凝土枕地段不得小于 30cm,隧道内及站线上不得小于 20cm,具体数值按照有关规范要求和设计文件选用。

(2) 桥梁上道砟槽内碎石道床厚度分别不得小于 25cm(120km/h<v≤160km/h)、20cm (v≤120km/h)。桥梁与两端线路的道床厚度差应在桥台外范围 30m 内顺坡。

(3) 土质路基的正线、到发线、驼峰溜放部分线路应采用双层道砟,在少雨地区可采用单层道砟。

(4) 对经常有调车和列检等作业的调车线、推送线、牵出线、到发线和客车整备线以及扳道或调车作业繁忙的咽喉区的线路间及其外侧,应采用渗水材料填平至轨枕底下 3cm,如图 6.8 所示。

(5) 道岔区的道床厚度、肩宽、边坡应与连接的主要线路一致。

职业贴士

为了提高道床的横向阻力,无缝线路地段将砟肩堆高 15cm,堆高道砟的边坡坡度采用 1∶1.75,如图 6.9 所示。

图 6.8 调车场线路的道床

图 6.9 无缝线路道床的砟肩堆高

6.1.3 有砟道床工程量计算

1. 实际断面法

1) 做法

(1) 根据施工设计图或竣工图,按照路基横断面里程,采用工程 CAD 技术绘制各个道床横断面图,求出断面积。

(2) 采用平均断面法计算道床断面。

(3) 扣除轨枕埋入的体积。根据轨枕的断面数据计算即可，也可采用工程 CAD 技术绘图计算。

2) 优缺点

优点：数量准确。

缺点：工作量较大。

2．指标法

1) 做法

根据铁路等级、正线或站线、轨道类型、路基面排水坡形式及坡度、直线或曲线、轨枕类型和铺枕根数及埋入深度、道床顶面宽度、边坡坡度及厚度(底层、面层)等参数选择相应的指标(m^3/km)，与实际的线路长度相乘即可。

【例 6-1】某站线直线股道长 1.5km(同一坡度)，按照设计文件获得的参数为路基单斜面排水、排水横向坡度 1%、铺设Ⅱ类木枕、每千米铺枕根数为 1 600 根、道床顶面宽度 2.9m、边坡坡度 1∶1.5、厚度 40mm(底层 20、面层 20)等。

【解】假定根据以上参数查找有关设计数据手册选定的指标为 1 833.5m^3/km，则道床数量为 1 833.5×1.5＝2 750.25(m^3)。

职业贴士

道岔道床则要根据道岔类型和型号与图号、路基面排水坡形式及坡度、岔枕类型、线路道床顶面宽度、边坡坡度及厚度(底层、面层)等参数选择相应的指标(m^3/km)，曲线则还要根据曲线半径、路基加宽、外轨超高等参数选择。

2) 优缺点

优点：计算工作量小。

缺点：现在科学技术发展速度快，轨道构造及施工设计图也推陈出新，有关数据手册的指标项目可能不能涵盖一些新的项目，有些项目无法套用指标。

值得注意的是，以上计算所得均为图纸的断面数量，在实际工作中，必须考虑道砟材料的压实系数、损耗量以及旧道砟利用率等因素，才能确定实际需采购的道砟使用量。

任务 6.2　板式无砟道床的构造认知

无砟轨道可分为整体结构式和直接支承结构式结构。

整体结构是指支承钢轨的混凝土块与混凝土基础浇筑或预制成为一体，按照工艺又可分为现浇混凝土式和预制板式。

直接支承结构是指在基础上直接铺设无砟轨道的一种结构。按照钢轨支承方式还可以分为间断(点)支承式和连续支承式，点支承式还可分为有轨枕或支承块(如雷达型等)以及没有轨枕或支承块的形式；连续支承式的无砟轨道有钢轨埋入式和钢轨扣紧在连续支承的基础上的形式。

道床混凝土底座顶面至轨底的高度不宜大于 65cm，混凝土底座应设置伸缩缝，伸缩缝之间的距离不宜大于 12m，伸缩缝位置应与板缝、梁缝一致。

无砟道床与有砟道床之间应设置过渡段，轨道过渡段与路基过渡段宜在同一部位上，轨道过渡段长度不宜小于20m。

职业贴士

正线轨道有条件时，特大桥、大桥及长度大于1 000m的隧道内，宜采用无砟道床。无砟道床宜采用板式、轨枕埋入式和弹性支承块式等结构形式。

板式无砟轨道一般多铺设于具有坚实基础的线路上，尤其是隧道内和高架桥上。板式无砟轨道结构已成为高速铁路的主流轨道结构模式，板式轨道也是城市轻轨青睐的轨道形式之一。

6.2.1 板式无砟道床构造

板式无砟轨道取消了传统有砟轨道的轨枕和道床，采用预制的钢筋混凝土板直接支承钢轨，并且在轨道板与混凝土基础之间填充 CA 砂浆垫层，是一种全新的全面支撑的板式轨道结构。

我国目前采用的板式无砟轨道有 CRTS Ⅰ、CRTS Ⅱ、CRTSⅢ型板式以及道岔板式无砟轨道。

CRTS Ⅰ型板式无砟道床一般由轨道板、乳化沥青水泥砂浆(以下简称 CA 砂浆)、混凝土凸型挡台(以下简称凸型挡台)和混凝土底座(以下简称底座)等组成，如图 6.10 所示。凸形挡台的作用是防止单元轨道板发生横向和纵向移动，即限位。

图 6.10 CRTS Ⅰ型板式无砟轨道道床(单位：cm)

1—就地灌注混凝土层；2—凸起的圆柱体；3—CA 砂浆垫层；4—钢筋混凝土轨道板；
5—铁垫板、轨下垫层、可调垫层

CRTS Ⅱ型板式无砟轨道的轨道板是连续的，没有凸形挡台，如图 6.11 所示。

CRTS Ⅲ型板式无砟轨道为带挡肩的新型单元板式无砟轨道结构，主要由钢轨、扣件、预制轨道板、配筋的自密实混凝土(自流平混凝土调整层)、限位挡台、中间隔离层(土工布)和钢筋混凝土底座等部分组成。底座板在每块轨道板范围内设置两个限位挡台(凹槽结构)，底座板与自流平混凝土层间设置中间隔离层。CRTS Ⅲ型板式无砟轨道道床如图 6.12 所示。

CRTS Ⅲ型轨道板技术是我国具有完全知识产权的板式无砟轨道成套技术，于 2009 年在成都至都江堰城际客运专线开展工程实验与设计创新工作，于 2010 年 12 月正式定型。

图 6.11 CRTS Ⅱ 型板式无砟轨道道床

图 6.12 CRTS Ⅲ 型板式无砟轨道道床

下面以 CRTS Ⅰ 型板式无砟道床为主介绍其构造。

1. 轨道板

1) 构造

轨道板的长度一般为 4.5~6.5m(如 CRTS Ⅰ 型板的尺寸可为 493cm×240cm×19cm)，轨道板的横向为预应力钢筋，纵向为普通钢筋，板与板之间在纵向通过伸出钢筋进行连接，每一标准 25m 的钢轨配置 5 块轨道板，板间留有 7cm 的调整缝和伸缩缝。

轨道板的两端中部各留有半径宜为 30cm 的半圆缺口，与设置在混凝土基床上的凸形挡台相嵌合，以阻止轨道板的纵横向移动。轨道板上还设有定位螺母、起吊螺母、CA 砂浆灌注孔等，以满足施工要求，如图 6.13 所示。

图 6.13 CRTS Ⅰ 型轨道板构造

2) 类型

(1) 标准轨道板。适用于路基、桥长 25m 及以下的桥梁和隧道，一般长度为 6.50m，板厚为 200mm，板与板之间有纵向连接。

(2) 特殊轨道板。可用在长度大于 25m 的桥上，最大板长为 4.50m，板厚为 300mm，设有减振系统。必要时还可安装信号设备。

(3) 其他补充型轨道板。可用在桥梁、隧道、道岔和新线与既有线路的连接处等控制点，长度为 0.60~6.50m 不等。

职业贴士

轨道板混凝土的设计强度等级不应小于 C60。承轨台用数控机床磨削加工，加工精度为 0.1mm。为防止轨道扣件处混凝土出现裂缝，在承轨台之间预设了沟槽。

2．CA 砂浆

CA 砂浆即乳化沥青水泥砂浆，由乳化沥青、水泥、砂、水及外加剂按比例拌和而成，起缓冲减振作用，为轨道提供适当的刚度和弹性。

3．凸形挡台

圆形混凝土凸形挡台是为了控制轨道板的纵、横向移动，其位置设在混凝土底座上，且在轨道板两端的中间，半径为 26cm，高为 25cm，如图 6.14 所示。

图 6.14　凸形挡台

凸形挡台与轨道板两端中部缺口间的 CA 砂浆厚度不应小于 30mm，间隙小于 30mm 时，应采用树脂填充，如图 6.15 所示。

图 6.15　凸形挡台填充

项目6 道床的构造认知

凸形挡台有圆形和半圆形两种,半圆形凸形挡台主要应用于梁端和过渡段等特殊部位。

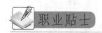

凸形挡台应采用与底座相同的混凝土,其强度等级不应小于C40。

4. 混凝土底座

混凝土底座作为轨道板的基础,分段设置,厚度一般为300mm,由素混凝土构成,如图6.10、图6.13、图6.14所示,其主要作用:一是确保CA砂浆垫层厚度均匀,以使轨道弹性均匀;二是为了设置曲线超高。

在隧道和明洞里不设水硬性混凝土支承层,直接铺设在结构底板上。

5. 防冻层

路基上应铺设一层防冻层,以防止路基因冻融循环所引起的冻胀,也具有防止毛细作用发生的功能。防冻层由级配碎石组成。

6.2.2 板式轨道的特点

1. 优点

(1) 轨道板在工厂批量生产,现场的主要工作是沥青水泥砂浆层的灌注,灌注5~6h后即可硬化。

(2) 板上承轨台用机械打磨并由计算机控制精度,工地安装时不需对每个轨道支承点进行调节。

(3) 具有可修复性,除在每个钢轨支承点处(轨道扣件)调高余量外,还可调整预制板本身的高程。

(4) 建筑高度低、自重轻,可减小桥梁二期荷载和降低隧道净空。

(5) 稳定性、平顺性良好,轨道变形缓慢,耐久性好。

(6) 不需要维修或者少维修且维修费用低。

2. 缺点

无砟轨道对工程材料和基础土建工程的要求都非常高,制造工艺复杂,成本相对较高,初期建设费用高于有砟轨道,一旦出现路基病害则处理难度较大。

任务6.3 弹性支承块式无砟道床的构造认知

弹性支承块式无砟轨道是在双块式轨枕(或两个独立支承块)的下部及周围设橡胶套靴,在块底与套靴间设橡胶弹性垫层,而在双块式轨枕周围及下部灌注混凝土而成型的,为减振型轨道。

弹性支承块式无砟轨道已用于我国秦岭等长大隧道内。

6.3.1 弹性支承块式无砟道床

弹性支承块式无砟道床由钢筋混凝土支承块(以下简称支承块)及混凝土道床板、橡胶套靴及枕下胶垫、混凝土底座及隔离层等组成,如图 6.16 所示。

图 6.16 弹性支承块式无砟道床

> **职业贴士**
>
> 弹性支承块式无砟道床宜在隧道内采用,并应采用相应的防污染和防老化措施;道床混凝土设计强度等级不应小于 C40。

1. 支承块及混凝土道床板

混凝土道床板由弹性支承块和充填混凝土组成。支承块中心间距采用 60cm,每 7~8 个支承间距作为一个道床板单元。道床板截面按设计要求配筋,道床板表面设置排水坡。

钢筋混凝土支承块采用普通钢筋混凝土结构,支承块的长度不宜小于 60cm,底面宽度不应小于 28cm,承轨槽面至支承块底的高度不应小于 20cm,承轨槽设 1∶40 轨底坡,支承块内预设两个绝缘套管。

2. 橡胶靴套及枕下胶垫

橡胶靴套是配合支承块使用的,其作用是缓冲列车荷载的横向冲击作用,其周边和底层厚度均为 7mm。橡胶套靴宜与混凝土块胶结,并应根据环境的减振要求调整橡胶套靴的支承静刚度。

枕下胶垫放置在支承块下方的橡胶靴套内,其尺寸为 596mm×284mm,略小于支承块底面尺寸,厚度为 12mm,静刚度为 95~110kN/mm。

橡胶靴套和枕下胶垫可提供较大的弹性,有利于轨道的减振降噪。

3. 混凝土底座及隔离层

混凝土底座与隧道仰拱或桥面的预留钢筋连接,并用混凝土使之灌注成一整体结构。在混凝土底座两端的中部设有凹槽,以防止其纵横向移动。混凝土底座还可用来设置曲线超高。

底座与道床板之间设置隔离层,便于修复道床板。

6.3.2 弹性支承块无砟轨道的特点

1. 优点

(1) 支承块可在工厂高精度预制,在现场只需将钢轨、扣件、带橡胶套靴的支承块加以组装,经准确定位后,就地灌注道床混凝土即可成型。

(2) 轨道的垂直弹性由轨下和块下双层弹性垫板提供,通过双层弹性垫板的刚度和阻尼的不同组合可获得优于有砟轨道的刚度和较好的减振效果。通过双层弹性垫板的隔离,部件的损伤程度大大降低,减少了养护维修工作量。

(3) 支承块外设橡胶套靴提供了轨道的纵横向弹性,可以弥补无砟轨道刚度过大的不足,有利于减缓钢轨的侧磨。

(4) 可维修性比刚性整体道床大大提高,如果支承块、块下垫板或橡胶套靴出现损伤,在损伤点一定距离内松开扣件,抬高钢轨即可取出损伤的部件。

2. 缺点

(1) 由于采用橡胶套靴和块下橡胶垫板,初期投资比有砟轨道大。

(2) 如果用于露天,雨水容易渗入套靴,列车经过时会有污水挤出。

任务 6.4　轨枕埋入式无砟道床的构造认知

轨枕埋入式无砟轨道最初为整体轨枕(长枕)埋入式轨道,发展到雷达 2000 型时,成为由钢筋桁架连接的双块埋入式轨道,其混凝土承载层改成平板。

雷达 2000 型无砟轨道在武广高铁上得到广泛使用。

1. 长枕埋入式无砟道床

长枕埋入式无砟道床由穿孔混凝土枕、混凝土道床板、隔离层及混凝土底座等组成。隧道内可不设混凝土底座。

混凝土道床板由穿孔混凝土枕和凹槽形混凝土道床板组成。一个道床板单元可设置 7~8 根穿孔混凝土枕,轨枕间距为 60cm,在穿孔混凝土枕之间的道床板顶面上设有 2% 的人字坡,以利于排水。混凝土道床板应按设计荷载设计配筋。

穿孔混凝土枕为预应力混凝土枕。侧面设有 5 个 $\phi 4cm$ 的预留孔穴,通过预留孔穴用钢杆将轨枕纵向联结起来,保证轨枕与混凝土道床联结牢固。其枕长为 2.5m,底宽 28cm,轨下截面高度 20cm,中间截面高 18.5cm。

混凝土底座的截面尺寸为 20cm×310cm,截面配筋按最小配筋率的要求设计。

无砟道岔多采用长枕埋入式无砟道床,如图 6.17 所示。

2. 双块式无砟轨道

双块式无砟道床由混凝土枕、混凝土道床板(以下简称道床板)、隔离层及混凝土底座等部分组成,如图 6.18 所示。

双块式无砟轨道包括 CRTS Ⅰ 型和 CRTS Ⅱ 型双块式无砟轨道。CRTS Ⅰ 型双块式无砟轨道是指将预制双块式轨枕组装成轨排,以现浇混凝土的方式将轨枕埋入道床板中;

CRTSⅡ型双块式无砟轨道是指将预制双块式轨枕组装成轨排,以机械振动方式将轨排压入混凝土中。两种类型双块式无砟轨道差异仅在施工工艺上,故统称为双块式无砟轨道结构。

图 6.17　长枕埋入式无砟道岔轨道

图 6.18　双块式无砟轨道

道床板的混凝土设计强度等级不应小于 C40。道床板的型式尺寸应符合下列规定:长度不宜大于 5 000mm,宽度不宜小于 3 100mm,隧道内可适当减小;道床板横向边缘厚度不应小于 300mm,枕间道床板顶面自中心向两侧应设 2%的人字坡。

双块式轨枕按照 650mm 的间距排列,每组轨枕块下,依靠两个钢筋桁架支撑,轨枕块精确定位后浇注混凝土。双块式轨枕如图 6.19 所示。

图 6.19　双块式轨枕

项目 6　道床的构造认知

 学岗互通

(1) 给定有砟轨道线路设计图,计算道床工程数量、材料数量。
(2) 绘制板式无砟道床的施工设计图。
(3) 绘制弹性支承块式无砟道床的施工设计图。
(4) 绘制轨枕埋入式无砟道床的施工设计图。

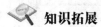 **知识拓展**

CRTS Ⅲ型无砟轨道板的问世

随着中国高速铁路建设的快速发展,研发具有自主知识产权的板式无砟轨道成套技术已成为体现我国高铁技术水平、彰显国家实力的当务之急,也是我国高铁技术走出国门所必需的。原铁道部于 2009 年在成都至都江堰(简称:成灌)城际客运专线,开展了具有完全知识产权的板式无砟轨道成套技术工程试验与设计创新工作,并取得了成功,于 2010 年 12 月正式定型为 CRTS Ⅲ型轨道板。

2008 年 11 月 4 日,成灌高铁正式开工,中国铁建二十三局集团承接了铁道部 2009 年重点科研项目——成灌城际铁路无砟轨道试验研究科研生产任务。CRTS Ⅲ型无砟轨道及制造技术体系研制过程中,中国铁建二十三局科研人员在铁道部科技司、工管中心直接领导下,在铁科院、中铁二院等单位的大力支持配合下,从图纸设计到产品制作,加班加点,反复试验,攻克了一系列难关,在二十三局集团成都新型轨道板研发生产基地试验成功了全新的 CRTS Ⅲ型无砟轨道板。

2010 年 3 月 30 日至 31 日,由铁道部工管中心组织,铁道部总工程师参加,中铁二院、中铁建二十三局、中铁二局、中铁八局等单位专家学者对 5.12 大地震之后第一个灾区重建项目——成灌高速无砟轨道工程进行优化总结审查,专家学者们乘坐最高时速为 252km 的动车组,检查了成灌高速铁路 CRTS Ⅲ型新型无砟轨道板体系,动车组安全、平稳、舒适,给专家学者留下了深刻印象。审查会上,与会专家充分肯定了新型无砟轨道体系研制取得的成果,与会专家学者一致认为,在尽快完善并形成完整体系后,将成灌铁路全新的 CRTS Ⅲ型无砟轨道体系面向全国高速铁路、城市轨道和城际铁路、客运专线等进行全面推广运用。

CRTS Ⅲ型板式无砟轨道总体结构方案为带挡肩的新型单元板式无砟轨道结构,主要由钢轨、扣件、预制轨道板、配筋的自密实混凝土(自流平混凝土调整层)、限位挡台、中间隔离层(土工布)和钢筋混凝土底座等部分组成。轨道结构采用单元分块式结构,在路基、桥梁和隧道地段轨道板间均采用不连接的分块式单元结构。底座板在每块轨道板范围内设置两个限位挡台(凹槽结构),底座板与自流平混凝土层间设置中间隔离层。扣件采用 WJ-8C 型扣件。

思考题

1. 绘图说明有砟道床断面的顶面宽度、边坡坡度及厚度 3 个主要参数,并简述计算道床工程量的方法。
2. 轨枕埋入道床的深度有什么规定?
3. 简述板式无砟道床的构造并绘简图说明。
4. 简述弹性支承块式无砟道床的构造并绘简图说明。
5. 简述轨枕埋入式无砟道床的构造并绘简图说明。

项目 7　线路有关工程的构造认知

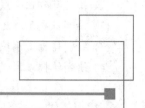

引子

轨道的构造中,除了主要组成部分,还有一些其他组成部分,如道口及轨道附属工程、常备材料等,它们也是铁路轨道确保列车安全运行的必备条件。

道口、轨道附属设备和常备材料等统称轨道线路有关工程。

线路有关工程要求施工技术人员根据规范、标准施工,一般没有具体的设计图,所以一定要对相关的设计、施工规范有所了解。

任务

任务 7.1　道口的构造认知

任务 7.2　轨道附属设备和常备材料的认知

任务 7.1　道口的构造认知

道口应根据铁路沿线交通运输的具体情况合理设置,铁路与道路交叉应优先考虑立体交叉,如图 7.1 所示。

图 7.1　铁路与道路交叉

职业贴士

铁路与高速公路、一级公路和城市快速路交叉,必须设置立体交叉;铁路与二级公路交叉,应设置立体交叉;其他情况根据规范及实际条件确定。铁路路段设计速度大于 120 km/h 的铁路与道路应采取立体交叉,如图 7.1 所示。

7.1.1 道口的概念与分类

道口是指铁路上铺面宽度在 2.5m 及以上,直接与道路贯通的平面交叉。

道口按看守情况可分有人看守道口和无人看守道口两种,如图 7.2 和图 7.3 所示。

图 7.2　有人看守道口

图 7.3　无人看守道口

铁路与道路的平面交叉,除道口外还有人行过道和平过道。人行过道是指铁路上铺面宽度在 2.5m 以下与道路贯通的平面交叉;平过道是指在车站、货场、专用线内,专为内部作业使用,不直接与道路贯通的平面交叉。

7.1.2 道口的设置条件

(1) 线路允许通过的旅客列车运行速度 120km/h 以下,货物列车运行速度 80km/h 以下,货物列车牵引质量 5000 吨以下。

(2) 2、3 级铁路与道路交叉。

(3) 道口之间距离大于 2 公里,并且无绕行条件。

(4) 车辆或行人在距钢轨外侧不小于 50m 范围内的道路上,线路允许速度 120km/h 以下时应能看到两侧各 400m(双线各 500m)以外的列车,线路允许速度 100km/h 以下时应能看到两侧各 340m 以外的列车,线路允许速度 80km/h 以下时应能看到两侧各 270m 以外的列车;列车驾驶员在 850 米以外可以看见道口。

(5) 拟通过道口的道路与铁路平面交叉原则上为正交,斜交时交叉角应大于 45°。

(6) 拟通过道口的道路平面线形应为直线;从最外侧钢轨算起的道路最小直线长度不应小于 50m,特殊情况下城市道路不应小于 30m,乡村道路不应小于 20m;衔接道口平台的道路纵坡不得大于 3%,困难条件下,通行铰接汽车的城市道路不得小于 3.5%,通行普通汽车的城市道路、公路及场外道路不得大于 5%,乡村道路不得大于 6%。

(7) 铁路道口设置位置应在铁路车站以外,桥梁、隧道两端及进站信号机 100m 以外,区间或专用线道岔两端 50m 以外。

(8) 符合国家或地方的土地规划、使用要求,符合法律和规范要求。

7.1.3 道口铺设技术条件

1. 铁路

(1) 铁路与道路平面交叉宜为正交,斜交时其交叉角应大于 45°。

(2) 道口铺面范围内不应有钢轨普通接头,不能避免时应将钢轨接头焊接或冻结。

2．道路

(1) 通过道口的道路平面线形应为直线。从最外侧钢轨算起的道路最小直线长度不应小于 50m，困难条件下按照有关规定办理。

(2) 道路通过道口时应设平台，平台长度从钢轨外侧算起，见表 7-1。

表 7-1　道口平台长度表

道路种类	城市道路		公路及厂外道路	乡村道路
	通行铰接汽车	通行普通汽车		
平台长度(m)	20	16	16	10

(3) 两侧紧接道口平台的道路纵坡坡度不应大于规定的数值，见表 7-2。

表 7-2　道口平台道路纵坡坡度表(单位：%)

道路种类	城市道路		公路及厂外道路	乡村道路
	通行铰接汽车	通行普通汽车		
一般	3.0	3.0	3.0	3.0
困难	3.5	5.0	5.0	6.0

3．道口铺面

(1) 在线路钢轨与铺面板之间应设置护轨，道口轮缘槽宽度，直线上应为 70～100mm，曲线内股应为 90～100mm，轮缘槽深度应为 45～60mm。护轨两端应作成喇叭口，距护轨端 300mm 处弯向线路中心，其终端距钢轨工作边应为 150～180。

(2) 道口铺面应与轨顶面齐平，但铁路钢轨头部外侧 50mm 范围，道口铺面应低于轨面 5mm，以防止铺面影响车轮而酿成脱轨事故。

(3) 道口铺面沿道路方向的铺设长度应延伸至最外侧钢轨 0.5～2.0m，铺面宽度应符合道口铺面宽度表的规定，见表 7-3。

表 7-3　道口铺面宽度表(单位：m)

道路种类	城市道路	公路及厂外道路	乡村道路	
			通行机动车	通行非机动车
道口铺面宽度	车行道宽度与人行道宽度之和	路基(面)宽度	3.5～4.5	2.5

(4) 道口可采用橡胶、混凝土或石制、木制和钢制铺面板，在实践中橡胶道口铺面取得了较理想的效果，得到广泛推广使用。

7.1.4　道口的防护设备

1．道口应设人看守的条件

符合下列条件之一的道口应设人看守。

(1) 铁路路段设计速度 100km/h 和 80km/h 的地段，道口交付运营第五年的道口折算交通量分别大于 1.0 万辆次和 2.0 万辆次者。

(2) 直接通向飞机场或易燃易爆品仓库道路上的道口。

(3) 在距最外侧钢轨处停车，机动车驾驶员侧向瞭望视距小于表 7-1 规定的道口。

2．有人看守道口

应设道口看守房和电力照明以及栏木、通信(有线和无线)、道口自动通知、道口自动信号、遮断信号等安全预警设备，如图 7.4 所示。

(1) 道口自动信号机：在通向道口、距道口最外股钢轨 5m 外的道路右侧设置。

(2) 在距最外股钢轨不小于 3m 处设置带有标志的自动栏木或栏门，并应设置道口照明、自动信号及报警装置和通信、电铃等设备。

(3) 交通繁忙和瞭望条件不良的道口应设置遮断色灯信号机，其位置距道口不小于 50m。

图 7.4　有人看守道口的防护设备

3．无人看守道口

设置警示标志，并根据需要设置道口自动信号，未设道口信号机的无人看守道口，应在设置道口信号机的位置上设置停车(止步)让行标志。

4．道口两侧

除应根据规定设置护桩外，还应按照道路交通管理有关规定设置交通标志、路面标线和立面标志(道口警标、司机鸣笛标、栅栏等)。

(1) 护桩：设在道口附近的道路两侧(路堑及城市市区内可不设)。每侧埋设 2～5 根，间距为 1.5m 并高出路面 0.85m，第一根护桩距钢轨外侧 2.5～3.0m。

(2) 道口警标：设在通向道口，距道口最外股钢轨不小于 20m 处的道路右侧，预告前方有铁路道口。

(3) 司机鸣笛标：设在铁路上距道口 500～1 000m，列车运行方向左侧，其内侧距线路中心不小于 3.1m(站内或站内道口两端不设)。司机见此标志须长声鸣笛，以引起车辆、行人和道口工作人员注意。

5．电气化铁路道口

在道口两侧的公路上应设置限界架，防止车辆及其装载的货物触及供电线路，其净高为 4.5m。

7.1.5　道口铺面

1．橡胶铺面

为更好地改善道口范围的弹性，减小机动车辆对轨道的冲击，目前道口铺面已广泛采用橡胶铺面，使用效果较好。橡胶道口铺面如图 7.5 所示。

图 7.5　橡胶道口铺面

2．钢筋混凝土铺面板

(1) 结构图。在混凝土枕线路上使用钢筋混凝土铺面板的道口结构图，如图 7.6 所示。

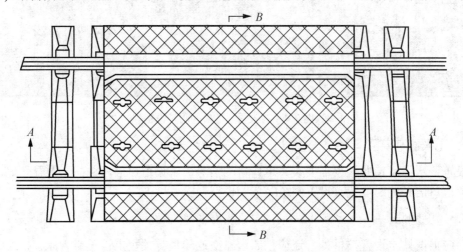

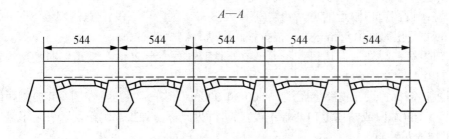

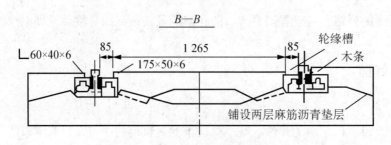

图 7.6　钢筋混凝土道口铺面板结构图

(2) 铺法。混凝土铺面与轨顶面等高，轨头外侧用铺块盖在轨枕端部，中间铺面板支撑在两根轨枕上，其两侧设护轨和轮缘槽。钢轨内、外侧轨腰与铺面板之间嵌以木条，铺面板与轨枕间铺设双层麻筋沥青垫层。

为保证履带车通过时不发生短路，在有轨道电路的线路上设道口，可用沥青麻筋垫层来调整，使中间铺面板比轨顶面高出 20mm。

钢筋混凝土铺面板道口如图 7.7 所示。

3．钢结构铺面

钢结构铺面道口如图 7.8 所示。

图 7.7　钢筋混凝土铺面板道口

图 7.8　钢结构铺面道口

任务 7.2　轨道附属设备和常备材料的认知

轨道附属设备包括轨距杆和轨撑、防爬设备、护轨、线路及信号标志等，轨道常备材料则分有缝轨道、无缝轨道及道岔等情况分别配置。

7.2.1　轨距杆和轨撑

1．概念

(1) 轨距杆：牢固连接左右两股钢轨(对拉在钢轨底部)以保持轨距，防止轨距产生变化导致列车掉道、脱轨等，如图 7.9 所示。轨距杆分为普通轨距杆和绝缘轨距杆两种，有直径 30mm、36mm 等不同等级。

(2) 轨撑：为有效抵抗轮轨横向力，提高钢轨的横向刚度，在钢轨外侧安装的支撑部件，如图 3.31、图 7.10 所示。

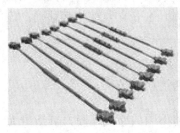

图 7.9　轨距杆　　　　　　　　　　图 7.10　轨撑

2. 曲线地段轨距杆或轨撑设置

曲线地段设置轨距杆或轨撑的条件如下。

(1) 木枕线路，正线曲线半径小于或等于 800m 地段，站线曲线半径小于或等于 450m 地段，采用普通道钉时应按表 7-5 的规定设置轨距杆或轨撑；采用分开式扣件时可按表 7-5 的规定设置轨距杆。

(2) 混凝土枕线路，正线上电力牵引区段曲线半径小于或等于 600m 和其他牵引区段曲线半径小于或等于 350m 地段，可根据需要按表 7-4 的规定设置轨距杆。

表 7-4 轨距杆或轨撑设置数量

曲线半径(m)	轨距杆		轨撑	
	25m 轨	12.5m 轨	25m 轨	12.5m 轨
$R \leqslant 350$	10	5	14	7
$350 < R \leqslant 450$	10	5	10	5
$450 < R \leqslant 600$	6～10	3～5	6～10	3～5
$600 < R \leqslant 800$	根据需要设置			

(3) 装设轨道电路时应设置绝缘轨距杆。

(4) 调车场的木枕线路外侧安装减速顶时应设置轨距杆，连挂区每 12.5m 不少于 3 根；顶部群位不少于 5 根；并设置不少于 4 对的轨撑。

按铁道部标准《普通轨距杆》(TB/B 1780—1986)的规定，对 43 kg/m、50 kg/m 的钢轨，采用直径为 30mm 的轨距杆；对 60kg/m、75 kg/m 钢轨，采用直径为 36mm 的轨距杆，在采购和施工时要注意。

3. 道岔设置轨距杆或轨撑

道岔部位的轨距杆或轨撑设置按道岔铺设图的具体规定进行。

7.2.2 防爬设备

1. 轨道爬行

列车通过轮对传递至钢轨的动静荷载包括竖向、横向和纵向力，在钢轨阻力不足以抵抗纵向力时会导致钢轨纵向位移，在扣件阻力大于道床阻力时还会带动轨枕一起移动；该纵向力称为爬行力。

1) 规律

(1) 双线或单线制动地段，均易向制动方向爬行。

(2) 运量大的下坡道方向爬行量更大。

(3) 单线地段两个方向都发生爬行，两个方向的运量显著不同的单线地段，其运量大的方向爬行量较大。

(4) 双线地段爬行方向与列车运行方向基本相同。

2) 危害

(1) 道岔钢轨爬行将影响尖轨的正确位置或转辙器扳动的灵活性。

(2) 明桥上的钢轨爬行会使桥枕间距改变,还会带动钢梁损坏支座,严重时使墩台产生裂纹。

(3) 钢轨爬行易造成瞎缝或拉大轨缝,拉斜轨枕,使轨枕离开捣固坚实的道床,造成轨道不平顺。严重时会导致钢轨夹板、螺栓伤损或胀轨跑道等。

3) 防爬措施

防爬的根本措施是提高轨道的纵向阻力,通过加强扣件的扣压力、夹板的夹紧力、道床阻力,并配备足够的防爬设备,确保钢轨、轨枕与道床间不发生相对移动。

有缝线路正线(不含站内)轨道,应设置爬行观测桩,有防爬设备地段每500米宜设置1对,无防爬设备地段每1 000米宜设置1对。

2.防爬设备的组成

我国铁路目前采用的防爬设备包括防爬器和防爬支撑两部分。

1) 防爬器

穿销式防爬器:由带挡板的轨卡及穿销组成,轨卡的一边紧密地卡住轨底,另一边用楔形穿销将相应轨底间的空隙楔紧、卡住轨底;挡板与轨枕之间设置木制或橡胶承力板,穿销、螺栓式防爬器如图7.11所示。

螺栓式防爬器:由左夹块、右夹块和螺栓组成,螺栓通过左夹块和右夹块上的螺栓孔将两夹块连为一体。优点是在安装时不用通过打击即可安装,且由于采用螺栓结构,使用中不容易松动,具有更高的可靠性能。

图7.11 穿销、螺栓式防爬器

为使两股钢轨上的防爬阻力相等,防爬器应成对安装。

2) 防爬支撑

防爬支撑应有足够的断面积,一般可采用 12cm×12cm 的断面,断面积较小者也不应小于$120cm^2$。防爬支撑目前一般用混凝土制造。

防爬支撑一般安装在钢轨底下，在不使用大型养路机械的木枕地段，为了在捣固作业时不取出支撑，则需保持距钢轨中心有400mm的捣固范围，故规定亦可将支撑安装在离轨底边净距为350mm的道心内。

3) 锁定组

单方向锁定组：1 对防爬器和 3 对支撑组成一个防爬组，将 4 根轨枕连成一个防爬整体；如在反方向也安装一对防爬器，则称为双方向锁定组。

每对穿销式防爬器的防爬阻力为40kN，而每根木枕的道床纵向阻力为7kN，每根混凝土枕的道床纵向阻力为10kN，锁定组能充分发挥防爬器和道床防爬阻力的作用。

单、双方向锁定组，相邻两组不宜连接在一起，以免互相影响其作用。

3．防爬设备的设置

1) 防爬器

(1) 正线木枕轨道采用普通道钉时，应按表 7-5 的规定设置防爬器，道岔、绝缘接头、桥梁前后各 75m 范围内尚应根据需要增加防爬器的数量；采用分开式扣件时可减少防爬器的数量。

表 7-5　正线木枕轨道防爬器设置数量(单位：对)

线路特征			非制动地段		制动地段			
			25m 轨	12.5m 轨	25m 轨		12.5m 轨	
					制动方向	反方向	制动方向	反方向
双线区间单方向运行的线路		重车方向	6	3	8	4	2	1
		轻车方向	2	1				
单线	两方向运量大致相等	每方向	4	2	6	4	4	2
	两方向显著不同	重车方向	6	6	8	2	4	1
		轻车方向	2	1	6	4	4	2

(2) 站线木枕轨道应符合表 7-6 的规定。

表 7-6　站线木枕轨道防爬设备设置数量

站线类型	每公里轨枕根数	25m 轨		12.5m 轨	
		防爬器(对)	防爬支撑(个)	防爬器(对)	防爬支撑(个)
单方向使用的到发线、兼做到发线的机走线、有正规列车通过和整列转线的联络线	1 600/1 440	6/2	36	3/1	18
单方向使用或主要为单方向使用的进站方向有长大下坡的到发线、兼做到发线的机走线	1 600/1 440	8/2	48	4/1	24

续表

站线类型	每公里轨枕根数	25m 轨		12.5m 轨	
		防爬器(对)	防爬支撑(个)	防爬器(对)	防爬支撑(个)
双方向使用的到发线、牵出线、调车线及有正规列车通过和整列转线的联络线、兼做到发线的机走线	1 600/1 440	4/4	24	2/2	12
有正规列车通过的主要道岔、绝缘接头、桥梁前后各 75m	1 600/1 440	6/4	36	4/2	24
驼峰溜放部分线路	1 600	8/2	48	4/2	24

注：(1) 防爬器对数栏中，分子和分母分别表示正、反方向的设置对数。

(2) 减速顶群区每 12.5m 钢轨不少于 5 对(3 正 2 反)，一般布顶区不少于 3 对(2 正 1 反)，对反牵较多的线路反向防爬器每 12.5m 钢轨不少于 2 对。

(3) 木岔枕道岔除复式交分道岔外均应设置防爬设备。

2) 防爬支撑

单方向锁定地段每对防爬器应配 6 个防爬支撑，双方向锁定地段每 2 对防爬器间(每个方向 1 对)应配 6 个防爬支撑。

4．防爬设备的安装

以木枕(1840 根/km)轨道为例。

(1) 12.5m 钢轨单线铁路，两个方向的运量大致相同，采用双方向锁定组，即 2/2，如图 7.12(a)所示；双线线路其两个方向的运量显著不同，采用单方向锁定组，即 3/1，如图 7.12(b)所示。

(2) 25m 钢轨单线铁路，两个方向的运量大致相同，采用双方向锁定组，即 4/4，如图 7.12(c)所示；双线线路其两个方向的运量显著不同，采用单方向锁定组，即 6/2，如图 7.12(d)所示。

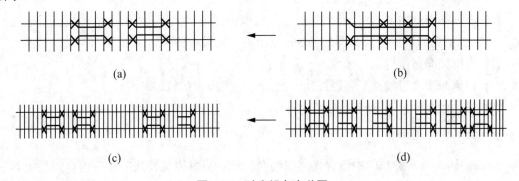

图 7.12 防爬设备安装图

防爬设备应安装在钢轨中部，防爬锁定组较多时，也要距钢轨接头远一些，尽量减少对钢轨两端伸缩的影响。

7.2.3 护轨

为防止或降低列车脱轨造成的危害，在铁路道岔、桥梁、路肩挡土墙、道口、单侧减速顶等部位、地段，铺设在基本轨的内侧且与基本轨保持固定距离、起保护作用的钢轨，称为护轨，也称护轮轨。桥梁、道岔护轨如图 7.13、图 7.14 所示。

1．护轨的作用

护轨的作用是万一列车脱轨，可卡住车轮，阻挡车轮横移，提高行车安全的可靠性。

图 7.13　桥梁护轨

图 7.14　道岔护轨

应在主轨(基本轨)内侧铺设护轨的地段如下。

(1) 桥长大于 50m 的有砟桥面及无砟无枕桥梁。

(2) 桥长大于 20m 的明桥面钢梁桥。

(3) 双线桥的两线、分别设于分离式桥跨结构上的多线桥的各线以及铺设于同一桥跨结构(如整体刚架桥)上的多线桥的两外侧线。

(4) 跨越铁路、重要公路和城市交通要道的立交桥上。

(5) 轨道中心至立交桥支柱的距离小于 3m 时，立交桥下的轨道上。

(6) 墙顶高出地面 6m、墙趾下为悬崖陡坎或地面横坡大于 1∶0.75 的山坡，且连续长度大于 20m 的路肩挡土墙及其两端各 5m 范围内，应设单侧护轨。

(7) 道口铺面范围内。

(8) 单侧布顶顶群线路无防脱线功能时，另一侧应设护轨。

(9) 道岔辙叉部位两侧(可动心轨例外)。

2．护轨的构造要求

道口护轨、道岔护轨的构造详见道口铺面构造、道岔辙叉构造中相应内容，桥梁等其他地段护轨的构造要求如下。

(1) 桥上护轨为双侧护轨，路肩挡墙、单侧布顶、个别双线地段桥上等为单侧护轨，适应防护要求而定。

(2) 桥上护轨不得采用小于 43kg/m 的钢轨，可用旧轨；护轨应用同类型夹板连接，每个接头至少用 4 个接头螺栓，螺母应在轮缘槽外侧。护轨扣件应与桥枕扣件配套使用。每根护轨在轨枕上应至少钉 2 个道钉或扣件。

(3) 护轨顶不得高于基本轨顶面 5mm，也不得低于基本轨顶面 25mm。

(4) 护轨与基本轨头部间净距在有砟桥上，其净距为 500mm，允许误差为+10、-5mm；在钢梁明桥面上，其净距为 220mm，允许误差为±10mm；当桥上设有伸缩调节器时，其最大净距可为 320～350mm，允许误差为±10mm；在混合桥上，当明桥面长度等于或小于 50m 时，其净距在明桥面与有砟桥面上均为 500mm；当明桥面长度大于 50m 时，在明桥面和有砟桥面上各自采用自身的净距和允许误差，并在明桥面上采用不大于 1.5‰ 的斜率完成间距变化的过渡。

(5) 护轨应伸出桥台挡砟墙以外，直轨部分长度不应小于 6m，然后弯曲交会于线路中心。弯轨部分沿线路中心线的长度不小于 1.9m，梭头尖端超出台尾的长度不小于 2.0m，其顶部应切成不陡于 1∶1 的斜面并联结密贴，梭头尖端悬出轨枕的长度不得大于 5mm。桥面护轨弯折及梭头如图 7.15 所示。

(6) 在轨道电路上，两护轨应按设计要求设置绝缘。

(7) 护轨应在相应部位的轨道线路基本稳定后铺设，如图 7.16 所示。

图 7.15　桥面护轨弯折及梭头　　　　　图 7.16　桥面护轨铺设

7.2.4　铁路线路及信号标志

铁路线路及信号标志是沿铁路线路设置的固定标桩，其作用是向行车人员和线路养护维修人员显示铁路建筑物、线路设备等的位置或状态。

1. 铁路线路及信号标志的种类

1) 线路标志

线路标志包括公里标、半公里标、曲线标、圆曲线及缓和曲线始终点标、桥梁标、隧道(明洞)标、坡度标、驼峰水平标桩、位移观测桩、线路基桩、用地界标及铁路局(集团公司)、工务段、线路车间、线路工区的界标等标志。

(1) 公里标、半公里标：设在一条线路自起点计算每一整公里、半公里处，如图 7.17 所示。

(2) 曲线标：设在曲线中点处，标明曲线中心里程、半径大小、曲线和缓和曲线的长度等，如图 7.18 所示。

图 7.17　公里标、半公里标　　　　　图 7.18　曲线标

(3) 圆曲线和缓和曲线始终点标：设在直缓、缓圆、圆缓、缓直各点处，标明所向方向为直线、圆曲线或缓和曲线，如图 7.19 所示。

(4) 桥梁标：设在桥梁中心里程(或桥头)处，标明桥梁编号、中心里程和长度，如图 7.20 所示。

图 7.19　圆曲线及缓和曲线始终点标　　图 7.20　桥梁标　　图 7.21　隧道(明洞)标

(5) 隧道(明洞)标：直接标注在隧道(明洞)两端洞门端墙上，标明隧道号或名称，中心里程和长度。如图 7.21 所示。

(6) 坡度标：设在线路坡度的变坡点处，两侧各标明其所向方向的上、下坡度值及其长度，如图 7.22 所示。

(7) 铁路局、工务段、线路车间、线路工区和供电段的界标，设在各该单位管辖地段的分界点处，两侧标明所向的单位名称，如图 7.23 所示。

2) 信号标志

信号标志包括警冲标、站界标、预告标、引导员接车地点标、司机鸣笛标、减速地点标、补机终止推进标、机车停车位置标、车挡表示器、道岔表示器等标志。信号标志设在列车运行方向左侧(警冲标除外)。

图 7.22　坡度标

(1) 警冲标：设在两会合线路线间距离为 4m 的中间。线间距离不足 4m 时，设在两线路中心线最大间距的起点处；在线路曲线部分所设道岔附近的警冲标与线路中心线间的距离，应按限界的加宽增加，如图 7.24 所示。

(2) 站界标：设在双线区间列车运行方向左侧最外方顺向道岔(对向出站道岔的警冲标)外不少于 50m 处，或邻线进站信号机相对处，如图 7.25 所示。

图 7.23　管界标　　　　　　图 7.24　警冲标　　　　　　图 7.25　站界标

(3) 作业标：设在施工线路及其邻线距施工地点两端 500～1 000m 处(如图 7.26 所示)。司机见此标志须提高警惕，长声鸣笛。

(4) 减速地点标：设在需要减速地点的两端各 20m 处。正面表示列车应按规定限速通过地段的始点，背面表示列车应按规定限速通过地段的终点，如图 7.27 所示。

图 7.26 作业标

图 7.27 减速地点标

2. 铁路线路及信号标志的设置规定

(1) 线路标志(用地界标、观测桩除外)应设在线路计算里程方向的左侧。双线区段须另设线路标志时设在列车运行方向左侧。增建第二线的线路标志可比照双线区段设置。

(2) 线路标志应设在距钢轨头部外侧不小于 3.1m 处，高度不超过钢轨顶面的标志可设在距钢轨头部外侧不小于 1.35m 处。

(3) 线路及信号标志应使用反光标志，并符合《线路及信号标志》的规定。

(4) 用地界标设在铁路两侧用地界上，直线上每 200m、曲线上每 50m 及地界转角处应各设一个。

(5) 信号标志(警冲标除外)应设在列车运行方向左侧，警冲标的设置应符合《铁路技术管理规程》的规定。

(6) 铁路线路安全保护区标志、安全保护标志及警示标志的设置应符合有关标准的规定。

3. 铁路线路基桩

基桩是为控制、核查线路设计中心线和高程而设置在线路一侧供施工和养护维修使用的标桩，如图 7.28 所示。路段设计速度 160km/h 及以上的线路，应设置线路基桩。

(1) 线路基桩的距离：直线地段宜为 100～200m，曲线地段宜为 70m，曲线上的直缓点(ZH)、缓圆点(HY)、曲中点(QZ)、圆缓点(YH)、缓直点(HZ)和道岔岔心、变坡点、竖曲线起终点均应设置 1 个。

(2) 线路基桩应设置在列车运行方向左侧的路肩上，距钢轨头部外侧不小于 2.5m。

(3) 线路基桩测设的精度应与线路测量精度一致。

4. 观测桩

为监控铁路某些设备、部位的位移、状态等变化情况，沿铁路线路布置的固定标志，主要有路基沉降、轨道线路爬行、无缝线路位移观测桩等无缝线路位移观测桩如图 7.29 所示。

图 7.28　线路基桩　　　　　　　图 7.29　无缝线路位移观测桩

路段设计速度 120km/h 及以上线路，应在线路两侧沿线路走向在铁路地界内适当位置设置防护栅栏，其高度不应小于 1.6m。

7.2.5　轨道常备材料

为保证安全和不间断运输，轨道材料应有一定的备用数量，其备用率主要是根据历年轨料伤损情况分析规定的。

(1) 正线有缝线路轨道常备材料数量表见表 7-7。

表 7-7　正线有缝线路轨道常备材料数量表

材料名称		每千米数量
钢轨	25m	1 根
	12.5m	2 根
接头夹板	25m	2 根
	12.5m	4 根
接头螺栓及垫圈		4 套
扣件		5 套
轨枕		2 根

注：(1) 表中数量按单线计，双线时材料数量应加倍。
　　(2) 有缩短轨的曲线，按总延长平均每千米备缩短轨 2 根。

(2) 站线有缝轨道常备材料数量表见表 7-8。

表 7-8　站线有缝轨道常备材料数量表

材料名称	单位	数量	备　注
钢轨	根/km	1	25m 钢轨
		1	12.5m 及以下钢轨（包括缩短轨备用数量）
钢轨接头夹板	套/km	2	
接头螺栓及垫圈	套/km	2	
轨枕	根/km	1	
扣件	套/km	2	

续表

材料名称	单位	数量	备注
异型轨			每种每 50 根备 1 根
道岔			单开道岔每种每 100 组备 1 组，交分菱形或特殊类型道岔每种每 50 组备 1 组
岔枕			每 100 组备 1 组

注：(1) 改建站线按照规范办理。
(2) 备料按工务段划分。
(3) 减速顶常备材料，应按减速顶安装顶数的 10%的数量备。

(3) 正线无缝轨道常备材料数量按照表 7-9 规定的数量备存。

表 7-9　正线无缝线路轨道常备材料数量表

材料名称		常备数量
钢轨	标准轨	每个缓冲区备 1 根，有缩短轨时另备 1 根
	短轨	6.0m 钻孔和 7.0m 无孔每工区各备 1 根
	胶接绝缘轨	每领工区 4 根(两端有孔和两端无孔的各 2 根)
接头夹板		每工区 4 块
鼓包夹板		每千米 1 套
接头螺栓及垫圈		每千米 12 套
轨枕		每千米 2 根
扣件		每千米 5 套
防爬器		每千米 5 套

注：(1) 表中数量按单线计，双线时材料数量应加倍。
(2) 采用弹性扣件时可不备防爬器。
(3) 无绝缘轨道电路区段，胶接绝缘轨可适当减少。

　职业贴士

岔枕的备用数量与道岔相同。但每 1 组复式交分道岔应折合成 2 组单开道岔计算，每 1 组交叉渡线应折合成 5 组单开道岔计算。

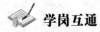　学岗互通

(1) 给定铁路轨道线路设计图，计算线路有关工程数量。
(2) 给定铁路桥梁设计图，绘制护轨铺设平面示意图。

　知识拓展

与铁路轨道相关的站场建筑设备

1. 站台
1) 旅客站台
(1) 类型。
旅客基本站台：靠近站房一侧的旅客站台，如图 7.30 所示。

旅客中间站台：位于两条线路间或站房对侧最外到发线外侧的旅客站台，如图 7.31、图 7.33 所示。

(2) 高度。

高速铁路：旅客站台高度应高出轨面 1 250mm。

其他铁路：旅客站台高度应高出轨面 500mm；邻靠通行超限货物列车线路的一侧应高出轨面 300mm，如图 7.32 所示。特殊情况下，可高出轨面 1 100mm。

图 7.30　旅客基本站台

图 7.31　旅客中间站台

图 7.32　旅客站台高度

2) 货物站台

(1) 类型。

按其用途和距轨面高度可分为普通货物站台、尽端式站台和高站台等。尽端式站台分带车钩和不带车钩两种，应采用带车钩缓冲装置的尽端式站台。

(2) 高度。

普通货物站台边缘顶面高度：铁路一侧应高出轨面 1.1m，场地一侧宜高出地面 1.1～1.3m；尽端式站台铁路端边缘顶面距轨面高度可采用 1.15m。

3) 站台边缘至线路中心的距离

普通站台 1.75m，高站台 1.85m；曲线地段需按照规范要求加宽。

2. 旅客跨线设备

旅客跨线设备包括天桥(图 7.33、图 7.34)、地道(图 7.35)和平过道(图 7.36)，其设置应根据站型、客流量、客流性质及站房和站前广场的相互位置等因素确定。高速铁路车站一般不应设平过道(考虑消防要求除外)。

图 7.33　旅客天桥及中间站台

图 7.34　旅客天桥

图 7.35　地道

天桥实质上就是一种特殊的桥梁工程，地道实质上就是框架桥工程。这里简单介绍一下平过道。

(1) 平过道的位置：站台端部、站台的两端、站台中部接近进、出站检票口处。

(2) 平过道的数量和宽度：尽端式客运站设 1 处，通过式客运站设 2 处，宽度不应小于 5.0m。

其他办理客运业务的车站不应少于 2 处，其中 1 处宽度通行非机动车辆时，可采用 2.5m；通行机动车辆时，不应小于 3.5m，另 1 处可采用 1.5m。

(3) 平过道的构造：可参照平交道口。

3. 机车车辆检查坑、地沟

机车车辆检查坑、地沟是为检查、检修机车车辆车底设备提供空间等条件的一种建筑物，修建在轨道线路以下，如图 7.37、图 7.38 所示。

图 7.36　平过道　　　　图 7.37　机车车辆检查坑　　　　图 7.38　机车车辆检查地沟

4. 车辆减速器及减速顶

车辆减速器是铁路编组场用来减缓车辆速度的设备。如图 7.39 所示。

车辆减速器一般分级设置，三级减速系统如图 7.40 所示。最后一级设到每股道上，如图 7.41 所示。

图 7.39　车辆减速器　　　　图 7.40　三级减速系统　　　　图 7.41　最后一级车辆减速器

 职业贴士

为保证减速，在最后一级车辆减速器后还设减速顶，如图 7.42 所示。

图 7.42　减速顶

思考题

1. 铁路与道路的平交道口、人行过道和站内平过道有什么区别？简述道口的设置条件。
2. 铁路防爬设备由什么组成？简述锁定组的概念，并绘制木枕(1 840 根/km)轨道的防爬设备安装平面示意图。
3. 哪些地段应设置护轨？分别绘制直线桥(长 30m)、曲线桥(长 100m，半径 500m)的护轨平面布置的示意图。
4. 铁路线路及信号标志各包括哪些？简述线路基桩的设置规定。

情境小结

1. 主要内容

(1) 围绕有缝轨道构造认知,详细介绍了钢轨、接头、轨枕、扣件等轨道组成部分的构造,并通过轨道工程清单进行了构造的量化认知。

(2) 围绕无缝轨道构造认知,详细介绍了温度应力式无缝线路轨道的构造及其原理,阐述了缓冲区预留轨缝的计算方法,介绍了桥上、隧道、小半径曲线、长大坡道无缝线路的构造特点。

(3) 围绕道岔的构造认知,从单开道岔的一般构造出发,详细介绍其转辙器、辙叉、护轨及道岔连接部分的构造,同时也介绍了提速道岔、特种道岔的基本构造。

(4) 围绕有缝、无缝轨道及道岔等轨道中的道床结构,既介绍了有砟道床的构造,又分别阐述了板式、轨枕埋入式和弹性支承块式等无砟道床结构形式。

(5) 简单介绍了道口及轨道附属设备(轨距杆、防爬设备、护轮轨等)、常备材料等轨道线路有关工程的构造常识。

2. 重点、难点及对策

1) 重点、难点

本项目的重点是轨道的钢轨、接头、轨枕、扣件等组成部分的构造认知及单开道岔(含提速道岔)的构造认知,难点是温度应力式无缝线路轨道的构造及板式、轨枕埋入式和弹性支承块式等无砟道床的构造认知。

2) 对策

通过绘图帮助理解,从大样图片、示意简图、文字说明等方面建立"立体化"的轨道及道岔构造;有缝轨道的钢轨、接头、轨枕、扣件等组成部分的构造是所有轨道构造认知的基础,而单开道岔是其他道岔的基本构造单元,应该重点突破;要通过轨道线路铺装、拆除等反复训练与实训,在工艺过程中达到熟练的认知。

情境综合测试

一、选择题

1. 60kg/m 钢轨轨头宽度为( )。
   A. 70mm   B. 72mm   C. 73mm   D. 75mm
2. 50kg/m 钢轨轨底宽度为( )。
   A. 114mm   B. 132mm   C. 150mm   D. 148mm
3. ( )不属于线路标志。
   A. 公里标   B. 曲线标   C. 警冲标   D. 管界标
4. ( )不属于钢轨主要参数。
   A. 钢轨的头部顶面宽   B. 钢轨的轨腰厚
   C. 钢轨的长度   D. 钢轨的轨底宽

5. 在 60kg/m 钢轨上钻螺栓孔上夹板时，轨端距第一孔中心距为(   )。
   A．96mm   B．76mm   C．66mm   D．56mm
6. 钢轨接头在直线地段每节轨上相差量一般应不大于 3mm，并应前后、左右抵消，在两股钢轨上累计相差量最大不得大于(   )。
   A．30mm   B．25mm   C．20mm   D．15mm
7. 某地区 $T_{max}=60℃$，$T_{min}=-10℃$，在轨温为 15℃时调整轨缝，钢轨长度为 25m，则预留轨缝 δ_0 为(   )。
   A．12mm   B．11mm   C．10mm   D．15mm
8. 轨缝应设置均匀，25m 钢轨地段每千米线路轨缝总误差不得大于(   )。
   A．±80mm   B．±160mm   C．±100mm   D．±120mm
9. 绝缘接头轨缝不得小于(   )。
   A．18mm   B．6mm   C．5mm   D．15mm
10. 轨枕每千米配置根数，应根据运量、允许速度及线路的设备条件等决定。当无缝线路混凝土枕地段每千米配置为 1 667 根时，其轨枕间距为(   )。
    A．600mm   B．595.2mm   C．568.2mm   D．543.5mm
11. 作用于钢轨上的(   )力称为爬行力。
    A．竖向   B．纵向水平   C．横向   D．扣件抵抗
12. 测速点相距 200m，实测时间为 5s，则列车速度为(   )。
    A．120km/h   B．144km/h   C．40km/h   D．150km/h
13. 同向曲线两超高顺坡终点间的夹直线长度不应短于(   )。
    A．20m   B．25m   C．40m   D．50m
14. 无缝线路长轨条的(   )可以设置在曲线上。
    A．伸缩区   B．缓冲区   C．伸缩区和缓冲区   D．固定区
15. 非同类轨枕不得混铺。混凝土枕与木枕的分界处，距钢轨接头不得少于(   )轨枕。
    A．3 根   B．4 根   C．5 根   D．6 根
16. 关于道岔连接部分的叙述，(   )是不正确。
    A．道岔的连接部分是用不同长度的钢轨，将前端转辙器与后端辙叉及护轨部分连接起来，以组成整组道岔
    B．导曲线可根据需要设置 6mm 超高，并在导曲线范围内按不大于 0.3%顺坡
    C．垫板有滑床台，尖轨高于基本轨 6mm，在辙跟后用带台(4.5mm、3.0mm、1.5mm、0mm)的过渡垫板均匀顺坡
    D．在连接部分，为防止道岔爬行、轨距扩大，还要设置一定数量的防爬设备、轨距杆和轨撑
17. 关于普通单开道岔的描述，(   )是正确的。
    A．道岔中心指的是直线线路中心线与侧线线路中心线的交点
    B．道岔前长是从道岔中心至基本轨前端的距离
    C．道岔后长是从道岔中心至辙叉尾端的距离
    D．道岔全长是从基本轨前端到辙叉尾端的距离

18. 普通单开道岔辙叉部分轨距，直、侧向均为( )。
    A. 1 435mm   B. 1 440mm   C. 1 450mm   D. 1 445mm
19. 普通线路道岔导曲线中部轨距加宽，直尖轨时向两端递减至尖轨跟端为( )，至辙叉前端为4m。
    A. 1m   B. 2m   C. 3m   D. 4m
20. 60kg/m 钢轨提速 12 号道岔尖轨长为( )。
    A. 7.7m   B. 11.3m   C. 12.5m   D. 13.88m
21. 提速道岔护轨顶面高出基本轨( )。
    A. 10mm   B. 12mm   C. 15mm   D. 16mm
22. 无缝线路依处理钢轨( )方式不同，分温度应力式和放散温度应力式两种。
    A. 外部温度应力
    B. 外部温度力
    C. 内部温度应力
    D. 内部温度力
23. 无缝线路内部温度应力的大小与( )有关。
    A. 钢轨长度
    B. 钢轨类型
    C. 轨温变化幅度
    D. 气温
24. ( )的尺寸对最大轨缝限制值(即构造轨缝)没有影响。
    A. 钢轨   B. 接头夹板   C. 接头螺栓   D. 轨枕扣件
25. 普通线路 25m 钢轨正线地段，工区常备钢轨数是( )。
    A. 4 根/km   B. 3 根/km   C. 2 根/km   D. 1 根/km
26. 无缝线路地段，工区常备夹板不少于( )，钢轨不良时可适当增加。
    A. 2 块   B. 3 块   C. 4 块   D. 5 块
27. 无缝线路地段，备用轨枕数规定是( )。
    A. 2 根/km   B. 4 根/km   C. 6 根/km   D. 8 根/km
28. 无缝线路铝热焊缝距轨枕边不得小于( )。
    A. 40mm   B. 45mm   C. 50mm   D. 35mm
29. ( )不是 25m 钢轨曲线标准缩短轨。
    A. 24.96m 短轨   B. 24.92m 短轨   C. 24.88m 短轨   D. 24.84m 短轨
30. 不同类型的钢轨互相联结时，应使用( )。
    A. 鱼尾型夹板   B. 平直夹板   C. 双头式夹板   D. 异型夹板
31. 铺设 50kg/m 钢轨直线地段，在标准轨距时两股钢轨中心线间的距离为( )。
    A. 1 435mm   B. 1 470mm   C. 1 505mm   D. 1 575mm
32. 60kg/m 钢轨的构造轨缝是( )。
    A. 16mm   B. 17mm   C. 18mm   D. 20mm
33. 非同类轨枕不得混铺。混凝土枕与木枕的分界处，距钢轨接头不得少于( )轨枕。
    A. 3 根   B. 4 根   C. 5 根   D. 6 根
34. 每段无缝线路应设位移观测桩不少于( )。
    A. 4 对   B. 5 对   C. 6 对   D. 7 对
35. 跨区间和全区间无缝线路，单元轨条长度不大于 1 200m 时，设置( )位移观测桩。
    A. 4 对   B. 5 对   C. 6 对   D. 7 对

36. 每节钢轨的长度为 25m，每千米线路设置轨枕为 1 840 根，则每节钢轨的轨枕配置根数为( )。
    A. 40 根   B. 42 根   C. 45 根   D. 46 根
37. 设 a 为接头轨枕间距，b 为中部轨枕间距，c 为接头与中部轨枕过渡间距，a、b、c 的大小关系是( )。
    A. $a>b>c$ B. $b>c>a$ C. $c>b>a$ D. $a>c>b$
38. 铺设一标准 25m 长 60kg/m 钢轨，采用钢筋混凝土枕，每千米铺轨枕 1600 根，接头轨枕间距为 520mm，中部轨枕间距为( )。
    A. 630mm   B. 630.7mm   C. 635mm   D. 635.5mm
39. 某处 50kg/m 钢轨地段，轨距为 1 435mm，采用 70 型扣板扣件，已知内侧扣板号码为 6 号，则外侧号码为( )。
    A. 10 号   B. 6 号   C. 9 号   D. 17 号
40. 从两翼轨最窄处到辙叉心实际尖端之间，存在的一段轨线中断的空隙叫( )。
    A. 有害空间   B. 查照间隔   C. 辙叉间隙   D. 护背距离
41. 在铁路上距道口( )处设置司机鸣笛标。
    A. 400～800m   B. 500～1 000m
    C. 600～1 200m   D. 300～700m
42. 在电气化铁路上，道口通路两面应设限界架，其通过高度不得超过( )。
    A. 4.0m   B. 4.5m   C. 5.0m   D. 5.5m
43. 在车站、货场或专用线内，专为内部作业使用，不直接贯通道路的平面交叉设备是( )。
    A. 平过道   B. 人行过道   C. 专用通道   D. 道口
44. 道口指铁路上铺面宽度在( )及以上，直接与道路贯通的平面交叉。
    A. 1m   B. 1.5m   C. 2m   D. 2.5m
45. 道口平面与各种道路中心线的交叉角在任何情况下均不得小于( )。
    A. 60℃   B. 45℃   C. 30℃   D. 90℃
46. 从钢轨外侧算起，通行普通汽车道口两侧道路的平台长度为( )。
    A. 20m   B. 16m   C. 10m   D. 8m
47. 道口护轨两端做成喇叭口，距护轨端( )处弯向线路中心，其终端距钢轨作用边应不少于 150mm。
    A. 200mm   B. 300mm   C. 400mm   D. 450mm
48. 道口标志应设在通向道口，距道口最外股钢轨不少于( )处的道路右侧，预告前方有铁路道口。
    A. 10m   B. 20m   C. 30m   D. 40m
49. 道口护桩设在公路的两侧，如需要埋设时，第一根护桩距钢轨外侧不小于( )。
    A. 1m   B. 1.5m   C. 2m   D. 2.5m
50. 在电气化铁路上道口通路两侧各距栏杆不少于(D)处应设置限界架。
    A. 2m   B. 3m   C. 4m   D. 5m

51．一般情况下，直线上接触网支柱侧面限界(　　)。
　　A．大于 2 500mm　　　　　　B．小于 2 500mm
　　C．大于 2 600mm　　　　　　D．小于 2 600mm
52．铺设一标准 25m 长 60kg/m 钢轨，采用钢筋混凝土枕，每千米铺轨枕 1 600 根，接头轨枕间距为 520mm，中部轨枕间距为(　　)。
　　A．630mm　　　B．630.7mm　　　C．635mm　　　D．635.5mm
53．关于轨道电路与线路设备的关系，不正确的叙述是(　　)。
　　A．自动闭塞分区区段内的钢轨必须导电，而相邻分区区段的钢轨必须绝缘
　　B．为防止钢轨漏电，钢轨与混凝土枕之间必须绝缘
　　C．两股钢轨之间不能短路，以避免道床顶面与轨底相接触，预防潮湿时漏电
　　D．轨距杆、连接杆及通长垫板等可以不设绝缘装置
54．两股钢轨接头左、右错开时，其相错量不能小于(　　)。
　　A．1m　　　　　B．2m　　　　　C．3m　　　　　D．4m
55．扣板与轨底及铁座、铁座与小胶垫离缝不应超过(　　)。
　　A．1mm　　　　B．2mm　　　　C．3mm　　　　D．4mm
56．圆曲线最小长度在特殊困难地段不应短于(　　)。
　　A．10m　　　　B．20m　　　　C．25m　　　　D．40m
57．半径(　　)的曲线，不得铺设混凝土枕。
　　A．$R<250m$　　B．$R\leqslant 250m$　　C．$R<300m$　　D．$R\leqslant 300m$
58．无缝线路在锁定轨温以上时，钢轨内部产生(　　)。
　　A．拉应力　　　B．压应力　　　C．剪应力　　　D．拉应力与压应力
59．直线轨道对接接头允许相错量不得超过(　　)。
　　A．20mm　　　B．30mm　　　C．40mm　　　D．50mm
60．普通单开道岔内的两组绝缘接头相错不得大于(　　)。
　　A．2m　　　　　B．2.5m　　　　C．3m　　　　　D．3.5m

二、判断题

1．60kg/m 钢轨高度为 176mm。(　　)
2．我国钢轨的标准长度有 6m、12.5m 和 25.0m 三种。(　　)
3．明桥面小桥的全桥范围内可以有钢轨接头。(　　)
4．钢梁端部，拱桥温度伸缩缝和拱顶等处前后各 2m 范围内不能有钢轨接头。(　　)
5．绝缘接头最大轨缝不得大于构造轨缝。(　　)
6．轨枕按材质分为木枕、混凝土枕和钢枕。(　　)
7．普通线路正线设置爬行观测桩时有防爬设备地段每 0.5km 设置 1 对，无防爬设备地段每 1km 设置 1 对。(　　)
8．混凝土枕地段每千米最多铺设根数为 1 920 根。(　　)
9．直线地段钢轨中心处轨枕底面至路基面的高度值，或曲线地段内轨中心处轨枕底面至路基面的高度值称为道床厚度。(　　)

10. 道床顶面宽度等于轨枕长度与道床肩宽之和。（ ）
11. 竖曲线可以与缓和曲线、相邻竖曲线重叠设置。（ ）
12. 组成曲线的基本要素是曲线的转向角、曲线半径、曲线切线长、曲线外矢距、曲线全长、缓和曲线长。（ ）
13. 无缝线路长轨条的缓冲区和伸缩区不得设置在曲线上。（ ）
14. 曲率差是两个曲线的半径之差。（ ）
15. 竖曲线不应侵入缓和曲线、道岔和无砟桥梁上。（ ）
16. 采用对接式钢轨接头，两钢轨接头相错量不应超过40mm。（ ）
17. 两相邻坡段相连时，应设置竖曲线。（ ）
18. 在未设缓和曲线的圆曲线内，竖曲线不得与圆曲线重合。（ ）
19. 单开道岔转辙部分主要由两根基本轨、两根尖轨、各种零件、跟部结构及护轨组成。（ ）
20. 尖轨的长度根据道岔号数来确定。（ ）
21. 直线型尖轨左右开道岔可以通用。（ ）
22. 尖轨非作用边到基本轨作用边间的距离称为摆度。（ ）
23. 曲基本轨的曲折点在尖轨尖端和导曲线终点。（ ）
24. 尖轨夹板与间隔铁之间必须保持一定的距离。（ ）
25. 道岔辙叉由心轨和翼轨组成，是使车轮由一股钢轨越过另一股钢轨的设备。（ ）
26. 道岔辙叉的后端称为趾端。（ ）
27. 道岔辙叉有害空间是从咽喉到心轨的实际尖端的距离。（ ）
28. 道岔辙叉护轨的作用是为了防止车轮进入异线或撞击叉尖。（ ）
29. 道岔辙叉的号数是以辙叉角的大小来衡量的。（ ）
30. 普通单开道岔中心指的是直线线路中心线与侧线线路中心线的交点。（ ）
31. 提速道岔护轨用 50kg/m 钢轨制造。（ ）
32. 无缝固定型道岔的接头应全部焊接。（ ）
33. 无缝线路上，铝热焊缝距轨枕边的距离不得小于 50mm。（ ）
34. 无缝线路分为温度应力式和放散温度应力式两种类型。（ ）
35. 放散温度应力式无缝线路包括固定区、伸缩区和缓冲区三部分。（ ）
36. 提高道床横向阻力是增强无缝线路稳定性的有效措施。（ ）
37. 无缝线路限制长钢轨伸缩的有道床阻力、接头阻力、扣件阻力。（ ）
38. 无缝线路地段，绝缘接头轨缝不得小于 6mm。（ ）
39. 普通无缝线路钢轨连续焊接长度一般为 500～1 000m。（ ）
40. 无缝线路的钢轨温度力，并不像理论分析那样均衡，而是多有波动。（ ）
41. 无缝线路长轨条内温度力峰一般出现在伸缩区与固定区交界处、桥头、道口前后、曲线头尾、边坡点等处。（ ）
42. 无缝线路地段，每个缓冲区需备用标准钢轨 1 根。（ ）
43. 无缝线路的基本结构形式为温度应力式。（ ）
44. 无缝线路长轨条的两端随轨温变化而伸缩的那一段长度为缓冲区。（ ）
45. 无缝线路长轨条，其中间部分无伸缩变化的那一段叫固定区。（ ）

46．接头阻力、扣件阻力和道床纵向阻力都属于无缝线路纵向阻力。（   ）

47．扣件阻力可以小于道床纵向阻力。（   ）

48．钢轨的类型以每米大致千克数表示。（   ）

49．坡度标设于线路计算里程方向的左侧，距钢轨头外侧不小于 2m 的每个变坡点。（   ）

50．在直线上使用钢轨，每节轨长相差量一般应不大于 3mm，并应前后左右抵消，在两股钢轨上累计相差量最大不得大于 15mm。（   ）

51．桥上护轮轨顶面不得高出基本轨顶面 5mm，也不应低于正轨顶面 25mm。（   ）

52．桥面护轮轨两端应伸出桥台挡砟墙外不少于 10m 后，将其弯曲交会于轨道中心。（   ）

53．两股钢轨接头相对时，其相对偏差不得大于 30mm。（   ）

54．两股钢轨接头相错，其相错量不得大于 3m。（   ）

55．预留轨缝的基本技术要求是：夏天轨缝不顶严，无瞎缝，冬季轨缝不超过构造轨缝，螺栓不拉弯。（   ）

56．铺设混凝土枕的线路、道岔，使用弹条扣件时，可不安装防爬设备。（   ）

57．道床阻力是由轨枕和道床相互作用产生的，道床纵向阻力阻止轨枕纵向位移，影响长钢的轨伸缩。（   ）

58．木枕在使用时应宽面向下，树心一面向上。（   ）

59．无缝道岔的观测桩，在间隔铁或限位器处设 1 对，在岔头、岔尾下各设 1 对。（   ）

【参考答案】

一、选择题

1．C　 2．B　 3．C　 4．C　 5．B　 6．D　 7．A　 8．A　 9．B
10．A　11．B　12．B　13．B　14．D　15．C　16．B　17．A　18．A
19．C　20．D　21．B　22．C　23．C　24．C　25．D　26．C　27．A
28．A　29．C　30．D　31．C　32．C　33．C　34．C　35．C　36．D
37．B　38．A　39．A　40．A　41．C　42．B　43．C　44．B　45．B
46．B　47．B　48．B　49．D　50．D　51．A　52．A　53．D　54．C
55．B　56．C　57．C　58．B　59．C　60．B

二、判断题

1．√　 2．×　 3．×　 4．√　 5．√　 6．√　 7．√　 8．×　 9．√
10．×　11．×　12．√　13．√　14．×　15．√　16．√　17．√　18．×
19．×　20．√　21．√　22．√　23．√　24．√　25．√　26．√　27．√
28．√　29．√　30．√　31．√　32．√　33．√　34．√　35．√　36．√
37．√　38．√　39．×　40．√　41．√　42．√　43．√　44．√　45．√
46．√　47．×　48．√　49．√　50．√　51．√　52．√　53．√　54．×
55．√　56．√　57．√　58．×　59．√

学习情境 2
轨道几何形位的认知及检查

引子

铁路轨道是一种专供机车车辆以一定速度行驶于其上的工程结构物。它引导机车车辆运行,承受着机车车辆的静荷载和动荷载,并将荷载向路基、桥梁等下部建筑传递。

机器设备要正常运转,机器组件就要按照一定安装要求组装;同样,轨道构造的各部分也要按照一定要求组装在一起,铁路轨道才能确保列车的安全运行。

这些要求是,轨道的两股钢轨之间应保持一定的距离;两股钢轨的顶面应位于同一水平或保持一定的相对高差;轨道的方向在直线上应保持顺直,曲线上应保持圆顺;为与车轮锥形踏面相吻合,使轨顶受力均匀,两股钢轨均应向内侧倾斜等等。这些要求也就是轨道的几何尺寸要求。

轨道几何尺寸可通过道尺、轨道检查仪、轨检车等量测、检查,如图1、图2所示。

图1　使用道尺量测轨道　　　图2　使用轨道检查仪检查轨道

岗位要求

轨道构造组成与各部位的几何形位关系是轨道各组成部分能作为一个整体发挥其功能的两个方面。作为轨道线路技术员或线路工,在具备轨道构造组成的认知能力基础上,还要对轨道几何尺寸要求具备认知能力,并能进行相应的轨道状态检查。

学习目标

知识:熟悉轨道和道岔的轨距、水平、高低、轨向、轨底坡等轨道几何尺寸参数,了解单开道岔的主要尺寸和岔枕布置,理解曲线轨道的配置及整正方法。

技能:能进行轨道轨距、水平、高低、轨向、轨底坡等轨道几何尺寸检查和曲线轨道配置计算,掌握道岔、轨道几何尺寸状态检查和曲线轨道方向整正技能。

情境案例

陇海线李家坪站行车大事故

一、事故概况

2002年4月23日8:54,郑州开往乌鲁木齐的T197次旅客列车(编组17辆,968t,40.6m计长)以37km/h的速度运行至兰州铁路分局管内陇海线李家坪站9号道岔处(K1 666+650m),机后第8位YW$_{25K}$71917前后车脱轨,继续走行520m停车,该车辆在李家坪站甩下。无人员伤亡,客车中破1辆,混凝土轨枕报废776根,中断行车2小时46分钟。构成行车大事故。

二、事故原因

事故发生地段为宝兰二线李家坪车站站改工程未验交地段,施工单位为乌鲁木齐铁路局工程集团公司。该工程自2002年3月14日开工,2002年3月29日开通。2002年4月19日,兰州铁路局建管中心组织初验,设备管理单位定西工务段提出部分道岔缺少零配件,部分股道、道岔几何尺寸超限,工程质量未达到验收标准。交、验双方同意由施工单位配齐道岔零配件,对线路、道岔继续整修,于2002年4月23日18:00复验合格后移交运营单位接管。事故发生在复验前的8:54。由于施工单位未对线路设备及时整修,滑床板空吊,爬轨点前后的高低方向、水平方向及道岔查照间隔都不同程度地存在超限和病害,造成T197次旅客列车脱轨。

三、责任认定

乌鲁木齐铁路局工程集团公司因没有及时对李家坪站改后存在的质量问题进行整修,达不到工程验交标准,未按规定向运营接管单位办理工程验交手续,负此次事故的主要责任。

兰州铁路分局定西工务段作为设备管理单位,未认真按《加强营业线施工安全管理的规定》(铁办[2001]14号铁道部文件)的要求建立并执行好安全监督的职责,应负重要责任。

四、其他旅客列车行车事故的图片

其他旅客列车行车事故的图片如图3所示。

图3 行车事故图片

项目 8　轨道几何尺寸认知及检查

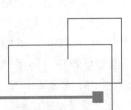

引子

轨道几何尺寸就是指轨道的几何形状、相对位置和基本尺寸。轨道几何尺寸的正确与否，对机车车辆的安全运行、乘客的舒适度及设备的使用寿命和养护维修等起着决定性的作用。

轨道几何形位参数包括铁路轨道的轨距、水平、轨向、高低、轨底坡等。

轨道的几何形位按静态与动态两种状况进行管理。静态几何形位是轨道不行车时的状态，用道尺等工具测量检查；动态几何形位是在行车条件下的轨道状态，须用轨道检查车进行动态检查。

本项目主要介绍在静态条件下的轨道几何形位，动态检查将在线路维修相关内容中介绍。

任务

任务 8.1　轨道轨距的认知及检查

任务 8.2　轨道水平的认知及检查

任务 8.3　轨向的认知及检查

任务 8.4　轨道高低的认知及检查

任务 8.5　轨底坡的认知及检查

任务 8.1　轨道轨距的认知及检查

1. 定义

轨距是指钢轨头部踏面下 16mm 范围内两股钢轨作用边之间的最小距离，如图 8.1 所示。

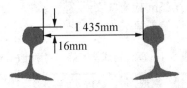

图 8.1　轨距

2. 类型

目前世界上采用的轨距分为标准轨距、宽轨距和窄轨距 3 大类型。

(1) 标准轨距：尺寸为 1 435mm，大部分国家采用标准轨距。

(2) 宽轨距：大于标准轨距，常用的有 1 524mm、1 600mm 和 1 670mm 等，采用的国家有俄罗斯、印度、蒙古等。

(3) 窄轨距：窄于标准轨距，有 1 067mm、1 000mm、762mm 和 610mm 等，东南亚一些国家采用窄轨距。

我国铁路轨距绝大多数为标准轨距，云南省境内尚保留有 1 000mm 的窄轨距，如图 8.2 所示。我国台湾省既有铁路采用 1 067mm 窄轨距。

图 8.2 云南省的窄轨距(1 000mm)铁路

3. 量测与偏差

(1) 测量工具：道尺(也叫轨距尺)或轨检车。采用道尺测得的是静态的轨距，轨检车可以测得列车通过时轨距的动态变化。道尺如图 8.3 所示。用道尺量轨距如图 8.4 所示。

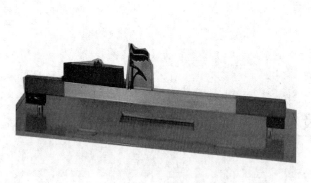

图 8.3 道尺　　　　　　　　　图 8.4 用道尺量轨距

(2) 日常检查点：通常每 6.25m 检查 1 处。

(3) 偏差管理：轨距的容许偏差见表 8-1、表 8-2。

表 8-1 直线有砟轨道静态平顺度(mm)

项　目	高低	轨向	水平	扭曲(基长 6.25m)	轨距
120km/h＜v≤160km/h	4	4	4	4	+4 −2
v≤120km/h 及到发线	4	4	4	4	+6 −2

续表

项 目	高低	轨向	水平	扭曲(基长 6.25m)	轨距
其他站线	5	5	5	5	+6-2
测量弦长	10m			—	

注：(1) 轨距偏差不含曲线上按规定设置的轨距加宽值，但最大轨距(含加宽值和偏差)不得超过 1 456mm。
(2) 轨向偏差和高低偏差为 10m 弦测量的最大矢度值。
(3) 三角坑偏差不含曲线超高顺坡造成的扭曲量，检查三角坑时基长为 6.25m。
(4) 高速铁路按照有关设计文件执行。

表 8-2　直线无砟轨道静态平顺度(mm)

项 目	高低	轨向	水平	轨距
$v=200$km/h	2	2	2	+1-2
200km/h$<v\leqslant$350km/h	2	2	1	+1-1
测量弦长	10m			—

(4) 变化率：在正线、到发线上不得大于 0.2%（规定递减部分除外），允许速度大于 120km/h 的线路不得大于 0.1%，轨距变化应和缓平顺。

4．游间

1) 概念

为保证列车在轨道上安全运行，轨距应略大于轮对宽度，两者之间应留有一定的空隙，此空隙称为游间，如图 8.5 所示。

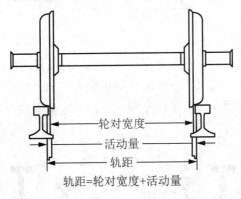

轨距=轮对宽度+活动量

图 8.5　游间

游间过大，列车会摇摆，影响行车的平稳和轨道的稳定；游间过小，轮对会被两股钢轨楔住，增加轮轨间的磨耗和行车阻力。

2) 计算

公式：当轮对中的一个车轮轮缘与钢轨贴紧时，另一个车轮轮缘与钢轨之间的间隙(游间)为Δ，则

$$\Delta = S - q$$

式中　S——轨距(mm)；
　　　q——轮对宽度(mm)。

3) 正常、最大及最小游间

正常游间:设标准轨距为 Δ_0,正常轮对宽度为 q_0,则正常游间为 $\Delta_0 = S_0 - q_0$。

最大及最小游间:设最大及最小轨距分别为 S_{max} 及 S_{min},最大及最小轮对宽度分别为 q_{max} 及 q_{min},则最大及最小游间分别为

$$\Delta_{max} = S_{max} - q_{min}$$
$$\Delta_{min} = S_{min} - q_{max}$$

直线轨道的正常、最大及最小游间见表 8-3。

表 8-3 直线轨道游间

车轮类型	最大游间(mm)	正常游间(mm)	最小游间(mm)
机车轮	45	16	11
车辆轮	47	18	13

4) 游间的合理取值

根据我国现场养护维修经验及试验测试,适当减小直线轨距(按 1 434mm 或 1 433mm 控制),尽管轨头发生少量侧磨,但轨距超限的时间得以延长,延长了维修周期,有利于提高行车平稳性和线路的稳定性。

随着行车速度的日益提高,为确保行车安全,提高列车运行的平稳性和线路的稳定性,减少轮轨磨耗和动能损失,必须把游间限制在一个合理的范围内。

任务 8.2 轨道水平的认知及检查

1. 定义

轨道水平是指铁路线路上左右两股钢轨顶面的相对高差,如图 8.6 所示。

直线地段两股钢轨顶面应水平,使两股钢轨受力均匀,保持列车平稳运行。为确保行车平稳与安全,两股钢轨顶面的水平误差应控制在一定范围内。曲线地段外轨应按照规范设置超高。

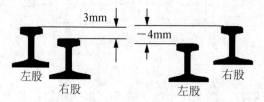

图 8.6 轨道水平

2. 类型与危害分析

轨道水平偏差一般分为水平差、三角坑两大类,两种轨道水平偏差的性质是不同的,对铁路行车安全的危害程度也是不相同的。

1) 水平差

在一段较长的距离内,一股钢轨的顶面始终比另一股高。

在一般情况下，水平差超过容许限值，会引起车辆摇晃和两股钢轨的不均匀受力，并导致钢轨不均匀磨耗。

2) 三角坑

在一段不太长的距离内，先是左股钢轨高于右股，后是右股钢轨高于左股，两股钢轨在立面上出现扭曲，即水平差出现正、负交替，如图 8.7 所示。

三角坑会使同一转向架的 4 个车轮中，只有 3 个正常压紧钢轨，另一个形成减载或悬空。如果恰好在该车轮上出现较大的横向力，并出现最不利荷载的组合情况，该车轮甚至可能爬上钢轨，引起脱轨等行车事故。因此，三角坑一旦超过容许值就必须立即消除。

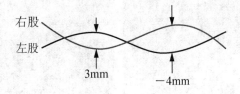

图 8.7　三角坑

3. 量测与偏差

(1) 测量工具：用道尺或其他工具测量。

(2) 日常检查点：结合轨距检查，每 6.25m 检查 1 处。日常对三角坑的检查，是在检查水平时按前后两检查点(每 6.25m 检查 1 处)的水平相对差来表示三角坑的大小，连续 2 处水平误差符号相同或有 1 处为零时不需要计算三角坑，只有在连续两处水平误差为一正一负时才需要计算三角坑。

(3) 偏差管理：直线部分按里程前进方向，以左股为标准股，比标准股低计为正，反之计为负(道岔以直线上股为标准股；曲线以下股为标准股，外股较内股高出的数值减去规定的外轨超高值即为水平偏差值)。两股钢轨顶面水平、三角坑的容许偏差见表 8-1、表 8-2。

(4) 变化率：沿线路方向的水平变化率不得超过 0.1%，否则即使两股钢轨的水平偏差不超过允许范围，也将引起机车车辆的剧烈摇晃。

任务 8.3　轨向的认知及检查

1. 定义

轨向，也称方向，是指轨道中心线在水平面上的平顺性。

直线轨道顺直，曲线轨道圆顺，铁路行车才能安全与平稳。但实践中运营铁路的既有"直线"轨道一般并非严格意义上的直线，而是由许多曲度很小的波长为 0~20m 的不易察觉的曲线组成。

2. 危害分析

相对轨距而言，轨向往往是行车平稳性的控制性因素；直线不顺直，必然会引起列车的摇晃和蛇行运动，特别是在行车速度高的线路上，轨向对行车平稳性更有着重要的影响。

在无缝线路，若轨向不良，还可能在高温季节引发胀轨跑道事故，严重威胁行车安全。

3．量测与偏差

(1) 测量要求：直线方向必须目视平顺，用 10m 弦测量最大矢度；曲线按照曲线正矢管理。用 10m 弦测量矢度如图 8.8 所示。

图 8.8　用 10m 弦测量矢度

(2) 测量偏差：容许偏差见表 8-1、表 8-2、表 8-4、表 8-5。

表 8-4　曲线有砟轨道静态平顺度(mm)

曲线半径 R(m) 及最高速度		缓和曲线的正矢与计算正矢差(mm)		圆曲线正矢连续差(mm)	圆曲线正矢最大最小值差(mm)
		缓和曲线	圆曲线		
450＜R≤800		3		6	9
R＞800	v_{max}≤120 km/h	3		6	9
	120km/h＜v_{max}≤160km/h	2		4	6
	200km/h＜v_{max}≤250km/h	2	3	4	6
	250km/h＜v_{max}≤300km/h	2	3	3	5
测量弦长		20m			
测量位置		钢轨头部内侧面下 16mm 处			

表 8-5　曲线无砟轨道静态平顺度(mm)

允许速度(km/h)	实测正矢与计算正矢差		圆曲线正矢连续差	圆曲线最大最小正矢差
	缓和曲线	圆曲线		
200～250	2	3	4	5
250(不含)～350	2	3	3	5
测量弦长	20m			
测量位置	钢轨头部内侧面下 16mm 处			

(3) 测量、方法。

① 检查者首先跨站一股钢轨或站在一股钢轨的里侧,目视前方,找出方向不良的位置。

② 在该处拉 10m 弦线,在钢轨顶面以下 16mm 处测量轨头内侧与弦线间的最大矢度,即为该处方向偏差。

③ 如轨向是向轨道内凹入者,可使用等高的两块木垫块将弦线两端垫离轨头,测得的最大矢度减去木垫块厚即为该处的方向偏差,如图 8.9、图 8.10 所示。

④ 轨向偏向轨道外侧时计为"+",偏向道心时计为"-"。

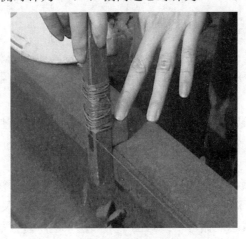

图 8.9　将弦线两端垫离轨头侧面

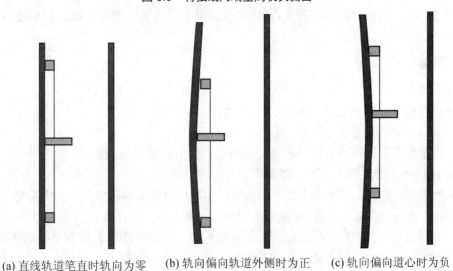

(a) 直线轨道笔直时轨向为零　(b) 轨向偏向轨道外侧时为正　(c) 轨向偏向道心时为负

图 8.10　将弦线两端垫离轨头测量轨向矢度

任务 8.4　轨道高低的认知及检查

1. 定义

轨道的前后高低是指一股钢轨顶面纵向的高低差,简称高低,如图 8.11 所示。高低反映钢轨顶面的纵向平顺情况。

图 8.11　轨道的前后高低

2．类型及危害分析

1) 类型

新铺或刚大修过的线路，轨面应目视平顺，但经过一段时间列车运营后，由于路基下沉、道床捣固不实、扣件松动、轨枕失效、钢轨不均匀磨耗等原因，轨面会出现高低不平，一般有以下类型。

(1) 吊板：轨底与垫板、垫板与轨枕之间出现间隙，间隙超过 2mm。

(2) 空板或暗坑：轨枕与道床顶面间出现间隙，间隙超过 2mm。

2) 危害分析

钢轨顶面高低不平顺，列车通过该地段时线路明显变形或下沉，列车振动加剧，对轨面的冲击动力就会增加，对应部位的道床就会加速变形，反过来又影响到线路的平顺状态，加剧了列车的振动，形成恶性循环，线路的不平顺越来越严重，严重影响旅客舒适度，对行车安全极为不利。

这种危害往往与线路不平顺(坑洼)的深度成正比，而与长度成反比，即长度越短，深度越深，危害越大。

3．量测与偏差

(1) 测量要求：前后高低目视平顺，用 10m 弦测量轨顶最大矢度。

(2) 测量偏差：容许偏差见表 8-1、表 8-2。

(3) 测量、检查方法如下。

① 先俯身目视钢轨下颚线的高低平顺情况，找出高低不良处。

② 用 10m 弦线在钢轨顶面中部测量最大矢度，即为该处一高低差。

③ 如钢轨是向上凸起的，应使用相同高度的垫块将弦线两端垫高，垫块高度一般可采用 20mm 或 30mm，将测得的结果减去垫块高即为高低差，如图 8.12、图 8.13 所示。

④ 对直线地段两股钢轨的高低应分别进行检查，对曲线地段只检查里股钢轨的高低。

⑤ 为减小误差，还应考虑弦线的挠度，一般按 1mm 考虑。

图 8.12 将弦线两端垫离轨头顶面

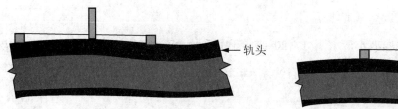

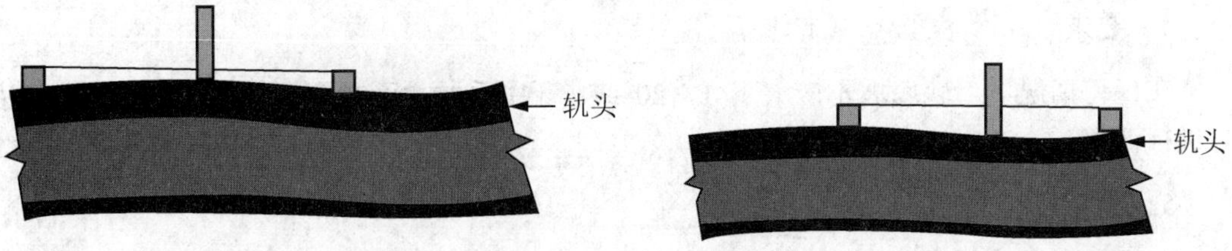

(a) 钢轨上凹(小直尺读数减垫块厚即为高低)　　(b) 钢轨下凹(小直尺读数减垫块厚即为高低)

图 8.13 将弦线两端垫离轨头顶面测量高低矢度

任务 8.5　轨底坡的认知及检查

1. 定义

钢轨向轨道中心的倾斜度称为轨底坡，如图 8.14 所示。

车轮踏面主要部分为 1∶20 的圆锥面，如果钢轨保持竖直，轮轨接触点将偏离钢轨的中心线而偏向道心，钢轨受力偏向道心一侧，且微向外斜，这样的受力状态下，钢轨头部的磨损就会不均匀，腰部受弯曲，轨头与轨腰连接处易发生纵裂，甚至折损。因此，钢轨应适当地向道心倾斜，使轮轨作用状态趋于良好，过大或不足都对轨道线路的受力状态不利，如图 8.15 所示。

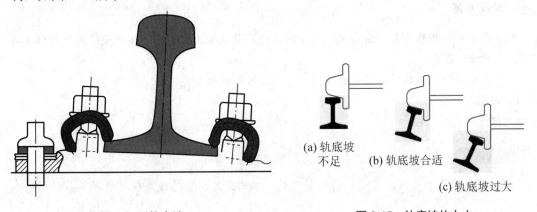

图 8.14　轨底坡　　　　　　　图 8.15　轨底坡的大小

2. 作用

设置轨底坡后，不但可以使车轮压力更集中于钢轨的中轴线，减少荷载的偏心矩，降低轨腰应力，而且可以减小轨头由于接触应力而产生的塑性变形。

3. 设置

我国铁路规定轨底坡为 1∶40。这是因为在机车车辆的动力作用下，轨道被弹性挤开，轨枕产生挠曲和弹性压缩，加上垫板与轨枕不密贴，道钉的扣压力不足等原因，以及车轮踏面经过一段时期的运行后，原来 1∶20 的踏面也被磨耗接近 1∶40 的坡度，故将直线轨道的轨底坡标准定为 1∶40。

4. 要求

在任何情况下，轨底坡不应大于 1∶20 或小于 1∶60，否则都会使轨头偏磨，故应及时进行调整。

5. 检查

轨底坡是否正确，一般可以从钢轨顶面的光带位置来判断。

(1) 光带如居中，说明轨底坡合适，如图 8.16 所示。

图 8.16　光带居中，轨底坡合适

(2) 光带如偏向内侧，说明轨底坡不足。
(3) 光带如偏向外侧，说明轨底坡过大。

 学岗互通

(1) 在实训场线路选定一股直线轨道，用道尺、弦线等工具检查量测轨道的几何形位各项参数，并做好记录。

(2) 在实训场线路选定一股直线轨道，用轨道检查仪检查量测轨道的几何形位各项参数，并做好记录。

比较上述两种方法。

 **职业贴士**

检查铁道线路的几何尺寸是铁路线路工最基本的工作，也是线路技术员必须具备的基本能力。

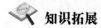 **知识拓展**

机车车辆的走行部分

轨道结构的几何尺寸标准，是根据机车车辆的有关尺寸和性能确定的。因此，必须对机车车辆的走行部分有所了解。

1. 轮对

轮对由一根车轴和两个车轮组成，车轮由轮心及轮箍两部分组成，如图 8.17 所示。车轮随车轴通过压装而成，一起转动。

2. 车轮踏面

车轮在钢轨上滚动的面,称为踏面,车轮踏面为圆锥形。

踏面的斜坡由1∶20和1∶10两段组成。踏面的1∶20圆锥面,可使直线地段上行驶的车辆,由于左右车轮滚动半径的不同,当偏向轨道一侧时,仍然能返回到轨道中线;同时可减少横向水平力对车轮的影响,增加行驶的平稳性。1∶20的一段常与轨顶面接触,1∶10的一段只在小半径曲线上才与轨顶面接触。机车及车辆的踏面外形和尺寸如图8.18所示。

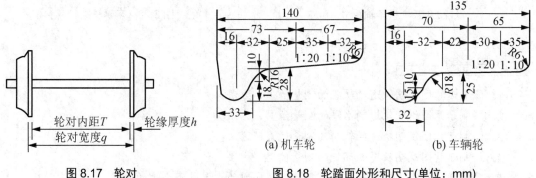

图8.17 轮对　　　　　　图8.18 轮踏面外形和尺寸(单位:mm)

3. 轮缘及轮对尺寸

轮缘:是为防止车轮沿钢轨滚动时脱轨而在车轮踏面内侧制成的凸缘,如图8.17中左侧突起的部分。

轮缘厚度:规定机车轮缘厚度在距轮缘顶18mm处测量,其正常厚度为33mm;车辆轮缘厚度在距轮缘顶15mm处测量,其正常厚度为32mm,用h表示。

轮缘高度:机车轮缘正常高度规定为28mm;车辆轮缘正常高度规定为25mm。

车轮宽度:车轮内、外侧面间的距离,轮缘内侧的竖直面称为车轮内侧面,轮踏面外侧的竖直面称为车轮的外侧面。轮对两车轮内侧面的距离称轮背内侧距,用T表示,轮对宽度(用Q表示)等于轮背内侧距T加上两个轮缘厚度($2h$),即$Q=T+2h$,轮对尺寸见表8-6。

表8-6 轮对几何尺寸(单位:mm)

名称	轮缘高度	轮缘厚度 h		轮背内侧距 T			轮对宽度 q		
		最大(正常)	最小	最大	正常	最小	最大	正常	最小
机车轮	28	33	23	1 356	1 353	1 350	1 422	1 419	1 396
车辆轮	25	32	22	1 356	1 353	1 350	1 420	1 417	1 394

轮对宽度增减值:由于内燃、电力机车及车辆的轴箱装在两轮外侧,在荷载作用下车轴向上挠曲,轮对宽度有所减少,而蒸汽机车的轴箱装在车轮内侧,在荷载作用下车轴向下挠曲,轮对宽度有所增加,其增减值均按2mm考虑。

4. 固定轴距和全轴距

固定轴距:在同一车架或转向架上,始终保持平行的最前位和最后位车轴中心间的水平距离,如图8.19、图8.20所示。

全轴距:同一机车或车辆最前位和最后位的车轴中心间的水平距离,如图8.19、图8.20所示。

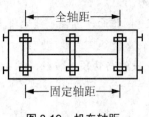

图 8.19　机车轴距

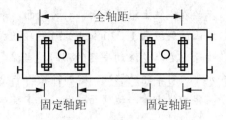

图 8.20　车辆轴距

 思考题

1. 绘制示意图说明轨道的轨距的测量位置、方法。
2. 绘制示意图说明轨道的水平的测量位置、方法。
3. 绘制示意图说明轨道的轨向的测量位置、方法。
4. 绘制示意图说明轨道的高低的测量位置、方法。
5. 简述通过轨道上钢轨的光带判断轨道轨底坡的设置是否合理的方法。

项目9 曲线轨道构造及配置计算

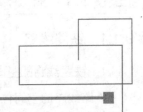

引 子

铁路是由各种修建在地表或地下的建筑物构成的,特别是线下工程如路基、桥梁、隧道等工程,受地形、地貌、地质条件等的影响是显而易见的,铁路线路由一个地点到另一个地点需要不断改变其走向,以适应各种地形、地貌、地质条件等,如图9.1、图9.2、图9.3所示。铁路改变走向的实质就是线路由一条直线转向另一条直线,这两条直线之间就必须用曲线来连接(通常指平面曲线)。

图9.1 单线铁路曲线

图9.2 双线铁路曲线

图9.3 站场铁路曲线

由于曲线本身的一系列特点,曲线地段成了铁路轨道的薄弱环节之一,需要采取以下的构造措施,确保其几何尺寸符合标准要求。
(1) 设置缓和曲线。
(2) 曲线内股适当配置缩短轨。
(3) 曲线外轨设置超高。
(4) 小半径曲线轨距适当加宽;建筑接近限界适当加宽。
(5) 轨道构造从配置上要加强。

任 务

任务9.1 铁路线路及曲线的认知
任务9.2 曲线缩短轨的配轨
任务9.3 曲线外轨超高的设置
任务9.4 曲线轨距和限界的加宽

任务 9.1　铁路线路及曲线的认知

9.1.1　铁路线路

1. 铁路线路的空间位置

铁路线路的空间位置是由它的平面和纵断面决定的。

1) 概念

线路平面是线路中心线在水平面上的投影，表示线路平面状况。

线路纵断面是沿线路中心线所作的铅垂剖面展直后、线路中心线的立面图，表示线路起伏情况，其高程为路肩高程。

2) 线路平面图和纵断面图

各设计阶段编制的线路平面图和纵断面图是线路设计的基本文件。各设计阶段的定线要求不同，平面图和纵断面图的详细程度也各有区别。新建铁路概略的平面图和纵断面图如图 9.4 所示。

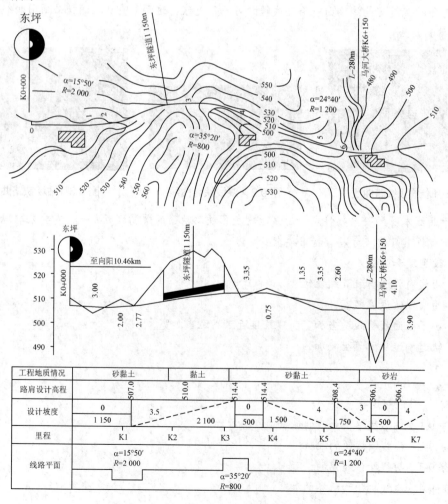

图 9.4　新建铁路概略的平面图和纵断面图

概略平面图中，等高线表示地形、地貌特征，村镇道路等表示地物特征。图中粗线表示线路平面，标出里程、曲线要素(转角α、曲线半径R)、车站、桥隧特征等资料。

概略纵断面图的上半部为线路纵断面示意图；下半部为线路基础数据，自下而上顺序标出：线路平面、里程、设计坡度、路肩设计高程、工程地质概况等栏目。

2. 线路平面和纵断面技术要求

1) 保证行车安全和平顺

保证行车安全和平顺主要指不脱钩、不断钩、不脱轨、不途停、不运缓和旅客乘车舒适等，设计时遵守《铁路线路设计规范》(GB 50090—2006)的规定。

2) 施工与运营的合理平衡

力争减少工程数量、降低工程造价，又要为施工、运营、维修提供有利条件，节约运营开支。综合考虑工程和运营的要求，通过方案比较，正确处理两者之间的矛盾。

3) 线上建筑物的协调布置

既要考虑到线路上修建的车站、桥涵、隧道、路基支挡、防护等大量建筑物的技术要求，还要考虑到它们之间的协调配合、总体布置合理。

9.1.2 曲线平面

线路平面由直线和曲线组成，线路曲线由圆曲线和缓和曲线构成。

铁路线路曲线是一个两端设置缓和曲线的曲线，中间的主线是圆曲线。

1. 曲线基本要素

1) 基本要素

曲线的基本要素主要包括曲线半径R、曲线转角α、缓和曲线长l_0、切线长T、曲线长度L、外矢距E等，如图9.5所示。

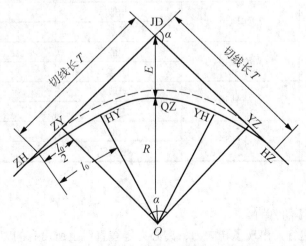

图9.5 平面曲线基本要素

2) 五主点

直缓点或缓直点：直线与缓和曲线的连接处，用 ZH 或 HZ 表示。

缓圆点或圆缓点：缓和曲线与圆曲线的连接处，用 HY 或 YH 表示。

曲中点：曲线中部平分之处，用 QZ 表示。

图 9.5 中，虚线表示未设缓和曲线时圆曲线与直线直接相连的情况，其连接处称为直圆点或圆直点，用 ZY 或 YZ 表示。

3) 曲线半径 R

在曲线要素中，曲线半径是决定列车运行条件的主要因素，若地形条件允许，应尽可能采用较大的曲线半径。

我国铁路规定，客运专线铁路区间线路最小曲线半径不得小于规定值，见表 9-1。客运专线铁路区间线路最小曲线半径和最大曲线半径规定值见表 9-2。

表 9-1 客运专线铁路区间线路最小曲线半径

铁路等级	I			II	
路段设计行车速度(km/h)	200	160	120	120	80
一般	3 500	2 000	1 200	1 200	600
困难	2 800	1 600	800	800	500

表 9-2 客运专线铁路区间线路最小曲线半径和最大曲线半径

路段设计行车速度（km/h）		最小曲线半径（m）	
200	客运专线	一般	2200
		困难	2000
250	有砟轨道	一般	3500
		困难	3000
	无砟轨道	一般	3200
		困难	2800
300	有砟轨道	一般	5000
		困难	4500
	无砟轨道	一般	5 000
		困难	4000
350	有砟轨道	一般	7000
		困难	6000
	无砟轨道	一般	7000
		困难	5500

2. 缓和曲线

1) 设置缓和曲线的目的

列车在曲线上运行，出现了转向力、离心力等在直线上所没有的力，为避免离心力突然产生及突然消失，需要一段半径渐变的曲线，连接直线和圆曲线，使离心力逐渐增加或减少，这段曲线即为缓和曲线。

2) 常用缓和曲线线形。

(1) 线形基本要求。

平面形状：缓和曲线在平面上是一条曲率半径 ρ 由 ∞ 逐渐减小至 R 的一条变径曲线。

立面形状：缓和曲线在立面的形状应是一条 S 形曲线，在始点处与直线部分的外轨顶面相切，在终点处与圆曲线部分的外轨顶面相切。

(2) 缓和曲线线形选用。既满足平面形状要求，又满足立面形状要求的缓和曲线是一条高次方空间曲线。在目前的轨道结构及养护条件下，着重考虑缓和曲线的平面形状，而放宽对其立面形状的要求，在立面上采用直线形外轨超高顺坡，如图 9.6 所示。

按直线形外轨超高顺坡可推出：缓和曲线的长度与其曲率 K 成正比，符合这一条件的曲线是放射螺旋线，如图 9.7、图 9.8 所示。

经过近似简化，我国铁路采用 3 次抛物线作为缓和曲线。

图 9.6 缓和曲线直线形外轨超高顺坡

3) 缓和曲线的长度

(1) 设置要求：外轨超高顺坡不致使车轮轮缘爬越内轨，车辆外轮的升降低速度、未被平衡的离心加速度的变化率不应影响旅客的舒适度，车轮进入曲线撞击钢轨所产生的动能损失不应超过一定数值，便于测设和养护维修。

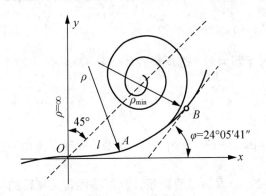 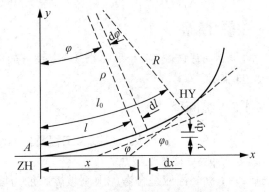

图 9.7 放射螺旋线　　　　图 9.8 放大后的放射螺旋线

(2) 长度 l_0：缓和曲线的长度应根据曲线半径、路段设计速度和工程条件选用，见表 9-3。

表 9-3 最小缓和曲线的长度表

路段设计速度(km/h)		200		160		140		120		100		80	
工程条件		一般	困难	一般	困难	一般	困难	一般	困难	一般	困难	一般	困难
最小曲线半径(m)	10 000			50	40	30	20	20	20	20	20	20	20
	5 000			70	60	60	40	40	30	20	20	20	20
	2 000	—	—	140	120	90	80	60	50	50	40	30	20
	1 000	—	—	—	—	—	—	120	100	70	60	40	30
	500	—	—	—	—	—	—	—	—	—	—	60	60
	350	—	—	—	—	—	—	—	—	—	—	100	90

3. 曲线形式及长度要求

1) 分类

(1) 按同一曲线曲线半径的数目多少，可分为单曲线和复曲线两种形式。

单曲线：只有一个圆心和一个半径的圆曲线。

复曲线：两条或两条以上半径不同的圆曲线直接或用缓和曲线连接所组成的曲线。

因复曲线结构较复杂，铺设和养护维修不便，新建铁路不应设计复曲线，改建铁路可保留，增建二线可采用复曲线。

(2) 根据相邻两曲线转向角的方向，可分为同向曲线和反向曲线两种形式。

同向曲线：相邻两曲线转向角的方向相同。

反向曲线：相邻两曲线转向角的方向相反。

2) 圆曲线或夹直线最小长度

每个圆曲线的长度及夹直线的长度应满足表 9-4 的规定。

表 9-4　圆曲线或夹直线最小长度

路段设计速度(km/h)		200	160	140	120	100	80
最小曲线半径(m)	工程条件 一般	140	130	110	80	60	50
	困难	100	80	70	50	40	30

我国高速铁路规定：圆曲线最小长度一般不小于设计行车速度值的 0.8 倍(困难时也不能小于 0.6 倍)。

9.1.3 纵断面

为适应地形的起伏，以减少工程量，纵断面必须用各种不同的坡段连接而成。两相邻坡段的连接点称为变坡点。

(1) 纵断面应综合考虑限制坡度、加力坡度、坡度折减等因素，具体按照相关规范的要求办理。

(2) 纵断面宜设计为较长的坡段，坡段长不宜小于的数值见表 9-5。

表 9-5　最小坡段长(m)

远期到发线有效长度(m)	1 050	850	750	650
最小坡段长(m)	400	350	300	250

注：新建高速铁路设计行车速度小于 300km/h 时，最小坡段长为 1 200m，350km/h 及以上时为 2 000m，困难时不小于 900m。

(3) 相邻坡段的连接宜设计为较小的坡度差，相邻坡段的坡度差不得大于的数值见表 9-6。

表 9-6　相邻坡段的最大坡度差

远期到发线有效长度(m)		1 050	850	750	650
最大坡度差(‰)	一般	8	10	12	15
	困难	10	12	15	18

(4) 相邻坡段的坡度差超过规范的限值时应采用圆曲线型竖曲线连接,竖曲线不得与平面曲线、缓和曲线重叠。不得侵入道岔及无砟桥梁上。

 职业贴士

铁路正线道岔、缓和曲线、明桥面上、钢轨伸缩调节器范围内不得设置竖曲线。高速铁路最大竖曲线半径不应大于 30 000m,最小竖曲线长度不得小于 25m。

任务 9.2　曲线缩短轨的配轨

9.2.1　曲线轨道分析

1．接头相错量分析

曲线轨道上,两股钢轨与在直线上有明显的不同。曲线内外两股钢轨布置图如图 9.9 所示。AB 和 $A'B'$ 分别为曲线轨道上的外股轨线和里股轨线,AA' 和 BB' 相应半径的夹角为 φ,按照相对式接头要求,外股轨线 AB 对应着内股轨线 $A'B'$,显然,$A'B'$ 短于 AB,即里股轨线比外股轨线短。

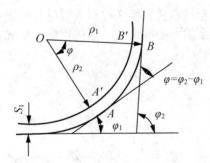

图 9.9　曲线内外股钢轨分析图

若内外两股轨线铺以同样长度的标准轨(轨缝相同),则内股钢轨的接头就会伸出 $A'B'$ 以外,比外股的接头超前,接头出现了相错量。当累计的接头相错量超出了规范要求,就不能满足钢轨接头对接的要求。

2．相对式接头的要求

我国铁路采用相对式接头,但钢轨制造公差不一、曲线轨道线路的长度和半径不一,曲线上所有接头难以都正好相对,规范允许内外股钢轨接头有少量偏差(相错)量,但不能超出限值。

 职业贴士

直线地段两股钢轨位置相对偏差(相错量)不应大于 40mm,曲线地段不应大于 40mm 加缩短量的一半。

3. 对策

内股轨线 $A'B'$ 短于外股轨线 AB，要实现内外股钢轨接头为相对式接头，就必须缩短内股钢轨的长度，这个缩短的长度就是内外股轨线弧长之差 $S_1 \cdot \varphi = (1\,000S + d) \cdot \varphi$。

即内股钢轨的应有缩短量

$$E = (1\,000S + d) \cdot \varphi \tag{9-1}$$

式中　S——内外股钢轨轨头中线的距离，S 取 1.5m；

　　　d——轨距加宽值(mm)。

我国铁路采用在曲线内股钢轨的适当位置铺设缩短轨的办法来调整曲线地段的钢轨接头位置。

9.2.2　铁路曲线应有缩短量的计算公式

1. 缓和曲线应有缩短量

$\varphi = \dfrac{l^2}{2C}$，当曲线为已知时，$C = Rl_0$，则

$$E_{HI} = \frac{1}{2Rl_0}(1\,000S + d) \cdot l_i^2 \tag{9-2}$$

式中　E_{HI}——缓和曲线始点至缓和曲线上任一点内股钢轨的应有缩短量(mm)；

　　　l_i——缓和曲线始点至缓和曲线上任一点的钢轨长度(m)；

　　　l_0——单侧缓和曲线长(m)。

2. 圆曲线应有缩短量

因 $\varphi = \dfrac{K_i}{R}$，则

$$E_Y = \frac{1}{R}(1\,000S + d) \cdot K_i \tag{9-3}$$

式中　E_Y——圆曲线内股钢轨的应有缩短量(mm)；

　　　K_i——HY 或 YH 点至圆曲线上任一点的长度(m)。

3. 整个曲线总的应有缩短量

$$E_Z = 2E_H + E_Y = \frac{1}{Rl_0}(1\,000S + d) \cdot l_0^2 + \frac{1}{R}(1\,000S + d) \cdot K$$

$$= \frac{1}{R}(1\,000S + d)(l_0 + K) \tag{9-4}$$

式中　E_H——单侧缓和曲线的应有缩短量(mm)。

　　　E_Y——圆曲线的应有缩短量(mm)。

　　　K——圆曲线全长(m)。

9.2.3　曲线轨道内股钢轨的配轨计算

在新线铺轨或轨排组装工程中，需通过计算来配置缩短轨，以便更好地组织轨道材料的装卸、铺设施工或轨排的组装。

配轨方法：从曲线始点开始，先计算与外股钢轨接头处对应的内股的应有缩短量；进而计算接头的预测相错量(内股应有缩短量与已使用的缩短轨的累计缩短量的差值)；凡预测相错量大于标准缩短轨缩短量的一半时，该处即应布置一根缩短轨。

1. 计算整个曲线内股应有的总缩短量

$$E_Z = \frac{1}{R}(1\,000S+d)(l_0+K) = \frac{1}{180}\pi\alpha(S+d)$$

式中　E_Z——曲线内股总缩短量(mm)；

　　　α——曲线转向角(°)；

　　　d——曲线内侧轨距加宽(mm)；

　　　S——两股钢轨中心距，采用 1.5m；

　　　K——圆曲线全长(m)；

　　　R——曲线半径(m)；

　　　l_0——单侧缓和曲线长度(m)。

2. 计算缩短轨的根数

1) 选定单根缩短轨的缩短量 e

(1) 我国铁路使用下列标准缩短轨。25m 标准轨有缩短量为 40mm、80mm 和 160mm 3 种缩短轨。12.5m 标准轨有缩短量为 40mm、80mm 和 120mm 三种缩短轨。

为了施工、维修与管理方便，同一曲线宜使用同一种标准缩短轨；如使用不同的缩短轨，则取其缩短量较大者作为计算标准。

(2) 选用缩短轨标准见表 9-7。

表 9-7　缩短轨适用范围

曲线半径(m)	缩短轨的缩短量(mm)	
	25m 钢轨	12.5m 钢轨
4000～1000	40/80	40
800～500	80/160	40/80
450～250	160	80/120
200	—	120

注：每处曲线应选用同一种表列缩短量较小的缩短轨。

(3) 曲线尾剩余的接头相错量，宜利用钢轨长度偏差量在曲线内(困难时可延伸到直线上)调整消除。必要时，可在曲线尾插入一根相应缩短量的缩短轨。

2) 计算缩短轨的根数

(1) 根据所选定缩短轨的缩短量 e(mm)，则该曲线所需缩短轨的根数 $N=\dfrac{E_Z}{e}$。

(2) 外股钢轨所需标准轨的根数 $N_0=\dfrac{2l_0+K}{L_{标}+a_0}$

式中　$l_{标}$——标准轨长度；

　　　a_0——轨缝。

(3) 曲线内股铺设的缩短轨根数 N 不应大于曲线外股铺设的标准轨的根数 N_0，即
$$N \leqslant N_0$$
否则，应选用缩短量更大的缩短轨，重新计算缩短轨的根数。

3. 缩短轨的配轨计算

1) 第一缓和曲线内股缩短轨

(1) 由直缓点到各轨节接头处的内股应有缩短量计算公式为
$$E_{Hi-1} = \frac{1}{2Rl_0}(1\,000S+d) \cdot l_{i-1}^2$$

式中 l_{i-1}——第一缓和曲线始点至缓和曲线上任一点的钢轨长度(m)。

确定缓和曲线直缓点至进入曲线的第一个接头的内股钢轨计算长度，依次类推各接头的内股钢轨累计计算长度，计算各点的应有缩短量。

(1) 每个计算点不含当前点的轨缝，但含前面的计算点的轨缝。

(2) 第一个接头的实际相错量要据实测量确定，如没有相关数据，可视为 0，但要注意根据现场情况及时调整。

(2) 判定是否铺设缩短轨。根据应有缩短量与已使用的缩短轨的累计缩短量等，预测当前接头可能出现的相错量，即 $X_{i-1} = E_{Hi-1} - \sum E_i$

如当前接头的预测相错量 X_{i-1} 大于拟采用的缩短轨的缩短量的一半时，该轨节的内股钢轨应铺设缩短轨。

(3) 根据缩短轨的实际使用情况确定各接头的实际相错量；并统计累计的缩短轨缩短量。

2) 圆曲线内股缩短轨

(1) 按下式计算由缓圆点到各轨节接头处的内股应有缩短量：圆曲线范围内各接头处的应有缩短量为第一缓和曲线总缩短量加圆曲线范围内各接头的缩短量。
$$E_{Yi} = \frac{1}{R}(1\,000S+d) \cdot K_i + E_H$$

式中 E_H——单侧缓和曲线的应有缩短量(mm)；

K_i——HY 至圆曲线上任一点的长度(m)。

(2) 与第 1)项中同样办法计算。

3) 第二缓和曲线内股缩短轨

(1) 按下式计算由缓直点到各轨节接头处的内股应有缩短量：该缩短量为整个曲线的总缩短量减去第二缓和曲线上各接头距第二缓和曲线始点(HZ)这段曲线长度范围内的应有缩短量。因为缓和曲线应有缩短量的计算公式要求从缓和曲线头开始来计算缓和曲线上某点的应有缩短量。
$$E_{Hi-2} = E_Z - \frac{1}{2Rl_0}(1\,000S+d) \cdot l_{i-2}^2$$

式中 l_{i-2}——缓和曲线终点至缓和曲线上任一点的钢轨长度(m)。

(2) 与第 1)项中同样办法计算。

可以把以上 1)～3)项的计算内容列成计算表(见表 9-8)，计算熟练后也可以直接编制轨节表，在铺轨现场多用轨节表进行曲线轨道的配轨计算。

【例 9-1】某电厂的铁路专用线增建一股道，该股道为曲线，该曲线轨道为有缝线路，现进行人工铺轨工程。该曲线圆曲线半径 $R=800$m，圆曲线长 $K=60$m，缓和曲线长 $l_0=60$m，直线上最末一节钢轨进入曲线的长度为 $Z=3.8$m，标准轨长 $l_{标}=25.0$m，轨缝 $a_0=10$mm，请进行该曲线缩短轨的配轨计算。

【解】
(1) 计算曲线内股的应有总缩短量
$$E_Z = \frac{1}{R}(1\,000S+d)(l_0+K) = \frac{1}{800}(1\,500+0) \times (60+60) = 225.0 \text{(mm)}$$

(2) 计算缩短轨的根数。

因 $R=800$m，500m$<R<800$m，25.0m 钢轨轨道应选用缩短量 $e=80$mm 的缩短轨。

所需缩短轨的根数为 $N = \dfrac{E_Z}{e} = \dfrac{225.0}{80} = 2.81$(根)，采用 3 根。

外股钢轨所需标准轨的根数为 $N_0 = \dfrac{2l_0+K}{L_{标}+a_0} = \dfrac{2 \times 60+60}{25+0.01} = 7.2$(根)

$N_0 \geqslant N$，故缩短轨选型合理。

(3) 列表进行缩短轨的配轨计算(表 9-8)。

表 9-8 曲线缩短轨配轨计算表

轨节号	钢轨计算长度(含轨缝)(m)	曲线始点至计算点距离(m)	计算点位置	应有缩短量计算(mm)	判定是否铺缩短轨	钢轨类型	缩短轨缩短量累计(mm)	实际相错量(mm)
一	二	三	四	五	六	七	八	九
Z	3.80	3.80	H1	$1\,500 \times 3.8^2/(2 \times 800 \times 60) \approx 0$	$0<(80/2)$	/	0	0
1	25.01	28.81	H1	$0.015\,6 \times 28.81^2 \approx 13$	$13<40$	B	0	+13
2	25.01	53.82	H1	$0.015\,6 \times 53.82^2 \approx 45$	$45>40$	S	80	−35
3-1	6.18	60.00	HY	$0.015\,6 \times 60^2 \approx 56$	/	/	/	/
3-2	18.83	78.83	Y	$56+(78.83-60) \times 1\,500/800 \approx 91$	$91-80<40$	B	80	+11
4	25.01	103.84	Y	$56+(103.84-60) \times 1.875 \approx 138$	$138-80>40$	S	160	−22
5-1	16.16	120.00	YH	$56+(120-60) \times 1.875 \approx 169$	/	/	/	/
5-2	8.85	128.85	H2	$225-0.015\,6 \times (180-128.85)^2 \approx 184$	$184-160<40$	B	160	+24
6	25.01	153.86	H2	$225-0.015\,6 \times (180-153.86)^2 \approx 214$	$214-160>40$	S	240	−26
7	25.01	178.87	H2	$225-0.015\,6 \times (180-178.87)^2 \approx 225$	$225-240<40$	B	240	−15
8-1	1.13	180.00	HZ	225	/	/	/	/
8-2	23.88	203.88	Z	225	$225-240<40$	B	240	−15

填表说明：

第一栏中的"Z"代表直线上最末一节伸入曲线的钢轨，"3-1"、"3-2"、"7-1"、"7-2"、"11-1"、"11-2"分别表示各轨被主点分成两段轨的序号。

第二栏填写外股钢轨所铺设的标准轨长或曲线主点至两端最近钢轨接头的距离。每个计算点不含当前点的轨缝，但含前面的计算点的轨缝。

第三栏填写外股钢轨各接头或主点至曲线始点的距离。

第四栏填写各接头或主点在曲线上所处的位置。"H1"代表第一缓和曲线，"HY"代表缓圆点，"Y"代表圆曲线，"YH"代表圆缓点，"H2"代表第二缓和曲线，"HZ"代表缓直点。

第五栏为各接头处内股钢轨应有缩短量的计算。

第六栏用以判定是否需要铺设缩短轨。

第七栏"B"表示标准轨，"S"表示缩短轨。

第八栏填写的是缩短轨缩短量的累计值。

第九栏等于第五栏减去第八栏。正号表示内股接头超前，负号表示内股钢轨接头滞后。

9.2.4 既有铁路曲线换铺缩短轨的现场丈量配轨

既有铁路曲线换铺缩短轨，可采用现场丈量配置缩短轨，如图9.10所示。

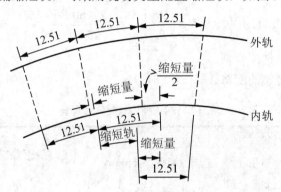

图9.10 现场丈量配置既有铁路曲线缩短轨

1．计算缩短轨根数并备轨料

按照"9.2.3 曲线轨道内股钢轨的配轨计算"中第1.及2.项计算出缩短轨根数，配齐轨料。

2．丈量应有缩短量

(1) 从曲线始点附近的钢轨接头量起，用钢尺在外股丈量一根标准钢轨长度加一轨缝值，内股也丈量同样长度，做好标识。

(2) 用方尺将外股上述丈量点方到内股，外股方过来的点比内股的丈量点相差一段距离，此差值即称为"应有缩短量"。

3．判别是否铺设缩短轨

(1) 继续丈量，当应有缩短量大于单根缩短轨缩短量的一半时，即在内股该钢轨上作一标识，表示此轨要换成缩短轨。

(2) 将内股丈量起点向丈量始点方向退一缩短轨缩短量的长度，作为下次丈量的新起点。

(3) 按前述方法继续丈量,直至确定出所有缩短轨的位置为止。

9.2.5 既有铁路曲线成段更换钢轨的空头、搭头计算

1. 换轨原因

曲线地段的钢轨磨耗较一般地段严重,为加强其轨道结构,有时须把原有旧轨更换成较重型或新钢轨(一般不动轨枕,只更换钢轨和连接零件)。

2. 施工方法

既有铁路施工要求尽量压缩封锁线路的基本作业,减少中断行车时间。

1) 备料

按照该曲线的配轨资料,备齐所需钢轨及配件。

2) 轨料就位

卸放钢轨要根据轨节表按顺序摆放。混凝土枕地段,新轨一般放在道床肩上;木枕地段,新轨可置于道床肩上或枕木头上。

3) 按空、搭头要求连接轨组

把待换的新钢轨连接成一定长度的钢轨组,为保证预留轨缝的正确,可在钢轨组的轨缝中插入轨缝片。如半径 $R \geqslant 800$m 时,钢轨组长度可为 100m;如半径 $R \leqslant 400$m 时,钢轨组长度可为 50m。连接前要确认钢轨的纵向位置是否符合空头、搭头要求。新轨组平面布置图如图 9.11 所示。

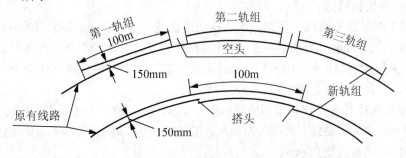

图 9.11 新轨组平面布置图

4) 轨组摆设要求

一般要求新轨组轨面不高于旧轨轨面。

置于枕木头时,新旧轨头间隔应不少于 150mm;如新轨轨组面比旧轨轨面高,不应高于 25mm,且两端至少各钉两个道钉,中间适当用道钉卡住。

3. 空头、搭头控制

1) 原则

本施工方法的关键原则是前期要确定钢轨摆放的纵向位置,避免后期再大量串动钢轨。

2) 方法

现场的控制方法是根据同心圆不同半径的弧线长度差的原理确定各轨组间空头或搭头的大小,钢轨的纵向位置预留空头、搭头,如图 9.11 所示。

空头：放在旧轨外侧的外股钢轨组间或放在旧轨内侧的内股钢轨组间相互拉开的一段距离。

搭头：放在旧轨外侧的内股钢轨组间或放在旧轨内侧的外股钢轨组间相互重叠的一段距离。

3) 计算

(1) 新旧轨组对应接头相错量计算公式为

$$\Delta = \frac{L}{R}(D + \frac{b_1+b_2}{2}) \tag{9-5}$$

式中　　Δ——新旧轨组对应接头相错量。

　　　　L——新轨组长。

　　　　R——曲线半径。

　　　　D——新旧轨组轨头间的净距。

　　　　b_1，b_2——分别为新旧钢轨头的宽度。

计算缓和曲线上的新旧轨组对应接头相错量时，可取缓和曲线长度的一半代入式(9-5)进行计算。

(2) 新轨组间空头和搭头值分别为

$$空头 = \Delta + a_0$$
$$搭头 = \Delta - a_0$$

式中　　Δ——新旧轨组对应接头相错量；

　　　　a_0——预留轨缝值。

【例9-2】某铁路专用线一段混凝土轨枕曲线轨道，为50 kg/m 钢轨线路，曲线半径为1 000m，曲线全长300m，两端缓和曲线长各为50m。为加强轨道结构，准备更换为60kg/m 钢轨。计划采用的新轨组长100m，布置于道床肩部，与旧轨轨头净间距为150mm，预留轨缝10mm，计算新轨组之间空头、搭头的长度。

【解】根据曲线长度及计划采用的新轨组长，曲线内外股各布置3组新轨组，如图9.11所示，中间一组全为圆曲线，两端的新轨组各有50m 的缓和曲线和50m 的圆曲线。新轨轨头宽73mm，旧轨轨头宽70mm。

(1) 新旧轨组对应接头相错量。

① 第一、三轨组的新旧轨组对应接头相错量

$$\Delta_{1-3} = \frac{\frac{1}{2} \times 50 + 50}{1\,000}(150 + \frac{73+70}{2}) \approx 16.61(\text{mm})$$

② 第二轨组的新旧轨组对应接头相错量

$$\Delta_2 = \frac{50+50}{1\,000}(150 + \frac{73+70}{2}) \approx 22.15(\text{mm})$$

(2) 新轨组间空头和搭头。

① 第一、二轨组间

$$外股空头_{1-2} = 16.61 + 10 \approx 26.6(\text{mm})$$
$$内股搭头_{1-2} = 16.61 - 10 \approx 6.6(\text{mm})$$

② 第二、三轨组间

$$外股空头_{2\text{-}3}=22.15+10≈32.2(\text{mm})$$
$$内股搭头_{2\text{-}3}=22.15-10≈12.2(\text{mm})$$

任务 9.3　曲线外轨超高的设置

9.3.1　原因及对策

1. 原因

在曲线轨道上运行的列车，其离心力 F 计算公式为

$$F=\frac{mV^2}{R}=\frac{GV^2}{gR}$$

式中　m——车体的质量；
　　　V——行车速度；
　　　R——曲线半径；
　　　G——车体的重力；
　　　g——重力加速度。

该离心力不仅影响到旅客的舒适度，而且对曲线外股钢轨施加了较大的竖向压力和横向作用力，加剧了外股钢轨的磨耗，严重时还会影响到铁路行车安全。

2. 对策

为平衡、缓解该离心力，就要使列车在曲线上运行时向内倾斜，依靠其自身重力的向心水平分力来平衡离心力。为保证轨道道床厚度，我国铁路采用将曲线外股钢轨适当抬高即设置外轨超高的方法来实现此目的，如图 9.12 所示。

实践证明，设置外轨超高后，内外两股钢轨受力较均匀、垂直磨耗均匀等，旅客舒适度、线路稳定性和安全性都得到提高。

图 9.12　曲线轨道外轨设置超高

9.3.2 计算及设置方法

1. 计算

1) 改建铁路

改建铁路曲线外轨超高的计算公式为

$$H = 11.8 \frac{v_j^2}{R} \tag{9-6}$$

式中 H——外轨超高(mm);

v_j——平均速度(km/h);

R——曲线半径(m)。

平均速度的计算方法,对超高的大小影响很大,因为客车质量较轻而速度较高,货车则相反。如果用简单的数学平均方法计算平均值而不考虑列车质量,则所算出的平均值都偏高,影响超高值亦偏高,这对钢轨磨耗是不利的。

我国铁路规定用加权平均法计算平均速度。

$$v_j = \sqrt{\frac{\sum N_i Q_i v_i^2}{\sum N_i Q_i}} \tag{9-7}$$

式中 v_j——加权平均法计算平均速度(km/h);

N_i——一昼夜各类列车次数(列);

Q_i——各类列车质量(t);

v_i——各类列车实测速度(km/h)。

实测行车速度,在正线上应测一昼夜间通过的各种类型的列车速度。一般可分为车上测速和地上测速两种。在整个区间或成段的山区铁路需要进行测速时,采取车上测速方法;如果是查测个别曲线,则采取地上测速的方法。各类列车的实测行车速度可用智能列车测速仪进行。

2) 新建铁路

新建铁路无资料求算 v_j,其超高则用设计最高行车速度来设置。平均速度一般为设计最高行车速度的80%,即 $v_j = 0.8 V_{max}$。

因此

$$H = 7.6 \frac{v_{max}^2}{R} \tag{9-8}$$

式中,V_{max}为路段设计的最高行车速度,目前新线采用60 km/h。经过一段时间运营后,再根据实际的行车速度调整超高。

2. 取值规定

(1) 为便于设置,超高值应取整为5mm的整倍数(3进2舍)。

(2) 曲线外轨最大超高单线铁路上不得大于125mm。在双线上不得大于150mm。一是要保证列车一旦在曲线上停车,若遇大风时不致使列车有颠覆的危险;二是各次列车的行车速度不同,所产生的未被平衡横向加速度不致相差太大。

3. 检算欠超高和过超高

曲线外轨超高按平均速度计算，但实际上列车通过曲线时的速度各异性，反映出实际设置超高的不足或过大，对旅客舒适度、轨道几何形位、钢轨磨耗以及行车安全都有较大影响。

1) 欠超高

在普通铁路上，客车的速度一般都大于平均速度。当速度较高的旅客列车通过时，实设的外轨超高显得不足，不足部分称为未被平衡的欠超高，简称欠超高。

(1) 影响：存在欠超高，离心力就没有被全部抵消，影响旅客舒适度；外轨的挤压力增大，曲线外轨垂直和侧面磨耗加剧，还可导致轨距扩大、扣件及轨枕挡肩损伤等。

(2) 计算：欠超高检算公式为

$$H_c = 11.8 \frac{v_{max}^2}{R} - H \tag{9-9}$$

式中 H_c——未被平衡欠超高(mm)；

v_{max}——通过曲线最高行车速度(km/h)；

R——曲线半径(m)；

H——实设外轨超高(mm)。

(3) 允许值[H_c]：允许欠超高按旅客舒适条件来决定。我国规定：未被平衡欠超高不应大于 75mm，困难情况下不应大于 90mm，但允许速度大于 120km/h 线路个别特殊情况下已设置的 90(不舍)~110mm 的欠超高可暂时保留，但应逐步改造；

2) 过超高

在普通铁路上，货车的速度一般都小于平均速度。当速度较低的货物列车通过时，实设的超高显得过大，超过部分称为未被平衡的过超高，简称过超高或余超高。

(1) 影响：存在过超高，曲线内股的垂直压力比外轨大，内股轨头垂直磨耗严重、轨枕内侧开裂、货物移位及偏载，由于外轮荷载的减轻，可能使外轮爬上钢轨而造成脱轨事故。在客货共线铁路上，随着客车不断提速，货车与客车的速度相差越来越大，过超高的影响日益明显。

(2) 计算：过超高检算公式为

$$H_g = H - 11.8 \frac{v_{货}^2}{R} \tag{9-10}$$

式中 H_g——未被平衡过超高(mm)；

$v_{货}$——货物列车平均速度(km/h)。

(3) 允许值 H_g：超高允许值不宜大于欠超高允许值，即 $H_g < H_q$，过超高 H_g 不应大于 30mm，困难情况下不应大于 50mm，允许速度大于 160km/h 线路的个别特殊情况下不应大于 70mm。

(4) 允许值 $H_g + H_c$：我国规定，路段设计速度不大于 120km/h 轨道的欠超高与过超高之和不应大于 125mm，大于 120km/h 轨道的欠超高与过超高之和不应大于 120mm，困难情况下不应大于 140mm。

曲线超高的设置要注意与线路速度的逐步提高配套设置,特别是在通行工程列车的线路上一定要注意,在开通速度与运营速度差别较大时更要注意。

4. 超高设置

1) 设置方法

我国铁路通过加厚外侧道床来实现曲线外轨超高的设置,且有一个逐渐的顺坡过程。

2) 顺坡方法

在超高顺坡地段,外股钢轨被逐渐抬高,不仅对外轨造成偏载,而且对旅客的舒适度也有直接的影响。

(1) 新建铁路外轨超高应在缓和曲线全长范围内递减顺接;

(2) 改建铁路困难条件下,反向曲线超高顺坡可延伸至圆曲线上,但圆曲线始终点的未被平衡超高,不得超过规范的规定。改建铁路递减率顺坡可延伸至直线上或在直线上顺坡;设计速度大于 120km/h 的轨道,递减率不应大于 $1/(10v_{max})$,困难条件下不应大于 $1/(8v_{max})$;设计速度等于或小于 120km/h 轨道,递减率不应大于 $1/(9v_{max})$,困难条件下不应大于 $1/(7v_{max})$,当 $1/(7v_{max})$ 大于 0.2% 时,按 0.2% 设置,即超高顺坡坡度最大不得大于 0.2%。

(3) 改建铁路特殊困难条件下可保留复曲线,复曲线应在正矢递减范围内,从较大超高向较小超高均匀顺坡。

【例 9-3】某铁路线曲线半径为 1 600m,线路允许速度为 120km/h,一昼夜各类列车次数、列车重量及实测行车速度见表 9-9。通过计算确定曲线外轨超高。

表 9-9 列车的重量、列数及速度

序号	列车种类	列车质量	列数	实测行车速度(km/h)
1	特快旅客列车	800	6	115、113、108、109、113、112
2	直快旅客列车	900	4	105、102、104、103
3	普通旅客列车	700	2	93、92
4	直达货物列车	3 300	12	81、84、79、78、80、77、79、76、73、78、70、73
5	区段货物列车	2 200	5	85、82、80、81、89
6	排空货物列车	1 100	6	85、82、81、81、88、89

【解】

(1) 计算各类列车的基础数据。按各类列车的列数、重量及速度计算如下。

① 特快旅客列车

$$\sum N_1 Q_1 v_1^2 = 800 \times (115^2 + 113^2 + 108^2 + 109^2 + 113^2 + 112^2) = 59\,881\,600(\text{t} \cdot \text{km}^2/\text{h}^2)$$

$$N_1 Q_1 = 6 \times 800 = 4\,800(\text{t})$$

② 直达旅客列车

$$\sum N_2 Q_2 v_2^2 = 900 \times (105^2 + 102^2 + 104^2 + 103^2) = 38\,568\,600(\text{t} \cdot \text{km}^2/\text{h}^2)$$

$$N_2 Q_2 = 4 \times 900 = 3\,600(\text{t})$$

③ 普通旅客列车
$$\sum N_3 Q_3 v_3^2 = 700 \times (93^2 + 92^2) = 11\,979\,100(\text{t} \cdot \text{km}^2/\text{h}^2)$$
$$N_3 Q_3 = 2 \times 700 = 1\,400(\text{t})$$

④ 直达货物列车
$$\sum N_4 Q_4 v_4^2 = 3\,300 \times (81^2 + 84^2 + 79^2 + 78^2 + 80^2 + 77^2 + 79^2 + 76^2 + 73^2$$
$$+ 78^2 + 70^2 + 73^2) = 237\,369\,000(\text{t} \cdot \text{km}^2/\text{h}^2)$$
$$N_4 Q_4 = 12 \times 3\,300 = 39\,600(\text{t})$$

⑤ 区段货物列车
$$\sum N_5 Q_5 v_5^2 = 2\,200 \times (85^2 + 82^2 + 80^2 + 81^2 + 89^2) = 76\,628\,200(\text{t} \cdot \text{km}^2/\text{h}^2)$$
$$N_5 Q_5 = 5 \times 2\,200 = 11\,000(\text{t})$$

⑥ 排空货物列车
$$\sum N_6 Q_6 v_6^2 = 1\,100 \times (85^2 + 82^2 + 81^2 + 81^2 + 88^2 + 89^2) = 47\,009\,600(\text{t} \cdot \text{km}^2/\text{h}^2)$$
$$N_6 Q_6 = 6 \times 1\,100 = 6\,600(\text{t})$$

(2) 计算平均速度。将各有关数值代入式(9-7)得
$$v_j = \sqrt{\frac{59\,881\,600 + 38\,568\,600 + 11\,979\,100 + 237\,369\,000 + 76\,628\,200 + 47\,009\,600}{4\,800 + 3\,600 + 1\,400 + 39\,600 + 11\,000 + 6\,600}}$$
$$= \sqrt{\frac{471\,436\,100}{67\,000}} \approx 83.88(\text{km/h})$$

(3) 计算超高。将 $v_j = 83.88 \text{km/h}$ 代入式(9-6)得
$$H = 11.8 \times \frac{83.88^2}{1\,600} \approx 51.9(\text{mm})$$

超高按 5mm 的倍数取值，按照 3 进 2 舍原则，设置超高为 50mm。

(4) 检算欠超高和过超高。

① 检算欠超高。
$$H_c = 11.8 \times \frac{120^2}{1\,600} - 50 = 56.2(\text{mm})$$

小于容许值 75mm。

② 检算过超高。

货物列车平均速度为
$$v_H = \sqrt{\frac{237\,369\,000 + 76\,628\,200 + 47\,009\,600}{39\,600 + 11\,000 + 6\,600}} \approx 79.4(\text{km/h})$$
$$H_g = 50 - 11.8 \frac{79.4^2}{1\,600} \approx 3.5(\text{mm})$$

未超过容许值 30mm。

根据检算结果，该曲线超高按 50mm 设置符合要求。

任务9.4 曲线轨距和限界的加宽

9.4.1 曲线轨距加宽

1．原因及对策

1) 原因

机车车辆的转向架是一个刚性结构，转向架各车轴之间平行且保持固定距离。当机车车辆由直线进入小半径曲线时，转向架第一车轴的外轮轮缘冲击外股钢轨；进入曲线后，转向架中部车轴的内侧车轮轮缘紧靠内股钢轨，而最后一个车轴的外轮又靠向外股钢轨。因此，机车车辆通过小半径曲线时，容易被钢轨卡住，轮轨磨耗及轨道破坏加剧。机车车辆转向架通过曲线的示意图如图9.13所示。

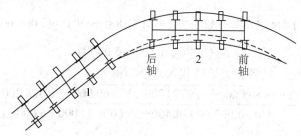

图9.13 机车车辆转向架通过曲线的示意图

2) 对策

根据线路行车速度，在半径小到一定数值的曲线上，将轨距适当加宽，使机车车辆平稳和安全地通过曲线。

2．设置标准

1) 加宽计算

以固定轴距最大的车辆能以"自由偏转"的位置，即车辆转向架(两轴转向架)的前轴外轮导向，而后轴内外轮轮缘和钢轨之间呈无横向作用力的状态，顺利通过曲线时计算轨距加宽值。

2) 加宽检算

用最大轴距的机车和少数固定轴距最大的车辆，对按要求所确定的轨距加宽值进行检算，并考虑在最不利的条件下，车轮踏面在轨头上的覆盖面不少于30mm的要求。

3) 我国铁路关于轨距加宽的标准

(1) 不加宽：$R \geqslant 295m$ 的曲线。

(2) 加宽5mm：$245m \leqslant R < 295m$ 的曲线。

(3) 加宽10mm：$195m \leqslant R < 245m$ 的曲线。

(4) 加宽15mm：$R < 195m$ 以下的曲线。

曲线轨道的最大轨距为1 450mm。

3．设置方法

1) 加宽途径

为保证曲线外股钢轨的圆顺和导向作用，保持曲线外股钢轨不动，通过将内股钢轨向外横移来实现轨距加宽。

2) 轨距均匀递减

有加宽的曲线轨距与直线轨距间,应使轨距均匀递减,具体按下列规定办理。

(1) 轨距加宽应在整个缓和曲线内均匀递减,与超高顺坡、正矢递减等一并处理。如无缓和曲线,则在直线上递减,递减率不得大于 0.1%,如图 9.14、图 9.15 所示。

(2) 相邻曲线轨距加宽按 0.1% 递减,其递减终点间的直线长度不应短于 10m。不足 10m 时,如直线部分的两轨距加宽相等,则直线部分保留相等的加宽,如不相等,则直线部分从较大轨距加宽向较小轨距加宽均匀递减,如图 9.16、图 9.17 所示。

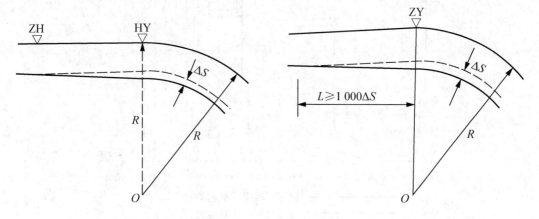

图 9.14　有缓和曲线轨距加宽递减　　　　图 9.15　无缓和曲线轨距加宽递减

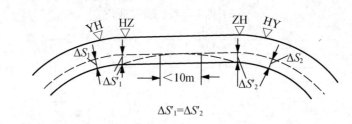

图 9.16　直线部分保留相等的加宽

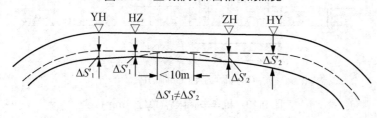

图 9.17　从较大轨距向较小轨距均匀递减

(3) 特殊条件下的轨距加宽递减率不得大于 0.2%。

9.4.2　曲线限界加宽

1. 直线建筑限界

1) 铁路限界类型

(1) 机车车辆限界:在铁路线上,为确保列车安全运行,机车、车辆本身及其装载的货物,不得超过规定的轮廓线,包括:机车车辆下(上)部限界、通过驼峰车辆减速器(顶)(制动或工作位置)的货车下部限界等,并根据时速等级不同分别设置。如图9.18所示。

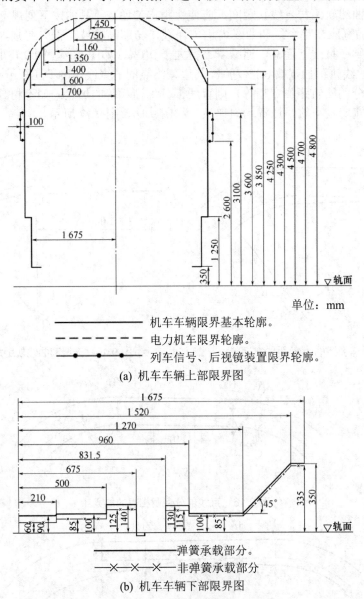

图9.18 机车车辆限界(单位:mm)

(2) 建筑限界:靠近铁路线路修建的建筑物及设备,不得侵入规定的线路中心线垂直断面的轮廓尺寸线。建筑限界包括基本建筑限界、隧道建筑限界(分内燃、电力区段)及桥梁建筑限界(分内燃、电力区段),如图9.19所示。

上述两种限界之间存在一定的空间间隔,称为安全空间。

2) 建筑限界的具体规定

(1) 旅客站台上柱类建(构)筑物距站台边缘不小于1 500mm,建(构)筑物距站台边缘不小于2 000mm。旅客站台分为低站台、高站台,低站台高度为300mm、500mm,高站台高度为1 250mm。货物站台的高度为900~1 100mm。在非电气化区段的车站上,车辆调动频繁的站场内，天桥的高度不小于 5 800mm。

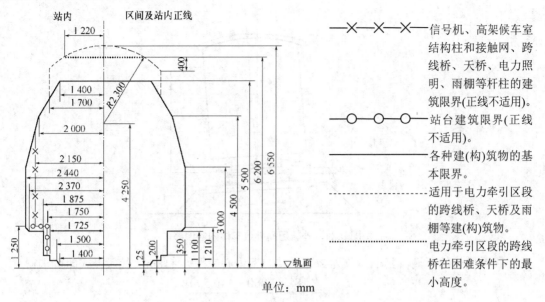

图 9.19 客货共线铁路基本建筑限界图(单位：mm，$v \leqslant 160km/h$)

(2) 货物高站台边缘(只适用于线路的一侧)在高出轨面的 1 100～4 800mm 范围，距线路中心线距离可按 1 850mm 设计。

2．曲线上建筑限界的加宽

1) 原因

在曲线轨道上运行的列车，其转向架上的车体为刚性结构，不随轨道而弯曲，而转向架可以转动，车体纵向轴线与轨道中心线是不重合的，致使每节车体两端向曲线的外侧偏移，车体中部向曲线内侧方向偏移，使车体与建筑限界间的两侧净空都有所减少，如图 9.20 所示。

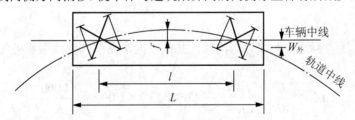

图 9.20 曲线上车体内外偏移

同时，曲线外轨超高导致车体向曲线内侧倾斜，也影响了内侧限界，如图 9.21 所示。

2) 对策

曲线地段的建筑接近限界比直线地段的大，应在直线建筑限界的基础上适当加宽。

由图 9.20、图 9.21 可知，曲线上建筑限界的加宽，与车体长度、两转向架间的距离、曲线半径及外轨超高有关。

3) 计算方法

(1) 内侧加宽 $W_内$。

① 平面内侧加宽 $W_{平内}$：车体纵向轴线的中部向曲线内侧偏移，偏移量为 $f = \dfrac{l^2}{8R}$，式

中 l 为转向架中心销距，如图 9.20 所示。

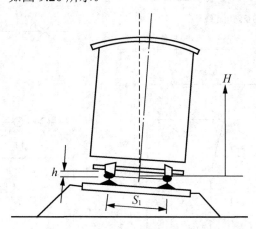

图 9.21 外轨超高导致车体内倾偏移

我国最长的车辆，其车体长为 26m，转向架中心销距 $l = 18$m，代入上式即可求得

$$W_{平内} = \frac{18^2 \times 1000}{8R} = \frac{40\ 500}{R} \tag{9-11}$$

② 立面内侧加宽 $W_{立内}$：外轨超高致使车体向内倾斜，存在关系：$\frac{W_{立内}}{H} = \frac{h}{S_1}$，式中 H 为自轨面至建筑物计算点的高度，如图 9.21 所示。将 $S_1 = 1\ 500$mm 代入，即得

$$W_{立内} = \frac{Hh}{1\ 500} \tag{9-12}$$

③ 内侧总加宽量 $W_{内}$ 计算公式为

$$W_{内} = \frac{40\ 500}{R} + \frac{Hh}{1\ 500} \tag{9-13}$$

(2) 外侧加宽 $W_{外}$。

车体纵向轴线的两端向曲线外侧偏移，其偏移的距离即为曲线限界外侧加宽之值，如图 9.20 所示。

$$W_{外} = \frac{L^2}{8R} - \frac{l^2}{8R} = \frac{1}{8R}(26^2 - 18^2) \times 1\ 000 = \frac{44\ 000}{R} \tag{9-14}$$

3．线间距加宽

曲线线间距加宽是指曲线两端的线间距均为最小线间距时，曲线上的线间距在最小线间距基础上所需要的加宽量。

(1) 外侧线的超高大于内侧线的超高时，外侧线路上的车辆内倾，在立面上车辆上部间的净空减小了，而内侧线路上的车辆内倾，却使车辆上部间的净空增大。因此，线间距加宽应为外侧线限界内侧加宽加上内侧线限界外侧加宽，再减去内侧线立面内侧加宽，即

$$W_{线间} = W_{内} + W_{外} - W_{立内} = \frac{40\ 500}{R_{外}} + \frac{Hh_{外}}{1\ 500} + \frac{44\ 000}{R_{内}} - \frac{Hh_{内}}{1\ 500}$$

将 $H = 3\ 600$mm 代入，得 $h_{外} > h_{内}$ 时的线间距加宽公式

$$W_{线间} = \frac{40\,500}{R_{外}} + \frac{44\,000}{R_{内}} + 2.4(h_{外} - h_{内}) \quad (9\text{-}15)$$

(2) 内侧线的超高大于或等于外侧线的超高时，两线路上的车辆上部间的净空加大，线间距加宽由外侧线的平面内侧加宽和内侧线的外侧加宽决定，即

$$W_{线间} = \frac{40\,500}{R_{外}} + \frac{44\,000}{R_{内}} \quad (9\text{-}16)$$

上述各式计算出的加宽量，均应进整(不是进舍)成 5mm 的倍数。

4. 曲线建筑限界加宽办法

曲线上建筑限界的加宽范围，包括全部圆曲线、缓和曲线和部分直线。加宽方法可采用图 9.22 所示阶梯形方式，或采用曲线圆顺方式。

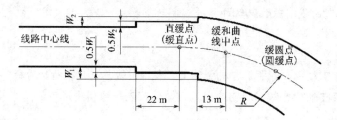

图 9.22 铁路曲线线间距加宽示意图

限界的计算与设置在铁路工务工程中是很关键的，在工程验收中是一个硬指标。要根据建筑物与线路的相对位置关系分清内、外侧加宽。

【例 9-4】某站限于场地条件设于曲线上，站台相对于轨面高 300mm，曲线半径为 1 600m，外轨超高设为 15mm，直线站台限界为 1 750mm，信号机限界为 2 150mm，如图 9.23 所示。求 A、B 信号机和站台至线路中心线的最小距离。

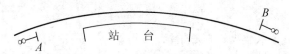

图 9.23 曲线车站站台

【解】

(1) A 信号机位于曲线内侧，属于限界内加宽，按式(9-13)计算，式中的 H 为车体内倾突出点至轨面的距离，取 $H = 3\,600$mm。

$$W_{内} = \frac{40\,500}{1\,600} + \frac{3\,600 \times 15}{1\,500} = 61(\text{mm})，进整成 65\text{mm}。$$

A 信号机至线路中心线的最小距离 $= 2\,150 + 65 = 2\,215(\text{mm})$。

(2) B 信号机位于曲线外侧，属于限界外加宽，应按式(9-14)计算。

$$W_{外} = \frac{44\,000}{1\,600} = 28(\text{mm})，进整成 30\text{mm}。$$

B 信号机至线路中心的最小距离 = 2 150 + 30 = 2 180(mm)。

(3) 站台位于曲线内侧，属于内加宽，应按式(9-13)计算，式中的 H 应为站台至轨面的高度。

$$W_{内} = \frac{40\,500}{1\,600} + \frac{300 \times 15}{1\,500} = 28(mm)，进整成 30mm。$$

站台至线路中心线的最小距离 = 1 750 + 30 = 1 780(mm)。

学岗互通

给定线路平面设计图，进行下列项目的训练。
(1) 按不同的行车速度进行超高设置的计算、检算。
(2) 对有关建筑进行限界、线间距加宽的计算。
(3) 对曲线轨道曲线缩短轨配轨计算并编制轨节表。

职业贴士

在现场的轨道工程中，特别是在机械铺架工程中，轨节表是推行"看板"管理的重要载体，编制轨节表是铺架技术员的基本职业能力，读懂轨节表是铺架线路工的基本技能。

知识拓展

曲线轨道构造加强

1. 原因

铁路曲线是设置了缓和曲线的曲线，在曲线轨道上运行的列车除了承受与直线上同样的荷载外，还要承受离心力等；且机车车辆的转向架是一个刚性结构，列车在曲线轨道上运行时，转向架上的轮对对曲线外股钢轨施加了较大的竖向压力和横向作用力，轮轨磨耗加剧，甚至推动轨排一起横移，使线路轨道几何形位失常、设备损坏，严重时还会影响到铁路行车安全。

为保持曲线轨道良好的几何形位，并延长曲线钢轨、轨枕等设备的使用寿命，应对曲线轨道构造采取加强措施。

2. 加强措施

1) 铺设较重型轨或全长淬火、耐磨钢轨

对铁路来说，当曲线半径大于 800m 时，钢轨磨耗的速度趋于缓和；当曲线半径小于 800m 时，钢轨的磨耗速度迅速加快。半径为 400m 的曲线轨道，其外轨磨耗经速度可达半径为 800m 的曲线轨道的 4 倍。

(1) 铺设较重型轨。随着铁路行车速度和牵引质量的不断提高，小半径曲线轨道的钢轨磨耗更加明显，磨耗速度也更快了。

在曲线轨道上铺设较直线更重型的钢轨，能显著增加线路的强度和横向刚度，更能抵抗外荷载的冲击，减少钢轨在轨枕上的横移，轨道几何形位更容易保持。另外，由于重型钢轨的轨头截面较大，其侧面容许磨耗的面积也较大，可延长钢轨的使用寿命。

(2) 铺设耐磨合金轨。采用耐磨轨，可显著减少钢轨的磨耗，其使用寿命比普通碳素钢轨延长 3 倍左右。

正线曲线半径为 500m 及以下的次重型轨道，应采用全长淬火或耐磨钢轨。铺设无缝线路的曲线地段宜采用全长淬火钢轨。

项目9 曲线轨道构造及配置计算

2) 加密增铺轨枕和加强扣件

(1) 加强轨枕铺设密度。增加每节钢轨下的轨枕根数,可提高钢轨在轨枕上移动的阻力及轨枕在道床中横向移动的阻力,也加大轨排的整体刚度,轨距和方向都易于保持;但也不宜太密,否则既不经济,也因枕间净距过小,在一定程度上会影响捣固质量。

正线木枕或Ⅱ型混凝土枕地段半径为 800m 及以下的曲线地段,每千米增铺混凝土枕 80 根、木枕 160 根,但需满足每千米最多铺设根数的规定。

(2) 选择更合适的轨枕类型。曲线半径小于 300m 地段,正线应铺设小半径曲线用混凝土枕,站线宜铺设小半径曲线用混凝土枕。

(3) 加强轨枕扣件。正线轨道应按照轨道类型采用弹条Ⅰ型、Ⅱ型、Ⅲ型扣件,站线混凝土轨枕轨道宜采用弹性扣件。

明桥面上桥枕宜采用分开式扣件,站线木枕轨道宜采用分开式扣件,次要站线木枕轨道可采用普通道钉。对于木枕线路,半径为 800m 及以下的曲线轨道,应将五孔铁垫板钉足 5 个道钉。

3) 增大曲线外侧道床的肩宽

为增大道床抵抗轨枕向曲线外侧横移的阻力,无缝线路轨道半径小于 800m、有缝线路轨道半径小于 600m 的曲线地段,曲线外侧道床顶面宽度应增加 0.10m。

4) 安设轨距杆和轨撑

列车通过曲线时对轨道的横向作用力,使钢轨横移、轨距扩大,甚至向外倾倒。为避免保持曲线轨道的稳定,应安设轨距杆或轨撑。

(1) 轨距杆可牢固连接左右两股钢轨以保持轨距。正线曲线半径小于或等于 800m 木枕线路地段,站线曲线半径小于或等于 450m 木枕地段,采用普通道钉时应按规范规定设置轨距杆或轨撑;采用分开式扣件时可按规范的规定设置轨距杆。

(2) 轨撑能有效抵抗轮轨横向力,提高钢轨的横向刚度。正线上电力牵引区段曲线半径小于或等于 600m 和其他牵引区段曲线半径小于或等于 350m 混凝土枕线路地段,可根据规范的规定设置轨距杆。

在现行设计与施工规范中,曲线轨道采取了相应的加强措施,在计算工程数量和现场施工技术交底中要注意。

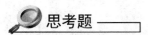

1. 绘图说明曲线轨道的基本要素、主点,并简述曲线轨道的特点。
2. 简述超高、欠超高、过超高的概念,并简述超高的设置方法。
3. 简述曲线轨道轨距加宽的标准。
4. 简述曲线轨道构造加强的主要措施。

项目 10 曲线轨道方向整正

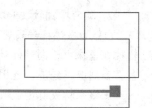

引子

为确保曲线轨道具有良好的受力条件，必须保证其正确的几何形位，尤其是曲线轨道方向的圆顺。

铁路曲线上轨道的受力比直线轨道复杂，曲线轨道受机车车辆的冲击、推挤和摩擦比直线轨道大得多，曲线轨道方向的改变比直线轨道快得多，曲线方向不良会加速列车对轨道的破坏，严重时将危及行车安全，如图 10.1 所示。

图 10.1 列车行驶在铁路曲线轨道上

任务

任务 10.1 曲线方向整正的基本原理
任务 10.2 实测曲线现场正矢和计算曲线计划正矢
任务 10.3 曲线轨道拨量计算

任务 10.1 曲线方向整正的基本原理

铁路曲线轨道的方向是否圆顺，是通过曲线正矢来衡量的。钢轨在曲线轨道上弯曲成弧形，曲线正矢是指铁路曲线轨道上用直线弦绳紧贴曲线外股钢轨工作边(测量轨距的位置)，测量弦绳中部距钢轨的矢度，称为正矢。缓和曲线上每个测点的正矢值都不同，圆曲线上中间测点的正矢是一样的。

整正曲线轨道方向最常用的方法就是绳正法。绳正法是利用正矢与曲线半径、曲线转角及正矢与拨量之间的关系，计算出曲线上每 10m 一测点的拨量，然后按计算的拨量在现场将曲线轨道方向拨圆顺。

绳正法的基本假定与基本原理如下。

1. 基本假定

曲线上某一测点的拨动,并不会使其前后各测点发生位移。

设 $n-1$, n, $n+1$ 为曲线上的正矢测点,如图 10.2 所示。

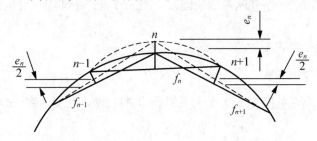

图 10.2　某测点拨动后相邻测点正矢变化示意图

当拨动 n 点时,n 点前后的测点 $n-1$ 点及 $n+1$ 点要受其影响而发生移动,但因移动甚微,可假设其不动,否则以下原理也不能成立,绳正法就无法进行了。

测点的间距越短,拨量越大,其误差也越大。因此,在曲线整正实践中,应适当限制弦长和拨量,以保证整正的质量。

2. 基本原理

(1) 曲线上某一测点向外或向内拨一距离,其相邻两测点的正矢将相应减小或增大此拨距的一半。

当 n 点向外的拨量为 e_n 时,其前后两测点的正矢 f_{n+1} 及 f_{n-1} 将各减少 $\frac{1}{2}e_n$;反之,其前后两测点的正矢将各增加 $\frac{1}{2}e_n$,如图 10.2 所示。

(2) 要保持曲线两端切线方向不变,且曲线始终点拨距为零,必须使各测点的正矢差的合计数为零,以及各点正矢差累计数的合计数为零。

① 欲使曲线两端切线方向不变,就必须保持曲线的转角不变,即必须使曲线上各测点的正矢和恒为一常数(曲线拨动前各测点的正矢和恒等于曲线拨动后各测点的正矢和),即计划正矢总和等于现场正矢总和,亦即曲线上各测点的正矢差总和等于零。

因曲线上任何点拨动使正矢增减一个拨距时,必有相邻两点的正矢相应减增半拨距以平衡之,故不论曲线如何拨动,正矢之和始终不变。

② 曲线整正前后,应保持曲线两端直线的位置不变。

倘曲线始终点拨距不为零,则切线必将移动,其方向也发生变化,这样就牵涉曲线的移动,使曲线拨动前后的正矢合计数不相等,因而曲线绳正法就无法进行了。

故实际工作中,在测量正矢之前,须先压除曲线"鹅头"(曲线两端的反弯),拨直曲线两端直线方向,再测量正矢,这对保证曲线绳正法的质量是非常重要的。

3. 应满足各控制点对拨量的限制

在曲线整正计算中,对诸如桥梁(无砟桥)、隧道、道口、信号机等处所,因其不许拨动或拨量受到一定条件的限制,在整正计算中应满足这些控制点对拨量的要求。

任务 10.2　实测曲线现场正矢和计算曲线计划正矢

实测正矢：曲线轨道上以外股钢轨轨线为基准线，每10m设置一个测点，用一根不易变形的20m弦线，两端紧贴外轨内侧轨面以下16mm处，在其中点准确量出弦线与外轨内侧面间的距离。

计划正矢：各测点要求达到的正矢值。

1. 实测曲线现场正矢

曲线上各测点的现场实测正矢是对曲线现状的反映，也是曲线方向整正计算的原始数据。

1) 量测方法

(1) 在外股钢轨上用钢尺丈量，每10m设置一个测点(曲线头或尾是否在测点上不限)。

(2) 将20m弦线两端置于曲线测点上，弦线应拉紧并贴靠在外轨头部内侧轨顶面以下16mm处，在弦线中点处量出弦线至外轨头部内侧的距离，该距离即为现场正矢。

(3) 为确保测量准确，每个测点的现场正矢应测量3次取平均值。

(4) 曲线两端直线轨向不良时，应事先拨正，两曲线间直线段较短时，可以与两曲线同时计算、拨正。

2) 曲线圆顺标准

有砟轨道曲线用20m弦线在钢轨踏面下16mm处测量的现场正矢，其偏差不能超过的限度见表10-1。

表10-1　有砟轨道曲线静态平顺度(mm)

曲线半径(m)	实测正矢与计算正矢差		圆曲线正矢连续差	圆曲线最大最小正矢差
	缓和曲线	圆曲线		
800<R≤1 600	3	4	4	7
1 600<R≤2 800	2	3	4	6
2 800<R≤3 500	2	3	4	5
R>3 500	1	2	3	4
测量弦长	20m			
测量位置	钢轨头部内侧面下16mm处			

2. 确定曲线主要桩点的位置

新建铁路曲线轨道按照施工测量的主点桩位，如图10.3所示。必要时重新复核确认桩点是否符合测量闭合差的要求。

工程实践中经常出现由于曲线主点桩点之间本身不闭合，影响最终的拨道质量，甚至拨不到位。

项目 10 曲线轨道方向整正

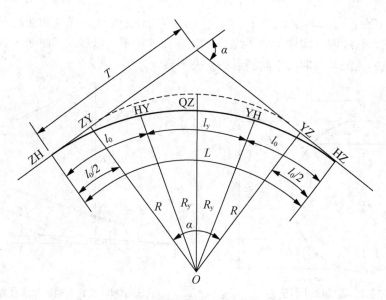

图 10.3 曲线轨道五大主要桩位(主点)

3．计算曲线计划正矢

计划正矢是曲线轨道方向的构造参数。在曲线圆顺状态下，各测点应有的正矢称为计划正矢，也就是曲线方向整正后各测点应达到的正矢。它是根据正矢与曲线半径的关系通过计算确定的，因此也称计算正矢。

计划正矢是曲线方向整正计算的依据，是曲线方向整正的关键。

1) 圆曲线计划正矢

(1) 圆曲线中间各测点的计划正矢 f_y。圆曲线中间各测点：当测量正矢的弦线两端对应的测点为圆曲线上的点时，弦线中点对应的测点。

① 理论计算公式。

f_y 为圆曲线的计划正矢，如图 10.4 所示。

由图 10.4 得

$$\frac{f_y}{\lambda}=\frac{\lambda}{2R-f_y}$$

因为 f_y 远小于 $2R$，所以 $2R-f_y \approx 2R$，代入推得

$$f_y=\frac{\lambda^2}{2R} \tag{10-1}$$

式中　　R——圆曲线半径；

　　　　f_y——圆曲线的计划正矢；

　　　　λ——弦线长度的一半，称半弦长。由于曲线半径很大，因此半弦长近似等于测点距离，一般采用 10m。

② 实际计算公式。将 $\lambda=10\text{m}$ 代入式(10-1)，且 f_y 的单位以 mm 计，则

$$f_y=\frac{\lambda^2}{2R}=\frac{10^2\times 1000}{2R}=\frac{50\,000}{R} \tag{10-2}$$

(2) 无缓和曲线时，其 ZY、YZ 点附近两测点的计划正矢。无缓和曲线时，圆曲线与直线直接相连，弦线的一端伸入到直线上，如图 10.5 所示。显然，圆曲线始点(ZY)、终点(YZ)两侧测点的正矢与圆曲线中间测点的正矢不同。

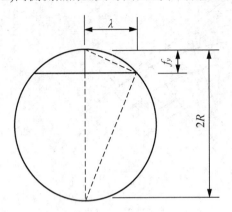

图 10.4　圆曲线计划正矢

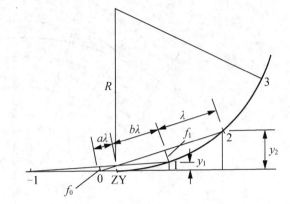

图 10.5　ZY 点相邻测点计划正矢

① 计算公式。设 0、1 测点的正矢分别为 f_0、f_1。因测点 1 处的转向角很小，可以认为 f_1 在 y_1 的延长线上，由图 10.5 可得

$$f_0 = \frac{y_1}{2}, \quad f_1 = \frac{y_2}{2} - y_1$$

而 $y_1 = \frac{b\lambda^2}{2R}$，$y_2 = \frac{(2\lambda - a\lambda)^2}{2R}$，则

$$f_0 = \frac{y_1}{2} = \frac{f_y b^2}{2} = \alpha_z \cdot f_y, \quad f_1 = \frac{y_2}{2} - y_1 = f_y\left(1 - \frac{a^2}{2}\right) = \alpha_y \cdot f_y \tag{10-3}$$

式中　α_z——直线一侧测点的正矢系数，$\alpha_z = \frac{b^2}{2}$；

　　　α_y——圆曲线一侧测点的正矢系数，$\alpha_y = 1 - \frac{a^2}{2}$。

② 关于 a、b 的值。

当 $a=0$、$b=1$ 时，0 测点为圆曲线始点，此时，$\alpha_z = \frac{1}{2}$、$\alpha_y = 1$，则 $f_0 = \frac{f_y}{2}$，$f_1 = f_y$，即圆曲线始点位于测点时，其正矢为圆曲线正矢的 $\frac{1}{2}$。

当 a、b 为任一数值时，可分别计算正矢系数 α_z 和 α_y 或查圆曲线始终点相邻点正矢系数表，再用式(10-3)计算 f_0 和 f_1。圆曲线始、终点两相邻点正矢系数表见表 10-2。

表 10-2　圆曲线始、终点两相邻点正矢系数表

始终点位置		正矢系数值		始终点位置		正矢系数值	
a	b	α_z	α_y	a	b	α_z	α_y
0	1.00	0.500 0	1.000 0	…	…	…	…
0.01	0.99	0.490 1	1.000 0	0.91	0.09	0.004 1	0.586 0
0.02	0.98	0.480 2	0.999 8	0.92	0.08	0.003 2	0.576 8

续表

始终点位置		正矢系数值		始终点位置		正矢系数值	
0.03	0.97	0.470 5	0.999 6	0.93	0.07	0.002 5	0.567 6
0.04	0.96	0.460 8	0.999 2	0.94	0.06	0.001 8	0.558 2
0.05	0.95	0.451 3	0.998 8	0.95	0.05	0.001 3	0.548 8
0.06	0.94	0.441 8	0.998 2	0.96	0.04	0.000 8	0.539 2
0.07	0.93	0.432 5	0.997 6	0.97	0.03	0.000 5	0.529 6
0.08	0.92	0.423 2	0.996 8	0.98	0.02	0.000 2	.0519 8
0.09	0.91	0.414 1	0.996 0	0.99	0.01	0	0.510 0
0.10	0.90	0.405 0	0.995 0	1.00	0	0	0.500 0

注：表中中间段数据已省略。

实践中可根据曲线要素资料求算 a、b。

如某曲线曲线长 $K=107.616m$，外股钢轨 $K_\perp=107.826m$。则：$a\lambda=\frac{1}{2}(110-107.826)=1.087$，因此 $a=1.087/\lambda=0.108\ 7$；如某曲线曲线长 $K=334.215m$，外股钢轨 $K_\perp=334.641m$，则：$a\lambda=\frac{1}{2}(340-334.641)=2.680$，因此 $a=2.680/\lambda=0.268\ 0$。

【例 10-1】某圆曲线计划正矢 $f_y=86mm$，$a=0.108\ 7$，$b=0.891\ 3$。求 f_0 和 f_1。

【解】

$$\alpha_z=\frac{b^2}{2}=\frac{0.891\ 3^2}{2}=0.397\ 2$$

$$\alpha_y=1-\frac{a^2}{2}=1-\frac{0.108\ 7^2}{2}=0.994\ 1$$

$$f_0=\alpha_z \cdot f_y=0.397\ 2\times 86=34.16(mm)$$

$$f_1=\alpha_y \cdot f_y=0.994\ 1\times 86=85.49(mm)$$

2) 缓和曲线的计划正矢

(1) 缓和曲线中间各测点的计划正矢。缓和曲线中间各测点：当测量正矢的弦线两端对应的测点为缓和曲线上的点时，弦线中点对应的测点。

设缓和曲线的曲率半径为 ρ，根据正矢与半径的关系可得

$$f_i=\frac{\lambda^2}{2\rho},\quad \rho=\frac{C}{l}=\frac{Rl_0}{l}$$

则

$$f_i=\frac{(\frac{l}{\lambda})f_y}{(\frac{l_0}{\lambda})}$$

令

$$N_i=\frac{l}{\lambda},\quad m_0=\frac{l_0}{\lambda}$$

则

$$f_i=\frac{N_i f_y}{m_0}=N_i \cdot f_d \tag{10-4}$$

式中　N_i——测点距缓和曲线始点的段数；

　　　m_0——缓和曲线全长的段数；

f_d——缓和曲线正矢递变率，$f_d = f_y/m_0$

(2) 缓和曲线始点(ZH，HZ)相邻测点的计划正矢。

设 0、1 两测点分别在 ZH 点两侧，与 ZH 点相距分别为 $a\lambda$、$b\lambda$，如图 10.6 所示。

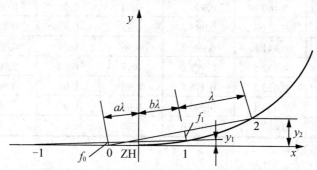

图 10.6 缓和曲线始点(ZH，HZ)相邻测点的计划正矢

根据缓和曲线方程式 $y = \dfrac{x^3}{6Rl_0}$，得

$$y_1 = \frac{(b\lambda)^3}{6Rl_0}, \quad y_2 = \frac{(2\lambda - a\lambda)^3}{6Rl_0}$$

由图 10.6 可得

$$f_0 = \frac{y_1}{2} = \frac{(b\lambda)^3}{12Rl_0} = \frac{b^3}{6} \cdot \frac{\lambda^3}{2Rl_0}$$

其中

$$\frac{\lambda^3}{2Rl_0} = \frac{\lambda^2}{\dfrac{l_0}{\lambda} \cdot 2R} = \frac{f_y}{m_0} = f_d$$

所以

$$f_0 = \frac{b^3}{6} \cdot \frac{\lambda^3}{2Rl_0} = \alpha_z \cdot f_d \tag{10-5}$$

式中 α_z——直线一侧测点的正矢系数，$\alpha_z = \dfrac{b^3}{6}$。

由于缓和曲线始点处的曲率极小，可以认为 f_1 在 y_1 的延长线上，则

$$f_1 = \frac{y_2}{2} - y_1 = \frac{1}{6}(6 - 6a + a^3)\frac{\lambda^3}{2Rl_0}$$

其中

$$(6 - 6a + a^3) = 6(1-a) + a^3 = 6b + a^3; \quad \frac{\lambda^3}{2Rl_0} = f_d$$

所以

$$f_1 = \frac{1}{6}(6b + a^3)\frac{\lambda^3}{2Rl_0} = (6b + a^3)f_d = \alpha_{H-1} f_d \tag{10-6}$$

式中 α_{H-1}——缓和曲线一侧测点的正矢系数，$\alpha_{H-1}=b+\dfrac{a^3}{6}$。

当缓和曲线始点(ZH)位于 0 点时，此时，$a=0$，$b=1$，$\alpha_z=\dfrac{b^3}{6}=\dfrac{1}{6}$，$\alpha_{H-1}=b+\dfrac{a^3}{6}=1$，则

$$f_0=\alpha_z \cdot f_d=\dfrac{1}{6}f_d,\quad f_1=\alpha_{H-1}f_d=f_d$$

当缓和曲线始点不在测点时，其两侧测点的正矢，可通过计算正矢系数 α_z 和 α_{H-1} 或查缓和曲线始、终点两相邻点正矢系数表，见表 10-3。然后，利用式(10-5)、式(10-6)求算 f_0 和 f_1 的值。

表 10-3 缓和曲线始、终点两相邻点正矢系数表

始终点位置		正矢系数值		始终点位置		正矢系数值	
a	b	α_z 或 α_y	α_{H-1} 或 α_{H-2}	a	b	α_z 或 α_y	α_{H-1} 或 α_{H-2}
0	1.00	0.166 7	1.000 0	…	…	…	…
0.01	0.99	0.161 7	0.990 0	0.91	0.09	0.000 1	0.215 6
0.02	0.98	0.156 8	0.980 0	0.92	0.08	0.000 1	0.209 8
0.03	0.97	0.152 2	0.970 0	0.93	0.07	0.000 1	0.204 1
0.04	0.96	0.147 5	0.960 0	0.94	0.06	0	0.198 5
0.05	0.95	0.142 8	0.950 0	0.95	0.05	0	0.192 8
0.06	0.94	0.134 8	0.940 0	0.96	0.04	0	0.187 5
0.07	0.93	0.131 1	0.930 1	0.97	0.03	0	0.182 2
0.08	0.92	0.129 8	0.920 1	0.98	0.02	0	0.176 8
0.09	0.91	0.125 6	0.910 0	0.99	0.01	0	0.171 6
0.10	0.90	0.121 5	0.900 2	1.00	0	0	0.166 7

注：表中中间段数据已省略。

(3) 缓和曲线终点(HY，YH)相邻两测点的正矢。

n 和 $n+1$ 为与缓圆点相邻的两个测点，距缓圆点分别为 $b\lambda$ 和 $a\lambda$，如图 10.7 所示。

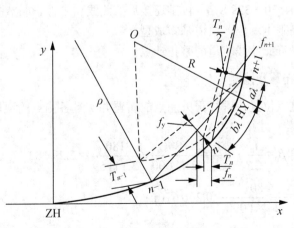

图 10.7 缓和曲线终点(HY，YH)相邻两测点的计划正矢

如图 10.7，由于铁路曲线的半径很大，可近似地认为

$$f_n=f_y+T_n-\dfrac{T_{n-1}}{2}$$

$$f_{n+1}=f_y-\frac{T_n}{2}$$

根据缓和曲线方程，同样可推得

$$f_n=f_y-(b+\frac{a^3}{6})f_d=f_y-\alpha_{H-2}f_d \tag{10-7}$$

式中 α_{H-2}——与HY(或YH)相邻的缓和曲线一侧测点的正矢系数，$\alpha_{H-2}=b+\frac{a^3}{6}$。

$$f_{n+1}=f_y-\frac{b^3}{6}f_d=f_y-\alpha_y f_d \tag{10-8}$$

式中 α_y——与HY(或YH)点相邻的圆曲线上测点的正矢系数，$\alpha_y=\frac{b^3}{6}$。

当缓和曲线终点位于 n 点时，$a=1$，$b=0$，则 $f_n=f_y-\frac{f_d}{6}$，$f_{n+1}=f_y$。

当 a、b 为任一值时，可分别计算正矢系数 α_{H-2} 和 α_y 或查缓和曲线始终点相邻点正矢系数表 10-3，再利用式(10-7)、式(10-8)求 f_n 和 f_{n+1}。

任务 10.3 曲线轨道拨量计算

实测曲线轨道现场正矢和获取有关限界、控制点、线间距等调查资料后，即可进行曲线轨道整正的内业计算。

现场一般运用简易拨道法和绳正法进行拨道计算。简易拨道法简单明了，就是根据实测正矢与计划正矢的直接对比来拨道；而绳正法相对复杂些，通过正矢计算从理论上确定拨道方案。

下面结合实例说明新建铁路曲线轨道方向绳正法整正的计算方法。

【案例背景】某新建铁路，曲线半径 $R=1\,000$m，转向角 $\alpha=10°9'16''$，缓和曲线长为 80m，曲中点里程 DK530+329.814，轨排连接后按照线路中桩、水平桩进行起、拨道作业，线路中线、轨顶标高基本就位、轨道基本成型。

现按照绳正法进行此曲线轨道的整正计算。

1. 正矢测点的布置及量测

根据曲线主要桩点位置，进行正矢测点的布置并实量各测点的现场正矢。

1) 计算曲线要素

缓和曲线切线角 $\beta_0=\frac{l_0}{2R}\cdot\frac{180}{\pi}=\frac{80}{2\times 1\,000}\times\frac{180}{3.141\,59}=2.291\,83°$

内移距 $p=\frac{l_0^2}{24R}=\frac{80^2}{24\times 1\,000}=0.266\,67(\text{m})$

切垂距 $m=\frac{l_0}{2}-\frac{l_0^3}{240R^2}=\frac{80}{2}-\frac{80^3}{240\times 1\,000^2}=39.997\,87(\text{m})$

项目 10 曲线轨道方向整正

切线长

$$T=(R+p)\tan\frac{\alpha}{2}+m=(1\,000+0.266\,67)\tan(\frac{10.154\,44}{2})+39.997\,87=128.868(\text{m})$$

曲线长

$$L=R(\alpha-2\beta_0)\frac{\pi}{180}+2l_0=1\,000\times(10.154\,44-2\times2.291\,83)\times\frac{3.141\,59}{180}+2\times80=257.228(\text{m})$$

曲线上股钢轨长度

$$L_{\text{上}}=\frac{\pi}{180}\cdot\alpha\cdot R_{\text{上}W}+l_0=\frac{3.141\,59}{180}\times10.154\,44\times(1\,000+\frac{1.435}{2})+80=257.355(\text{m})$$

曲线上股增长值 $\Delta=257.355-257.228=0.127\text{m}$。

2) 计算曲线主要桩点里程

3) 布置正矢测点

按照曲线上股钢轨长度来布置测点。

(1) 根据曲线上股钢轨长度确定总弦长,视曲线上股总弦长是正矢弦长的奇、偶数倍情况布置曲中点处(附近)的测点。

如为奇数倍,则曲中点左右各 5m 作为测点,如为偶数倍,则曲中点作为测点,然后依次按照 10m 半弦长布置测点,一直到伸出曲线头尾各 1 个测点。

本例中,曲线上股钢轨长度 $L_{\text{上}}=257.355\text{m}$,取总弦长为 260m,以曲中点为测点进行布置,曲线 ZH(HZ)在测点 1 与 2(26 与 27)之间,HY(YH)在测点 9 与 10(18 与 19)之间,QZ 点为测点 14。

(2) 计算确定曲线 ZH(HZ)、HY(YH)附近的测点

假定曲线 ZH(HZ)距测点的距离分别为 $a_1\lambda$、$b_1\lambda$,可根据曲线资料求算 a_1、b_1。

本曲线曲线外股钢轨 $L_{\text{上}}=257.495\text{m}$,所选总弦长为 260m,则 $a_1=\frac{1}{2\times10}(260-257.355)=0.132\,2$(段),$b_1=1-a_1=0.867\,8$(段)。

假定曲线 HY(YH)距测点的距离分别为 $a_2\lambda$、$b_2\lambda$,可根据曲线资料求算出 $a_2=0.867\,8$(段),$b_2=0.132\,2$(段)。

根据计算结果,也可以复核(1)中各主点附近的测点布置。

4) 实测各测点现场正矢

实量各测点现场正矢见表 10-4。

表 10-4 实量各测点现场正矢表

测点	1	2	3	4	5	6	7	8	9	10	11	12	13	14
现场正矢	0	7	14	15	27	26	40	41	52	47	55	42	52	51
	ZH(HZ)								HY(YH)					QZ
测点	27	26	25	24	23	22	21	20	19	18	17	16	15	
现场正矢	1	5	11	21	19	35	33	50	39	52	54	46	51	

实量各测点现场正矢累计:886mm。

2. 各测点计划正矢的计算

1) 圆曲线中间各点的计划正矢

$$f_y = \frac{50\,000}{R_W} = \frac{50\,000}{(1\,000 + \frac{1.435}{2})} = 49.96 \approx 50 \text{(mm)}, \quad f_{11} = f_{12} = \cdots = f_{17} = 50 \text{(mm)}.$$

2) 计算缓和曲线正矢递变率 f_d

$$m_0 = \frac{l_0}{10} = \frac{80}{10} = 8 \text{(段)}$$

$$f_d = \frac{f_y}{m_0} = \frac{50}{8} = 6.25 \text{(mm)}$$

3) 计算直缓点相邻测点的计划正矢

$$a_1 = 0.132\,2, \quad b_1 = 1 - a_1 = 0.867\,8$$

直线一侧测点 $f_1 = \frac{b_1^3}{6} \cdot f_d = \frac{0.867\,8^3}{6} \times 6.25 = 0.68 \text{(mm)} \approx 1 \text{(mm)}$

缓和曲线一侧测点 $f_2 = (b_1 + \frac{a_1^3}{6}) \cdot f_d = (0.867\,8 + \frac{0.132\,2^3}{6}) \times 6.25 = 5.43 \text{(mm)} \approx 5 \text{(mm)}$

4) 计算第一缓和曲线中间各测点的计划正矢

$f_i = (i - \text{ZH}) \cdot f_d$

$f_3 = (3 - \text{ZH}) \cdot f_d = (3 - 1.132\,2) \times 6.25 = 11.67 \text{(mm)} \approx 12 \text{(mm)}$

$f_4 = (4 - \text{ZH}) \cdot f_d = (4 - 1.132\,2) \times 6.25 = 17.92 \text{(mm)} \approx 18 \text{(mm)}$

$f_5 = (5 - \text{ZH}) \cdot f_d = (5 - 1.132\,2) \times 6.25 = 24.17 \text{(mm)} \approx 24 \text{(mm)}$

$f_6 = (6 - \text{ZH}) \cdot f_d = (6 - 1.132\,2) \times 6.25 = 30.42 \text{(mm)} \approx 30 \text{(mm)}$

$f_7 = (7 - \text{ZH}) \cdot f_d = (7 - 1.132\,2) \times 6.25 = 36.67 \text{(mm)} \approx 37 \text{(mm)}$

$f_8 = (8 - \text{ZH}) \cdot f_d = (8 - 1.132\,2) \times 6.25 = 42.92 \text{(mm)} \approx 43 \text{(mm)}$

5) 计算缓圆点相邻测点的计划正矢

$$a_2 = 0.867\,8, \quad b_2 = 0.132\,2$$

缓和曲线一侧测点

$$f_n = f_y - (b_2 + \frac{a_2^3}{6}) \cdot f_d$$

$$f_9 = f_y - (b_2 + \frac{a_2^3}{6}) \cdot f_d = 50 - (0.132\,2 + \frac{0.867\,8^3}{6}) \times 6.25 = 48.49 \text{(mm)} \approx 48 \text{(mm)}$$

圆曲线一侧测点

$$f_{n+1} = f_y - \frac{b_2^3}{6} \cdot f_d$$

$$f_{10} = f_y - \frac{b_2^3}{6} \cdot f_d = 50 - \frac{0.132\,2^3}{6} \times 6.25 = 49.998 \text{(mm)} \approx 50 \text{(mm)}$$

6) 计算圆缓点相邻测点的计划正矢

$$a_3 = 0.867\,8, \quad b_3 = 0.132\,2$$

缓和曲线一侧测点

$$f_n = f_y - (b_3 + \frac{a_3^3}{6}) \cdot f_d$$

$$f_{19} = f_y - (b_3 + \frac{a_3^3}{6}) \cdot f_d = 50 - (0.132\,2 + \frac{0.867\,8^3}{6}) \times 6.25 = 48.49(mm) \approx 48(mm)$$

圆曲线一侧测点

$$f_{n-1} = f_y - \frac{b_3^3}{6} \cdot f_d$$

$$f_{18} = f_y - \frac{b_3^3}{6} \cdot f_d = 50 - \frac{0.132\,2^3}{6} \times 6.25 = 49.998(mm) \approx 50(mm)$$

7) 计算第二缓和曲线中间各测点的计划正矢

$$f_i = (HZ - i) \cdot f_d$$

$f_{20} = (HZ - 20) \cdot f_d = (26.867\,8 - 20) \times 6.25 = 42.92(mm) \approx 43(mm)$

$f_{21} = (HZ - 21) \cdot f_d = (26.867\,8 - 21) \times 6.25 = 36.67(mm) \approx 37(mm)$

$f_{22} = (HZ - 22) \cdot f_d = (26.867\,8 - 22) \times 6.25 = 30.42(mm) \approx 30(mm)$

$f_{23} = (HZ - 23) \cdot f_d = (26.867\,8 - 23) \times 6.25 = 24.17(mm) \approx 24(mm)$

$f_{24} = (HZ - 24) \cdot f_d = (26.867\,8 - 24) \times 6.25 = 17.92(mm) \approx 18(mm)$

$f_{25} = (HZ - 25) \cdot f_d = (26.867\,8 - 25) \times 6.25 = 11.67(mm) \approx 12(mm)$

8) 计算缓直点相邻测点的计划正矢

$$a_4 = 0.132\,2, \quad b_4 = 1 - a_4 = 0.867\,8$$

直线一侧测点计划正矢

$$f_{27} = \frac{b_4^3}{6} \cdot f_d = \frac{0.867\,8^3}{6} \times 6.25 = 0.68(mm) \approx 1(mm)$$

缓和曲线一侧测点计划正矢

$$f_{26} = (b_4 + \frac{a_4^3}{6}) \cdot f_d = (0.867\,8 + \frac{0.132\,2^3}{6}) \times 6.25 = 5.43(mm) \approx 5(mm)$$

取整后各测点计划正矢合计为886mm，与现场正矢合计相同。

3. 各测点拨量的计算

计算过程见表10-5。

1) 填入各测点点号
2) 填入各测点的现场正矢
3) 填入各测点的计划正矢
4) 计算各测点正矢差

某测点正矢差＝该点现场正矢－该点计划正矢

5) 计算各测点正矢差累计

某测点的正矢差累计＝该点正矢差＋前点正矢差累计

若正矢差累计合计不等于零，则可按点号差法、差累计修正法、半拨量修正法和拨量调整法进行拨量计算。

以点号差法为例。点号差法是通过在一对相距为 N 点号的测点上，各调整 1mm 的计划正矢，而使这对测点以后各测点的半拨量变化 $1\times N$(mm)，达到调整半拨量的目的。因 N 为这对测点的点号之差而得名。

从半拨量的计算过程可知，如果在某测点上，将计划正矢减少 1mm，同时在其下边相距为 N 个点号的测点上，将计划正矢增加 1mm(计划正矢在上一测点减 1mm，在下一测点加 1mm，简称"先减后加")，其结果，将使下一测点以后的各测点的半拨量增加 $1\times N$(mm)。反之，如果在相距为 N 个点号的一对测点上，对其计划正矢进行"先加后减"1mm 的修正，其结果将使下一测点以后各测点的半拨量减少 $1\times N$(mm)。

由于计划正矢的修正是在一对测点上进行的，修正值为 1mm，且符号相反，故不会影响曲线整正的原则，即 $\sum df=0$ 这一条件仍能保证使曲线两端直线方向不变的要求。

点号差法注意事项如下。

(1) 点号之差 N 值应尽可能地大。

(2) "先加后减"的各对测点，最好安排在负半拨量最大的点号之后，"先减后加"的各对测点，最好安排在正半拨量最大的点号之后，以避免使某些点的半拨量增大，对拨道不利。

(3) 曲线的始点和终点不要进行正矢修正，以保证曲线始、终点的半拨量为零。

(4) 在修正值的正值与负值之间，最好间隔 2 个测点以上，以保证曲线的圆顺。

(5) 应考虑测点计划正矢的修正历史，避免与曾经进行过修正的点发生同号重复修正。

(6) 如果一对测点的调整量不足以达到所需调整的值，可以酌情使用几对测点。

6) 计算各测点半拨量

$$某测点的半拨量＝前点正矢差累计＋前点半拨量$$

7) 计算各测点拨量

$$某测点拨量＝该测点修正后半拨量\times 2$$

8) 计算各测点拨后正矢

$$某测点的拨后正矢＝该点现场正矢＋该点拨量－\frac{前点拨量＋后点拨量}{2}$$

表 10-5 曲线整正计算表

测点	现场正矢	计划正矢	正矢差	正矢差累计	半拨量	计划正矢修正	修正后计划正矢	修正后正矢差	修正后正矢差累计	修正后半拨量	拨量	拨后正矢	注
1	0	1	−1	−1	0		1	−1	−1	0	0	1	ZH=1.132 2
2	7	5	2	1	−1		5	2	1	−1	−2	5	
3	14	12	2	3	0		12	2	3	0	0	12	
4	15	18	−3	0	3		18	−3	0	3	6	18	
5	27	24	3	3	3		24	3	3	3	6	24	
6	26	30	−4	−1	6	1	31	−5	−2	6	12	31	
7	40	37	3	2	5		37	3	1	4	8	37	
8	41	43	−2	0	7		43	−2	−1	5	10	43	
9	52	48	4	4	7	1	49	3	2	4	8	49	HY=9.132 2

续表

测点	现场正矢	计划正矢	正矢差	正矢差累计	半拨量	计划正矢修正	修正后计划正矢	修正后正矢差	修正后正矢差累计	修正后半拨量	拨量	拨后正矢	注
10	47	50	−3	1	11		50	−3	−1	6	12	50	
11	55	50	5	6	12		50	5	4	5	10	50	
12	42	50	−8	−2	18		50	−8	−4	9	18	50	
13	52	50	2	0	16		50	2	−2	5	10	50	
14	51	50	1	1	16		50	1	−1	3	6	50	
15	51	50	1	2	17	−1	49	2	1	2	4	49	
16	46	50	−4	−2	19		50	−4	−3	3	6	50	
17	54	50	4	2	17		50	4	1	0	0	50	
18	52	50	2	4	19		50	2	3	1	2	50	
19	39	48	−9	−5	23		48	−9	−6	4	8	48	YH=18.8678
20	50	43	7	2	18	−1	42	8	2	−2	−4	42	
21	33	37	−4	−2	20		37	−4	−2	0	0	37	
22	35	30	5	3	18		30	5	3	−2	−4	30	
23	19	24	−5	−2	21		24	−5	−2	1	2	24	
24	21	18	3	1	19		18	3	1	−1	−2	18	
25	11	12	−1	0	20		12	−1	0	0	0	12	
26	5	5	0	0	20		5	0	0	0	0	5	
27	1	1	0	0	20		1	0	0	0	0	1	HZ=26.8678
Σ	886	886	0	20			886	0	0			886	

4．曲线轨道整正方案评价

拨量计算完成后，要评价曲线轨道整正方案，主要考虑以下两点。

(1) 具有正拨量的测点与具有负拨量的测点相互间隔，且整个曲线的正拨量与负拨量相差不多。这样不但能使全曲线的轨缝合计无较大的改变，而且局部曲线的轨缝也不会有较大的变化，既有利于拨道，又可以减少拨道后调整超限轨缝的作业。

(2) 各测点的拨量皆不大。拨量小的拨道作业较易进行，而且动道范围不大，对道床作业有利。

由于主要桩点存在测量误差甚至错误，铁路新线按照绳正法拨道后，有些曲线可能无法完全符合理想位置，这时可按照运营线的绳正法根据实测正矢重新计算各主点的位置，重新计算拨量进行拨道。

给定新建铁路曲线线路有关参数，计算曲线整正拨道量。

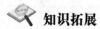知识拓展

简易拨道法计算拨量

目前,铁路工务部门在日常线路维修中常用简易拨道法计算拨量,而在机械化维修中则用绳正法进行曲线整正,并且应用计算机处理计算过程。

铁路工务工区现场计算拨量表(样表)见表10-6。

表10-6 铁路工务工区现场计算拨量表(样表)

测点号	计算正矢	年 月 日			年 月 日			年 月 日			年 月 日			记事
		现场正矢	拨道量	拨后正矢	现场正矢	拨道量	拨后正矢	现场正矢	拨道量	拨后正矢	现场正矢	拨道量	拨后正矢	
合计														

思考题

1. 简述曲线方向整正的基本假定及原理。
2. 怎样计算圆曲线上各测点的正矢?
3. 怎样计算缓和曲线上各测点的正矢?
4. 简述新建铁路曲线轨道拨道量计算的要点。

项目 11　单开道岔几何尺寸认知及检查

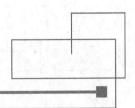

引子

普通单开道岔各个组成部分的细部构造是道岔发挥其功能的基础，而道岔各组成部分之间的相对尺寸关系则是其正常工作的前提。学习各道岔各组成部分如何组装在一起而联动，对道岔的铺设与养护维修具有十分重要的意义。

单开道岔几何尺寸主要包括道岔各部分的轨距及轨向、水平、高低，各部分的槽宽及间隔，道岔主要尺寸及导曲线支距等。

任务

任务 11.1　单开道岔的主要尺寸认知
任务 11.2　普通单开道岔的几何形位认知及检查
任务 11.3　提速道岔的几何形位认知及检查

任务 11.1　单开道岔的主要尺寸认知

进行道岔的测定、铺设及更换等操作之前，都必须了解道岔主要尺寸并准确地应用。

1. 直线尖轨道岔主要尺寸

单开道岔中的主要尺寸，一般是指道岔理论长度 $L_{理}$、道岔全长 $L_{全}$、辙叉理论尖端前的直线段 K、导曲线半径 $R_{外}$等。这些尺寸彼此间既存在着内在的联系，又具有相互影响的几何关系。单开道岔主要尺寸图如图 11.1 所示。

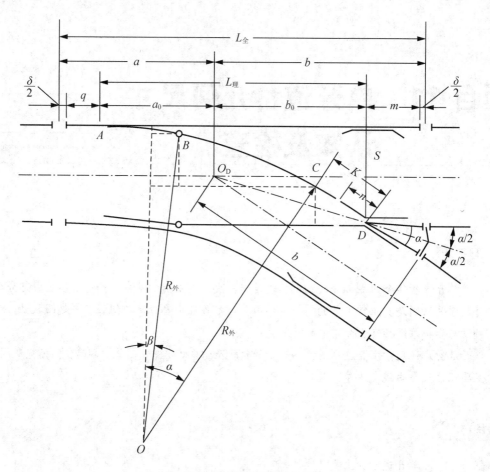

图 11.1 单开道岔主要尺寸图

O_D—道岔中心(直线中心线与侧线中心线的交点);O—导曲线圆心;D—辙叉心轨理论尖端;$R_外$—导曲线外轨工作边的半径;K—导曲线终点至辙叉心轨理论尖端的直线段长度;q—尖轨尖端前的基本轨长度;$l_尖$—尖轨长度;S—标准轨距;β—转辙角;α—辙叉角;δ—轨缝宽度。$L_全$—道岔全长(道岔始端至道岔终端的水平投影长度);$L_理$—道岔理论长度(尖轨尖端至辙叉心轨理论尖端的水平投影长度);a_0—道岔前部理论长度(尖轨尖端至道岔中心的水平距离);b_0—道岔后部理论长度(道岔中心至辙叉心轨理论尖端的水平距离);a—道岔前部实际长度(道岔始端至道岔中心的水平距离);b—道岔后部实际长度(道岔中心至道岔终端的水平距离);n—辙叉趾长(辙叉前长);m—辙叉跟长(辙叉后长)。

我国常用的单开道岔主要尺寸见表 11-1。

表 11-1 常用的单开道岔主要尺寸表

(除标注外,其他尺寸的单位为 mm)

道岔号数	9	12	18	12-固	12-动
钢轨类型(kg/m)	43、50(AT)	43、50(50、60AT)	50(60、75)	60	60
转辙角	1°19′12.7″ (1°21′56″)	1°04′18″ (1°54′47″)	0°27′10″	—	—
辙叉角	6°20′25″	4°45′49″	3°10′47″	4°45′49″	4°45′49″
道岔全长	28 848	36 815(37 907)	54 000(56 547)	37 800	43 200

续表

道岔号数	9	12	18	12-固	12-动
道岔前部实际长	13 839	16 853	22 745	16 592	16 592
道岔后部实际长	15 009	19 962(21 054)	31 255(33 802)	21 208	26 608
导曲线半径(m)	180	330(350)	800	350	350
道岔前部理论长	11 189	14 203	18 867	—	—
道岔后部理论长	12 955	17 250	25 851	—	—
尖轨长	6 250(6 450)	7 700(11 300)	13 500	13 880	13 880
尖轨尖端基本轨长	2 646(2 058)	2 646	3 874	2 920	2 920
辙叉尖前直线段	2 115(2 058)	2 483(2 548)	3 646	2 692	2 692
辙叉趾长	1 538	1 849(2 127)	2 836(4 652)	2 083	—
辙叉跟长	2 050	2 708(3 800)	5 400(7 947)	3 954	4 354
护轨长度	3 900(3 600)	4 500(4 600)	7 500(7 400)	直6 900 曲4 800	曲5 400
辙叉前开口	170	154(177)	157(258)	—	318
辙叉后开口	227	225(316)	300(441)	—	778

2．曲线尖轨单开道岔的主要尺寸

曲线尖轨单开道岔主要尺寸与直线尖轨单开道岔基本相同，只不过是转辙部分侧向尖轨采用了曲线型尖轨，导曲线的起点前移，其几何关系相应发生了改变，具体可参阅有关资料。曲线尖轨单开道岔主要尺寸如图11.2所示(图中各符号的含义同图11.1)。

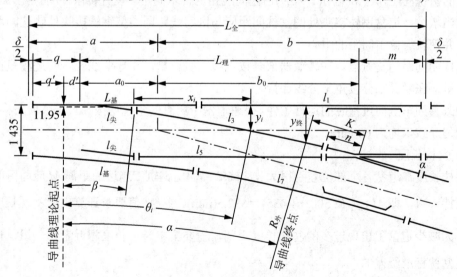

图 11.2　曲线尖轨单开道岔的主要尺寸图(单位：mm)

3．岔枕布置

1) 岔枕布置的方向

(1) 转辙器及连接部分的岔枕均应垂直于直股方向，如图11.3所示。

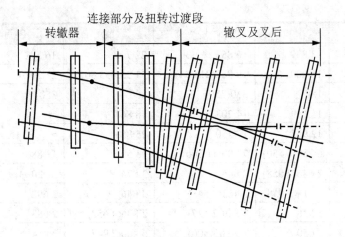

图 11.3 岔枕布置图

(2) 辙叉及叉后部分岔枕均垂直于辙叉角平分线,但提速道岔的辙叉部分的岔枕改为垂直于直股方向。

(3) 叉趾前第 2 根至第 5 根岔枕由垂直于辙叉角逐渐扭转至垂直于直股方向。

(4) 道岔长岔枕后一般采用 3 根普通枕木扭转至垂直于线路钢轨方向。

2) 岔枕间距

为使道岔的轨下基础具有均匀的刚性,道岔的间距应尽可能保持一致。转辙器和辙叉范围内的岔枕间距,通常采用(1～0.9)倍区间线路的枕木间距。设置转辙杆的一孔,其间距应当适当增大。道岔钢轨接头处的岔枕间距应与区间线路同类型钢轨接头处轨枕间距保持一致,并使轨缝位于间距的中心。

岔枕的间距的丈量点,在转辙器部分按直线上股计量,在导曲线及转向过渡段按直线下股计量,在辙叉部分按角平分线计量。

为改善列车直向过岔时的运行条件,提速道岔中所有的岔枕均按垂直于直股方向布置,间距均匀一致,均为 600mm。

3) 岔枕长度

岔枕长度在道岔各个部位差别很大。岔枕端部伸出钢轨工作边的距离 M 应与区间线路基本保持一致,即 $M=\frac{1}{2}(2\,500-1\,435)=532.5(\text{mm})$。按 M 值要求计算出的岔枕长度各不相等,为减少道岔上出现过多的岔枕长度级别,需要集中若干长度相近者为一组,误差不应超过岔枕标准级差的 $\frac{1}{2}$。

单开道岔的岔枕数量多,长度也不相同,各种道岔的岔枕配置数量参见具体铺设图。

4. 道岔总布置图

道岔总布置图是进行道岔施工和检查道岔的主要技术依据,60kg/m 钢轨 12 号单开道岔的总布置图,如图 11.4 所示。

项目 11 单开道岔几何尺寸认知及检查

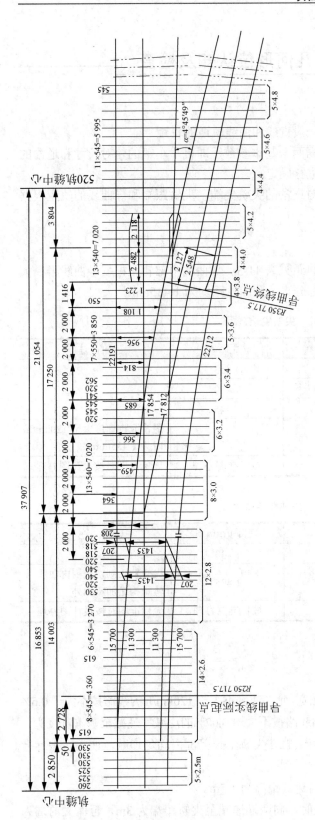

图 11.4 60kg/m 钢轨 12 号单开道岔的总布置图

任务 11.2　普通单开道岔的几何形位认知及检查

11.2.1　轨距

单开道岔中各部分的轨距,不同于一般直线和曲线轨道的轨距。

确定道岔各部分的轨距尺寸主要依据两个基本参数,即机车车辆的轮对尺寸和道岔的轨距,并应在两者最不利的组合条件下进行确定。

为减轻车轮对钢轨的挤压与磨耗,对道岔的尖轨尖端、尖轨跟端和导曲线的轨距根据需要进行适当加宽。

1. 各部分的轨距

尖轨尖端轨距见表 11-2。尖轨跟端轨距见表 11-3。导曲线中部轨距根据导曲线半径大小,按曲线轨距加宽标准来确定;辙叉部分直、侧向轨距均为 1 435mm。

表 11-2　尖轨尖端轨距

尖轨种类	尖轨长度(mm)	轨距(mm)	附　注
直线型尖轨	6 250 以下	1 453	
	6 250～7 700 以下	1 450	
	7700	1 445	
12 号道岔 AT 弹性可弯尖轨		1 437	道岔允许速度大于 120km/h 时为 1 435mm
其他曲线型尖轨		按标准图办理	无标准图时按设计图办理

表 11-3　尖轨跟端轨距表

尖轨种类	直向(mm)	翻向(mm)	附　注
直线型尖轨	1 439	1 439	
12 号道岔 AT 弹性可弯尖轨	1 435	1 435	尖轨轨头刨切范围内曲股轨距构造加宽除外
其他曲线型尖轨	1 435	按标准图办理	无标准图时按设计图办理

2. 轨距递减

1) 道岔各部轨距的递减

(1) 尖轨尖端与根端。尖轨尖端轨距加宽,允许速度不大于 120km/h 的线路按不大于 0.6% 的递减率递减,允许速度大于 120km/h 的线路按不大于 0.07% 的递减率递减至基本轨接头。

尖轨尖端与尖轨跟端的轨距差数,直尖轨在尖轨全长范围内均匀递减,曲尖轨按标准图或设计图办理。

尖轨跟端直向轨距加宽,向辙叉方向递减距离为 1.5m。

(2) 导曲线:中部轨距加宽,直尖轨时,向两端递减至尖轨跟端为 3m,至辙叉前端为 4m(前三后四);曲尖轨时,按标准图或设计图办理。

2) 道岔间的递减

(1) 对口道岔：对口道岔尖轨尖端轨距递减，两尖轨尖端距离小于6m，两尖端处轨距相等时不作递减，不相等时则从较大轨距向较小轨距均匀递减；两尖轨尖端距离大于6m时，允许速度不大于120km/h的线路按不大于0.6%的递减率递减，但中间应有不短于6m的相等轨距段。

(2) 顺接道岔：道岔前端与另一道岔的后端相连时，允许速度不大于120km/h的线路，尖轨尖端轨距递减率应不大于0.6%。如不能按0.6%递减时，可加大前面道岔的辙叉轨距为1 441mm；若仍不能解决时，旧有道岔容许保留大于0.6%的递减率。

3．轨距的容许偏差

任何道岔最大轨距不得超过1 456mm，道岔轨距的容许偏差见表11-4。

表11-4 道岔轨道静态几何尺寸容许偏差管理值

项目(直向过岔速度)	高低	轨向		水平	扭曲(基长6.25m)	轨距	
		直线	支距			尖轨尖端	其他
$v>160$km/h 正线	3	3	2	3	3	±1	+2 −2
120km/h$<v\leq$160km/h 正线	4	4	2	4	4	±1	+3 −2
$v\leq$120km/h 正线及到发线	4	4	2	4	4	±1	+3 −2
其他站线	6	6	2	6	5	±1	+3 −2
测量弦长		10m			—		

注：支距差为铺设支距与设计支距之差。

4．普通单开道岔的轨距检查

普通单开道岔轨距检查顺序一般由岔头到岔尾，逐处进行检查并填写记录，如图11.5所示。

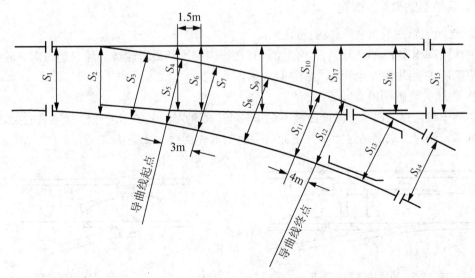

图11.5 道岔轨距检查部位示意图

普通单开道岔各部分轨距及检查部位见表11-5。

表11-5 普通单开道岔各部分轨距及检查部位表

点号	检查部位	9	12	18	点号	检查部位	9	12	18
S_1	尖轨前顺坡终点	1 435	1 435	1 435	S_{10}	导曲线后(直股)	1 435	1 435	1 435
S_2	尖轨尖端	1 450	1 445	1 435	S_{11}	导曲线后(曲股后4.0m)	1 450	1 445	1 435
S_3	尖轨中部	1 444	1 442	1 435	S_{12}	辙叉前(曲股)	1 435	1 435	1 435
S_4	尖轨跟端(直股)	1 439	1 439	1 435	S_{13}	辙叉中(曲股)(91和48)	1 435	1 435	1 435
S_5	尖轨跟端(曲股)	1 439	1 439	1 435	S_{14}	辙叉后(曲股)	1 435	1 435	1 435
S_6	导曲线前(直股1.5m)	1 435	1 435	—	S_{15}	辙叉后(直股)	1 435	1 435	1 435
S_7	导曲线前(曲股前3.0m)	1 450	1 445	1 435	S_{16}	辙叉中(直股)(91和48)	1 435	1 435	1 435
S_8	导曲线中(曲股)	1 450	1 445	1 435	S_{17}	辙叉前(直股)	1 435	1 435	1 435
S_9	导曲线中(直股)	1 435	1 435	1 435					

职业贴士

提速道岔的检查部位与普通单开道岔是不一样的。

11.2.2 各部分的槽宽及间隔

单开道岔中的各槽宽及间隔尺寸是在综合轮对与道岔最不利的条件下保证列车安全通过道岔来计算确定的，必须严格按规定设置，并使之经常保持在容许误差范围以内，否则将会造成道岔部件的剧烈冲击、磨损或发生行车事故。

1. 尖轨跟端槽宽及跟距

1) 直线尖轨跟端槽宽 $t_{跟}$ 及尖轨跟距 u

尖轨跟端槽宽 $t_{跟}$ 的计算条件，是使具有最小内侧距和最薄轮缘的轮对通过时，轮缘背面不应挤压尖轨跟端非工作边，如图11.6所示。

2) 曲线尖轨跟端槽宽 t_{min}

当列车直向过岔时，应保证在最不利条件下，即轮对一侧的车轮轮缘紧贴直股尖轨时，另一侧车轮轮缘能顺利通过而不冲击曲线尖轨的非作用边，如图11.7所示。

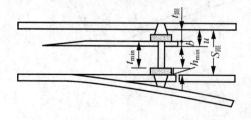

图11.6 直线尖轨跟端槽宽

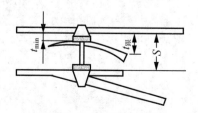

图11.7 曲线尖轨跟端槽宽

为了不过分增加曲线尖轨的长度,实际采用 $t_{min} \geq 68mm$。如有必要进一步缩短曲线尖轨的长度时,根据实践经验,可将 t_{min} 减小至 65mm。

2. 尖轨动程

尖轨动程是指在第一连接杆(拉杆)处,尖轨与基本轨间的摆动宽度。

确定尖轨动程尺寸的原则是:使具有最小内侧距和最薄轮缘厚度的轮对,在尖轨尖端处轨距最大时,能自由通过而不推挤尖轨,如图 11.8 所示。

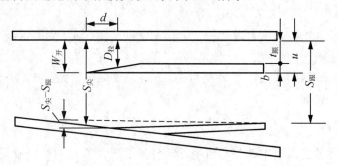

图 11.8 尖轨动程

为了确保车轮通过尖轨尖端处的安全,尖轨在第一拉杆中心处的最小动程为 142mm,曲尖轨为 152mm;AT 型弹性可弯尖轨 12 号普通道岔为 180mm,12 号提速道岔为 160mm;18 号道岔允许速度大于 160km/h 时为 160mm,允许速度不大于 160km/h 时为 160mm 或 180mm(具体按标准图或设计图规定办理);其他型号道岔按标准图或设计图办理。

3. 辙叉查照间隔与护背距离

查照间隔与护背距离是指辙叉与护轨相互间保持着一定距离的两个控制尺寸,如图 11.9 所示。$D_心$ 为查照间隔;$D_翼$ 为护背距离。

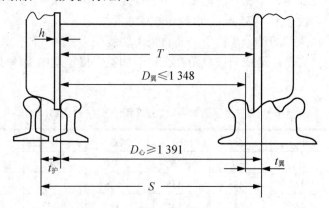

图 11.9 辙叉查照间隔与护背距离

《铁路技术管理规程》规定:$D_心$ 是辙叉心轨工作边至护轨头部外侧的距离,$D_心 \geq 1391mm$;$D_翼$ 是翼轨工作边至护轨头部外侧的距离,$D_翼 \leq 1348mm$。

职业贴士

$D_心$(1 391mm)和 $D_翼$(1 348mm)，简称91、48，是既相互矛盾又相护制约共居于同一体中的两个尺寸，必须经常检查并保持规定的数值，对确保行车安全和延长辙叉使用寿命都有重要意义。在检查辙叉中部轨距时，应同时仔细检查91、48。道尺应放在辙叉心轨顶面宽30～50mm范围内，设计图另有规定的，按设计图要求办理。

4. 护轨槽宽 $t_护$

护轨槽宽主要是指护轨平直段的槽宽。该槽宽的范围，是由辙叉咽喉至辙叉心轨顶面宽 50mm 处相对应的一段长度。

《铁路线路修理规则》规定：护轨槽宽为42mm，如侧向轨距为1 441mm时，则侧向轮缘槽的标准宽为48mm。

5. 翼轨槽宽 $t_翼$

翼轨槽宽主要是指翼轨中部与心轨平行部分的槽宽，其范围是由辙叉理论尖端至心轨宽50mm处的一段对应长度。

《铁路线路修理规则》规定为46mm。

任务11.3　提速道岔的几何形位认知及检查

以下主要介绍提速道岔与普通道岔不同之处。

1. 轨距

1) 提速道岔各部分的轨距

为使机车车辆能安全、平稳、高速地直向通过提速道岔，减少线路的水平不平顺，提速道岔的各部轨距均设计为1435mm，以减少横向水平力。

但是，在尖轨轨头刨切部分，由于曲尖轨采用切线型，在离尖轨尖端相同距离处，曲尖轨的刨切值大于直尖轨，造成曲股轨距存在构造加宽。提速道岔尖轨轨头刨切部分的轨距值见表11-6。

表11-6　12号提速道岔尖轨轨头刨切部分的轨距值(mm)

曲尖轨轨头宽	0	5	10	20	35	50	70
离尖轨尖端距离	0	987	1 762	2 860	4 069	5 036	6 171
直股	1 435	1 435	1 435	1 435	1 435	1 435	1 435
曲股	1 435	1 441	1 445	1 448	1 447	1 443	1 435

2) 固定型提速道岔各部分轨距的检查

普通60kg/m钢轨12号道岔全长37 907mm，其中尖轨尖端基本轨长2 650mm，尖轨长7 700mm，导曲线长21 605mm，辙叉长5 922mm；而提速道岔全长37 800mm，其中尖轨尖端前基本轨长2 920mm，尖轨长13 880mm，导曲线长15 008mm，辙叉长5 992mm。

固定型提速道岔各部分轨距的检查地点和名称见表 11-7。

表 11-7　12 号固定型提速道岔各部分轨距检查地点和名称

编号	检查部位	说明
1	尖轨前顺坡终点	第 1 号岔枕
2	尖轨尖端	第 5 号岔枕
3	尖轨中前部	第 12 号岔枕，曲尖轨轨头宽 35mm 处，距离尖端 4 069mm，心轨开通直股时丈量
4	尖轨中部	第 16 号岔枕，曲尖轨轨头刨切起点，距离尖端 6 171mm，心轨开通直股时丈量
5	尖轨中后部	第 21 号岔枕，心轨开通直股时丈量
6	尖轨跟端直股	第 28 号岔枕
7	导曲部分直股前部	第 37 号岔枕
8	曲部部分直股后部	第 46 号岔枕
9	辙叉直股前	第 54 号岔枕
10	辙叉直股中	第 57 和第 58 号岔枕间，同时量查照间隔和护背距离
11	辙叉直股后	第 63 号岔枕
12	辙叉曲股后	第 63 号岔枕
13	辙叉曲股中	第 57 和第 58 号岔枕间，同时量查照间隔和护背距离
14	辙叉曲股前	第 54 号岔枕
15	导曲部分曲股后部	第 46 号岔枕
16	导曲部分曲股前部	第 37 号岔枕
17	尖轨跟端曲股	第 28 号岔枕
18	尖轨中后部曲股	第 21 号岔枕，尖轨开通曲股时丈量
19	尖轨中部曲股	第 16 号岔枕，尖轨开通曲股时丈量
20	尖轨中前部曲股	第 12 号岔枕，尖轨开通曲股时丈量

3) 可动心轨提速道岔各部分轨距的检查

可动心轨提速道岔的辙叉部分长度为 13 192mm，其中长心轨长 10 796mm。可动心轨提速道岔各部分轨距的检查地点和名称见表 11-8。

表 11-8　12 号可动心轨提速道岔各部分轨距检查地点和名称

编号	检查部位	说明
1～8	同表 11-7 的 1～8	同表 11-7 的 1～8
9	可动心轨辙叉直股前部	第 51 号岔枕
10	直股长心轨尖端	第 55 号岔枕(可动心轨第一牵引点)，心轨开通直股时丈量
11	直股长心轨中部	第 59 号岔枕(可动心轨第二牵引点)，心轨开通直股时丈量
12	直股长心轨中后部	第 65 号岔枕，心轨开通直股时丈量
13	直股长心轨跟端	第 72 号岔枕
14	叉跟基本轨跟端	第 72 号岔枕
15	叉跟基本轨尖端	第 65 号岔枕
16	短心轨中部	第 59 号岔枕，心轨开通曲股时丈量
17	可动心轨辙叉心轨尖端	第 55 号岔枕，心轨开通曲股时丈量，同时量查照间隔和护背距离
18	可动心轨辙叉短心轨中部	第 51 号岔枕
19～24	同表 11-7 的 15～20	同表 11-7 的 15～20

2. 提速道岔各部分的水平

水平的检查地点与轨距的检查地点相同。

3. 提速道岔导曲线的圆度

导曲线的圆度用支距检查。提速道岔导曲线支距见表 11-9。

表 11-9　12 号提速道岔导曲线支距表

横距(m)	0	2	4	6	8	10	12	14	14.363
支距(mm)	311	401	502	615	739	875	1 023	1 181	1 211

4. 提速道岔各种轮缘槽宽度

(1) 尖轨第一牵引点处的动程为(160±3)mm。
(2) 尖轨第二牵引点处的动程为(75±3)mm。
(3) 尖轨非作用边与基本轨作用边的距离应尽量大于 65mm，最小不得小于 63mm。
(4) 可动心轨第一牵引点处的动程为(117±3)mm。
(5) 可动心轨第二牵引点处的动程为 68mm。

5. 各部尺寸的允许偏差管理值

轨距、水平、方向、高低、导曲线支距等各部尺寸的允许偏差管理值见表 11-10。

表 11-10　提速道岔各部尺寸的允许偏差管理值(mm)

项目		作业验收	经常保养	临时补修
轨距		+3，-2	+5，-3	+6，-3
水平及水平三角坑		4	6	8
高低		4	6	8
方向	直向	4	6	8
	支距	2	3	4
导曲线反超高		0	2	3

学岗互通

(1) 在实训场进行单开道岔各项尺寸检查的练习。
① 道岔各部分的轨距检查。
② 道岔各部分的槽宽及间隔检查。
③ 道岔辙叉查照间隔与护背距离检查。
④ 道岔主要尺寸的认知练习。
⑤ 道岔各部分轨道几何状态的检查。

(2) 阅读给出的 60kg/m、12 号单开道岔(普通、提速)铺设图，进行识图练习，找出以下参数。
① 道岔全长 $L_全$，道岔前部实际长度 a，道岔后部实际长度 b，道岔前部理论长度 a_0，道岔后部理论长度 b_0，道岔理论长度 $L_理$，尖轨尖端前基本轨长度 q，辙叉理论尖端前直线段 K，导

曲线外轨工作边半径 $R_{外}$，道岔中心 O。

② 各部分的钢轨长度 l；尖轨长度 $l_{尖}$，辙叉趾长 n，辙叉跟长 m，护轨长度 $l_{护}$；全部岔枕根数与长度，全部岔枕间距等。

③ 道岔主要控制轨距 S，如尖轨尖端轨距 $S_{尖}$ 及其向外递减距离，尖轨跟端直、侧向轨距 $S_{跟}$ 及直股递减距离，辙叉直向、侧向轨距 S。

④ 导曲线起点处的支距 y。导曲线每隔 2m 的横距及与之对应的支距 y_1、y_2、…、y_n，以及导曲线终点的横距 $x_{终}$ 与支距 $y_{终}$，导曲线内安装轨撑的位置和设置绝缘接头的位置等。

⑤ 转辙角 β、辙叉角 α 及重点轨缝值 δ。

此外，阅读总布置图中的材料明细表，说明各组成部件的名称、数量及规格、重量等。

知识拓展

单开道岔的槽宽及间隔的确定方法

1. 尖轨跟端槽宽及跟距

1) 直线尖轨跟端槽宽 $t_{跟}$ 及尖轨跟距 u（如图 11.6 所示）

$$t_{跟} \geq (S_{跟}+e+\Delta S)-(T_{min}+h_{min}-\varepsilon_1) \tag{11-1}$$

式中　$S_{跟}$——尖轨跟端轨距；

　　　e——在荷载作用下，轨距的弹性扩张量，$e=2$mm；

　　　ΔS——道岔轨距容许正误差，$\Delta S=3$mm；

　　　T_{min}——轮对内侧距最小值，车辆钢轮 $T_{min}=1\,350$mm；

　　　h_{min}——轮缘厚度最小值，车辆钢轮 $h_{min}=22$mm；

　　　ε_1——车辆轮轴重载时向上弯曲，使内侧距减小的数值，$\varepsilon_1=2$mm。

尖轨跟距

$$u=t_{跟}+b \tag{11-2}$$

式中　b——尖轨跟端处钢轨头的宽度。

2) 曲线尖轨槽宽 t_{min}（如图 11.7 所示）

$$t_{min} \geq (S+e+\Delta S)-(T_{min}+h_{min}-\varepsilon_1)$$

此时，曲线尖轨在其最突出处的轮缘槽，比其他任何一点的轮缘槽为小，称曲线尖轨的最小轮缘槽 t_{min}。它是控制曲线尖轨长度的因素之一，不宜定得过宽。

2. 尖轨动程(如图 11.8 所示)

1) 直线尖轨尖端的开口宽度 $W_{开}$

由图 11.8 可以看出

$$W_{开} \geq u+(S_{尖}-S_{跟}) \tag{11-3}$$

2) 直线尖轨动程 $D_{拉}$

由于动程是在拉杆处量取，拉杆至尖轨尖端的距离一般定为 380mm，因此，拉杆处的实际动程为

$$D_{拉}=W_{开}(l_{尖}-d)/l_{尖} \tag{11-4}$$

式中　$D_{拉}$——拉杆处的动程；

　　　$l_{尖}$——尖轨长度；

d——拉杆中心至尖轨尖端的距离，$d=380$mm。

【例】对于 50kg/m 钢轨 12 号单开道岔，已知 $S_{限}=1439$mm，$\Delta S=3$mm，$e=2$mm，$T_{min}=1350$mm，$h_{min}=22$mm，$\varepsilon_1=2$mm，$b=70$mm。求开口宽度和尖轨动程。

【解】根据式(11-1)和式(11-2)得

$$t_{限} \geq (1439+2+3)-(1350+22-2)=74(\text{mm})$$

$$u=t_{限}+b=74+70=144(\text{mm})$$

根据式(11-3)得

12 号道岔：$W_{开} \geq 144+(1445-1439)=150(\text{mm})$

根据式(11-4)12 号道岔的 $D_{拉}$ 为

$$D_{拉} > 150 \times (7700-380)/7700 = 142(\text{mm})$$

3. 辙叉查照间隔与护背距离

如图 11.9 中的 $D_{心}$ 为查照间隔；$D_{翼}$ 为护背距离。

$D_{心}$ 值的计算条件：使具有最大内侧距和最大轮缘厚度的轮对通过辙叉时，不撞击辙叉心轨尖端，即

$$D_{心} \geq T_{max}+h_{max}+\varepsilon_2 = 1356+33+2 = 1391(\text{mm})$$

式中　ε_2——蒸汽机车轮轴因荷载作用向下弯曲使轮对内侧距扩大的数值，$\varepsilon_2=2$mm。

$D_{翼}$ 值的计算条件：使具有最小内侧距的轮对通过辙叉时，不应卡挤翼轨或护轨，即

$$D_{翼} \leq T_{min}-\varepsilon_1 = 1350-2 = 1348(\text{mm})$$

$D_{心}$ 和 $D_{翼}$ 是保证机车车辆的轮对在最不利情况下安全通过辙叉的两个主要尺寸，也是铺设和维修道岔必须严格遵守的标准。一方面要使 $D_{心} \geq 1391$mm，但也不可过大，否则会形成护轨槽宽过小或轨距过大的现象，使得 $D_{翼}$ 值反而超过限度，因此，$D_{心}$ 值保持在 $1391 \sim 1394$mm 之间；另一方面还要使 $D_{翼} \leq 1348$mm，但也不能过小，否则会出现护轨槽宽过大或轨距过小的情况，使车轮轮缘通过时有撞伤辙叉尖的危险，因此，$D_{翼}$ 值应保持在 $1346 \sim 1348$mm 之间。

4. 护轨槽宽 $t_{护}$

确定护轨槽宽大小的原则是：在标准轨距条件下，保证 $D_{心}$ 值不小于 1391mm，防止车轮撞伤辙叉心轨尖端。根据图 11.5，其计算条件为

$$t_{护} \leq S-D_{心}-2 = 1435-1391-2 = 42(\text{mm})$$

式中　$t_{护}$——护轨平直段的槽宽；

　　　2——护轨头部侧面预留的容许磨耗值。

5. 翼轨槽宽 $t_{翼}$

确定翼轨槽宽的原则是：使具有最小内侧距的轮对正常通过而不挤压翼轨。根据图 11.5，其计算条件为 $t_{翼} \geq D_{心}-D_{翼}$

$t_{翼}$ 的最小值为 $t_{翼} \geq 1393-1348 = 45(\text{mm})$

$t_{翼}$ 的安全值为 $t_{翼} \geq 1394-1346 = 48(\text{mm})$

显然，翼轨槽宽 $t_{翼}$ 不能采用最小值，但过大又会使有害空间变长，加大车轮对辙叉的冲击，故《铁路线路修理规则》规定为 46mm。

项目 11　单开道岔几何尺寸认知及检查

思考题

1. 绘制普通单开道岔轨距检查部位简图并列出检查部位表。
2. 绘图说明单开道岔的轨距递减规定。
3. 简述单开道岔轨距的容许偏差。
4. 绘图说明单开道岔辙叉查照间距和护背距离。
5. 简述单开道岔岔枕布置方向的规定。
6. 列表说明单开提速道岔轨距检查部位。

情境小结

1. 主要内容

在轨道构造认知的基础上，从量的角度解决各构造细部之间的具体尺寸或形位关系。

(1) 针对一般的轨道构造，详细介绍了轨距、轨向、轨道水平、轨道高低及轨底坡等基本的轨道几何形位(尺寸)参数；因铁路曲线的特殊性，还重点介绍了曲线轨道的内股缩短轨、外股超高、轨距及限界加宽等配置要求及曲线轨道方向整正的常用方法——绳正法。

(2) 针对道岔这种特殊的轨道构造，主要以单开道岔为例，详细阐述了单开道岔各部分的轨距、构造槽宽及关键的间隔等几何形位(尺寸)参数，并简单介绍了单开道岔的主要平面尺寸及岔枕的布置。

2. 重点、难点及对策

1) 重点、难点

本项目的重点是轨道及道岔几何形位尺的认知和曲线轨道的内股缩短轨、外股超高、轨距及限界加宽等配置，难点是曲线轨道方向整正的常用方法——绳正法的计算。

2) 对策

轨距、轨向、轨道水平、轨道高低及轨底坡等基本的轨道几何形位(尺寸)参数是本学习情境的共同基础，必须清楚其量测部位及方法；对曲线和道岔这两种特殊的轨道，轨道几何形位(尺寸)参数有所不同，要区别对待，曲线轨道主要考虑离心力等因素，道岔则主要考虑线路交叉部位的特殊构造。

情境综合测试

一、选择题

1. 轨底坡设置是否正确，可以从钢轨顶面上的光带位置判定。下列关于光带和轨底坡的说法中正确是(   )。

  A. 如果光带偏向内侧，说明轨底坡合适

  B. 如果光带偏向外侧，则说明轨底坡不足

  C. 如果光带居中，说明轨底坡合适

  D. 如果光带偏向内侧，说明轨底坡过大

2. 某一铁路线上，曲线半径为600m，列车通过该曲线时的平均速度为66km/h，则该曲线应设超高是(   )。

  A. 95mm   B. 90mm   C. 85mm   D. 80mm

3. 某曲线半径为400m，超高为125mm，允许最大未被平衡超高采用75mm，则该曲线最高允许速度为(   )。

  A. 82.3km/h   B. 85km/h   C. 90km/h   D. 45km/h

4. 某曲线现场实测正矢之和为2 000mm，如用绳正法整正此曲线，则计划正矢之和必须为(   )。

  A. 0   B. 1 000mm   C. 2 000mm   D. 1 500mm

5. 某曲线其直缓点的正矢为 5mm，缓圆点的正矢为 95mm，则圆曲线中点的正矢为（　　）。
    A. 45mm　　　　B. 50mm　　　　C. 90mm　　　　D. 100mm

6. 曲线地段，未被平衡欠超高，一般应不大于（　　）。
    A. 50mm　　　　B. 60mm　　　　C. 75mm　　　　D. 90mm

7. 曲线某点的拨量为 6mm，其前后两点正矢的影响量为（　　）。
    A. 前后两点和为 6mm　　　　B. 前后两点各为 −6mm
    C. 前后两点和为 3mm　　　　D. 前后两点各为 −3mm

8. 曲线上相邻两点，第一点正矢为 64mm，第二点正矢为 58mm，第一点拨量为 −4mm，第一点拨量为零，第二点拨后正矢为（　　）。
    A. 58mm　　　　B. 60mm　　　　C. 54mm　　　　D. 62mm

9. 70kg/m 钢轨 12 号提速道岔尖轨动程为（　　）。
    A. 160mm　　　　B. 142mm　　　　C. 152mm　　　　D. 180mm

10. 道岔查照间隔应不得（　　）。
    A. 小于 1 391mm　　　　B. 大于 1 391mm
    C. 小于 1 348mm　　　　D. 大于 1 348mm

11. 道岔护背距离应不得（　　）。
    A. 小于 1 391mm　　　　B. 大于 1 391mm
    C. 小于 1 348mm　　　　D. 大于 1 348mm

12. 道岔护轨平直段轮缘槽标准宽度为（　　）。
    A. 40mm　　　　B. 42mm　　　　C. 48mm　　　　D. 50mm

13. 道岔辙叉心理论尖端至心轨顶面宽 50mm 处翼轨轮缘槽标准宽度为（　　）。
    A. 42mm　　　　B. 46mm　　　　C. 48mm　　　　D. 50mm

14. 尖轨非工作边与基本轨工作边的最小距离为（　　）。
    A. 65mm　　　　B. 58mm　　　　C. 48mm　　　　D. 50mm

15. 曲线正矢应用 20m 弦在钢轨踏面下（　　）测量。
    A. 14mm 处　　　　B. 14mm 范围内
    C. 16mm 处　　　　D. 16mm 范围内

16. 普通线路道岔导曲线中部轨距加宽，直尖轨时向两端递减至尖轨跟端为（　　），至辙叉前端为 4m。
    A. 1m　　　　B. 2m　　　　C. 3m　　　　D. 4m

17. 道岔连接曲线为圆曲线(不设缓和曲线)，其长度不小于（　　）。
    A. 10m　　　　B. 15m　　　　C. 18m　　　　D. 20m

18. 提速道岔查照间隔和护背距离在固定型或可动心轨辙叉的心轨顶宽（　　）处测量。
    A. 0~10mm　　　　B. 10~20mm　　　　C. 20~30mm　　　　D. 30~40mm

19. 为平衡列车在曲线运行时产生的（　　），需要在曲线段将外轨抬高，使车体内倾。
    A. 向心力　　　　B. 离心力　　　　C. 向心速度　　　　D. 离心速度

20. 检查三角坑时的基长为（　　）。
    A. 4m　　　　B. 4.5m　　　　C. 6m　　　　D. 6.25m

二、判断题

1. 铁路基本限界可分为建筑接近限界和机车车辆限界两种。（　　）
2. 轨距是钢轨踏面下 16mm 范围内两股钢轨工作边之间的最小距离。（　　）
3. 轨道实设最大轨距为 1 456mm。（　　）
4. 轨道高低是指钢轨顶面沿钢轨方向的竖向凹凸不平顺。（　　）
5. 轨向是指钢轨头部内侧面沿钢轨方向的竖向凹凸不平顺。（　　）
6. 轨底坡是指钢轨中心线与垂直线之间的倾斜度。（　　）
7. 如果钢轨顶面上的光带偏向内侧，说明轨底坡过大。（　　）
8. 整正时现场正矢的合计等于计划正矢的合计。（　　）
9. 整正时曲线上任意点的拨动，对相邻点正矢的影响量等于拨动点拨动量，其方向相反。（　　）
10. 整正时曲线上各点正矢之和为一常数。（　　）
11. 整正时曲线终点的拨量等于零。（　　）
12. 圆曲线上各点的正矢不一定大于缓和曲线上各点的正矢。（　　）
13. 曲线终点的正矢为圆曲线正矢加上缓和曲线始点的正矢。（　　）
14. 目前我国线路直线地段采用的标准轨底坡为 1∶40。（　　）
15. 曲线外轨超高是为了抵消离心力的作用。（　　）
16. 与圆曲线连接处的正矢等于圆曲线正矢的三分之一。（　　）
17. 护背距离指辙叉心轨顶宽 0～50mm 范围内心轨工作边至护轨工作边的距离。（　　）
18. 查照间隔指辙叉心轨顶宽 0～50mm 范围内翼轨工作边至护轨工作边距离。（　　）
19. 曲线地段，未被平衡欠超高，困难情况下应不大于 90mm。（　　）
20. 已知某曲线超高为 120mm，最高速度为 80km/h，则该曲线的缓和曲线长度为 90m。（　　）

【参考答案】

一、选择题

1．C　2．C　3．A　4．C　5．D　6．C　7．D　8．B　9．A
10．A　11．D　12．B　13．B　14．A　15．C　16．C　17．D　18．C
19．B　20．D

二、判断题

1．√　2．√　3．×　4．√　5．×　6．√　7．×　8．√　9．×
10．√　11．√　12．×　13．×　14．√　15．√　16．×　17．×　18．×
19．√　20．√

参 考 文 献

[1] 中华人民共和国建设部，国家质量技术监督检验检疫总局. GB 50090—2006 铁路线路设计规范[S]. 北京：中国计划出版社，2006.
[2] 中华人民共和国建设部，国家质量技术监督检验检疫总局. GB 50091—2006 铁路车站及枢纽设计规范[S]. 北京：中国计划出版社，2006.
[3] 中华人民共和国铁道部. TB 10082—2005 铁路轨道设计规范[S]. 北京：中国铁道出版社，2005.
[4] 中华人民共和国铁道部. 新建时速 200 公里客货共线铁路设计暂行规定[S]. 北京：中国铁道出版社，2005.
[5] 中华人民共和国铁道部. 新建时速 300～350 公里客运专线铁路设计暂行规定[S]. 北京：中国铁道出版社，2007.
[6] 中华人民共和国铁道部. 新建客货共线铁路工程施工补充规定(暂行)[S]. 北京：中国铁道出版社，2004.
[7] 中华人民共和国铁道部. TB 10413—2003 铁路轨道工程施工质量验收标准[S]. 北京：中国铁道出版社，2004.
[8] 中华人民共和国铁道部. TB 10754—2010 高速铁路轨道工程施工质量验收标准[S]. 北京：中国铁道出版社，2010.
[9] 中华人民共和国铁道部. 高速铁路轨道工程施工技术指南[M]. 北京：中国铁道出版社，2010.
[10] 中华人民共和国铁道部. TB 10101—2009 铁路工程测量规范[S]. 北京：中国铁道出版社，2009.
[11] 中华人民共和国铁道部. TB 10601—2009 高速铁路工程测量规范[S]. 北京：中国铁道出版社，2009.
[12] 中华人民共和国铁道部. TB 10305—2009 铁路轨道工程施工安全技术规程[S]. 北京：中国铁道出版社，2009.
[13] 中华人民共和国中国铁路总公司. 铁路技术管理规程[M]. 北京：中国铁道出版社，2014.
[14] 中华人民共和国铁道部. 铁路线路修理规则[M]. 北京：中国铁道出版社，2006.
[15] 中华人民共和国铁道部. 高速铁路无砟轨道线路维修规则（试行）[M]. 北京：中国铁道出版社，2012.
[16] 中华人民共和国铁道部. 高速铁路有砟轨道线路维修规则（试行）[M]. 北京：中国铁道出版社，2013.
[17] 中华人民共和国中国铁路总公司. 普速铁路工务安全规则[M]. 北京：中国铁道出版社，2014.
[18] 中华人民共和国中国铁路总公司. 高速铁路工务安全规则[M]. 北京：中国铁道出版社，2014.
[19] 朱颖. 客运专线无砟轨道铁路工程测量技术[M]. 北京：中国铁道出版社，2008.
[20] 李向国. 高速铁路技术[M]. 北京：中国铁道出版社，2008.
[21] 申国祥. 铁路轨道[M]. 北京：中国铁道出版社，2004.
[22] 谷爱军. 铁路轨道[M]. 北京：中国铁道出版社，2005.
[23] 荣佑范. 铁路线路维修与大修[M]. 北京：中国铁道出版社，2011.
[24] 何奎元. 铁路轨道与修理[M]. 北京：中国铁道出版社，2009.
[25] 铁道部劳卫司，铁道部运输局. 线路工[M]. 北京：中国铁道出版社，2004.
[26] 吴耀庭. 铁路曲线及其养护[M]. 北京：中国铁道出版社，2001.
[27] 沈相宙. 铁路道岔养护[M]. 北京：中国铁道出版社，2001.
[28] 范钦爱，苏自新. 提速道岔的铺设与养护[M]. 北京：中国铁道出版社，2002.
[29] 王午生，许玉德，郑其昌. 铁道与城市轨道交通[M]. 上海：同济大学出版社，2003.
[30] 安宁. 城市轨道交通工程[M]. 北京：人民交通出版社，2008.
[31] 毛红梅. 地下铁道[M]. 北京：人民交通出版社，2008.